面向 21 世纪课程教材

图书馆学基础

Tushuguanxue Jichu

（第二版）

主　编　吴慰慈
副主编　刘兹恒

高等教育出版社·北京

内容提要

本书是由教育部高等学校图书馆学学科教学指导委员会组织编写的高等学校图书馆学专业核心课程系列教材之一。

本书系统地阐述了图书馆学的研究对象、相关学科、研究方法、形成与发展、体系结构、图书馆事业、图书馆资源、信息资源管理等，并对图书馆与信息公平、图书馆与社会阅读、移动图书馆、智慧图书馆、第三空间图书馆等前沿问题作了深入解析。

本书可作为高等学校图书馆学、信息管理及相关专业教学用书，也可作为各类图书馆和信息机构的岗位培训教材和工作参考书。

图书在版编目(CIP)数据

图书馆学基础 / 吴慰慈主编.--2版.--北京：高等教育出版社，2017.1（2022.12重印）

ISBN 978-7-04-046549-5

Ⅰ.①图… Ⅱ.①吴… Ⅲ.①图书馆学-高等学校-教材 Ⅳ.①G250

中国版本图书馆 CIP 数据核字(2016)第 237905 号

策划编辑 徐 挥 王友富 沈浮郡 责任编辑 赵愫简 封面设计 王 琰 版式设计 徐艳妮
插图绘制 邓 超 责任校对 陈旭颖 责任印制 田 甜

出版发行	高等教育出版社	网　址	http://www.hep.edu.cn
社　址	北京市西城区德外大街4号		http://www.hep.com.cn
邮政编码	100120	网上订购	http://www.hepmall.com.cn
印　刷	北京鑫海金澳胶印有限公司		http://www.hepmall.com
开　本	787mm×960mm 1/16		http://www.hepmall.cn
印　张	15.5	版　次	2004年6月第1版
字　数	280千字		2017年1月第2版
购书热线	010-58581118	印　次	2022年12月第4次印刷
咨询电话	400-810-0598	定　价	31.20元

本书如有缺页、倒页、脱页等质量问题，请到所购图书销售部门联系调换

物 料 号 46549-00

作者简介

吴慰慈　北京大学教授，博士生导师，曾任中国图书馆学会副理事长、学术委员会主任，原教育部高等学校图书馆学学科教学指导委员会主任，原国务院学位委员会学科评议组召集人。主要著作有：《图书馆学概论》（合著）《图书馆事业与图书馆学教育》；主要论文有：《数字时代图书馆学研究的重点领域》《我国信息化建设的进展与对策》。

刘兹恒　北京大学教授，管理学博士，博士生导师。主要著作有：《信息媒体及其采集》《非书资料采访手册》（主编）；主要论文有：《试论虚拟图书馆与传统图书馆的关系》《中国的图书馆学基础理论研究》（英文）。

董　焱　北京联合大学教授，管理学博士。北京市青年联合会八届委员会委员。主要著作有：《信息文化论》《图书馆学概论》（合著）；主要论文有：《深化对信息社会主流文化的研究》《网络环境下图书馆的发展方向》。

桑良至　安徽大学副教授。主要著作有：《知识信息服务管理》《文摘学概论》；主要论文有：《十大商帮与藏书文化》《信息交换的基本法则》。

金胜勇　河北大学教授，管理学博士，图书馆副馆长。主要论文有：《关于信息管理与信息系统专业若干问题的思考》《图书馆评估指标体系的逻辑构建》。

李超平　浙江大学副教授。主要论文有：《图书馆学研究：方法的互补》《论图书馆学的解释性研究与运作性研究》。

张久珍　北京大学教授，管理学博士。主要著作有：《国外参考资源检索与利用》《当代图书馆学情报学前沿探寻》(合著);主要论文有:《信息普遍存取原则阐释》《信息技术革命影响下的图书馆学情报学学科体系》。

沙勇忠 兰州大学教授,博士生导师,兰州大学图书馆馆长。主要著作有:《公共危机信息管理》《信息分析》;主要论文有:《理论价值观:考察新时期图书馆学研究历程的一种方式》《论信息资源管理的发展趋势》。

牛继舜 北京服装学院教授,管理学博士。主要著作有:《当代图书馆学情报学前沿探寻》《图书馆学概论》(合著);主要论文有:《试论知识主管的职责与素质》《合理使用原则的系统思考》。

目 录

第一章　信息、知识与文献

当代图书馆学研究的出发点是信息、知识与文献等概念。人类历史上，从来没有像当代这样，信息及信息技术对人类社会产生如此深刻的影响，同时也深刻影响到图书馆文献资源、图书馆技术、图书馆形态、图书馆事业等方面。本章将以信息、知识、文献等图书馆相关概念作为图书馆学研究的逻辑起点加以阐述和辨析。

第一节　信　　息

一、信息的定义

信息（information，港台地区汉译为“资讯”）是信息科学的基本概念，也是当代图书馆学研究的出发点。

迄今为止围绕“信息”定义的流行说法不下百种，归纳起来，可概括为两大类：

从广义上理解，信息可以认为是物质的一种属性，是物质存在方式和运动规律与特点的表现形式，包含了与客观世界和人类社会相关的各种信息现象。代表性定义有：“信息是组织程度的度量，信息是有序程度的度量，信息是负熵，信息是用以减少不定性的东西。”①“信息这个名称的内容就是我们对外界进行调节并使我们的调节为外界所了解时与外界交换来的东西。”②“信息是事物相互作用的表现形式，是事物联系的普遍形式，信息是被反映的物质属性”③等；1978年在日本召开的国际会议上为“信息”所下的定义是：“信息概念所概括的，

① 钟义信.信息科学原理[M].北京：北京邮电大学出版社，1996：36.

② N. 维纳.人有人的用处：控制论与社会[M].北京：商务印书馆，1978：9.

③ 钟义信.信息科学原理[M].北京：北京邮电大学出版社，1996：36.

是与信息加工系统的研究、制造、使用和物质技术服务相关的领域，同时包括机器、设备、软件和组织方面，还有工业、商业、管理、社会和政治作用的组合。”①这种“信息”概念试图将社会生活的一切方面都包括在其外延之中。

从狭义上理解，信息是一种消息、信号、数据或资料，在多数时候指已经分门归类或列入其他构架形式的数据：“信息是加工知识的原材料，信息就是数据。”②马克·波拉特提出：“信息是经组织化而加以传递的数据。”③信息经济和知识经济研究中的“信息”“信息资源”概念，或人们从具体领域的操作角度使用“信息”概念时，往往指的是狭义层次的信息。

信息定义之所以复杂多样，一是因为信息现象自身的普遍性、多样性，各种信息定义从不同角度反映了信息的基本特性，反映了人们对信息现象不同方面的认识；二是不同领域由于研究和操作的需要提出适合本领域的信息定义。这些定义并非是矛盾和不相容的，它们共同向人们揭示了信息现象的各个方面。在理解信息定义时，应当注意人们是在不同的层次，为了不同的目的研究信息现象的。

综合广义和狭义信息概念，我们为信息做出如下定义并界定其范围：信息是再现的差异，是事物（包括客观事物和主观思维）的运动状态和过程以及关于这种状态和过程的知识；信息是用来消除不确定性的，它是生物、人以及具有自动控制系统的机器，通过感觉器官和相应的设备与外界进行交换的一切内容；信息可以以消息、信号、符号、数据等形式来表达、存储、传递、处理、感知和使用。

这个定义的合理性在于：它将每个人的日常活动中与周围世界的信息所产生的联系都包括在内，而不局限于某个特定的专业领域；同时，它也并不排斥狭义的信息概念，而是将以数据、资料等编码形式存在的经过加工、整序的信息看做是信息这个大概念中的一个特别重要的部分，即所谓的“信息资源”。我们在日常生活中所利用的信息并非全部是经过加工、整序的信息，而这些非加工、未整序信息对于人们认识世界和自身所处的环境，进而采取行动，同样具有不可忽视的作用。

二、信息的特性

信息在自然界和社会中功能的发挥是由信息的特性所决定的。由于信息在自然界和社会中普遍存在，因而具有多种特性，现列举其中较重要者如下：

---

① B. C. 戈特.信息学的社会作用和哲学方法论问题[J].哲学译丛，1985(6)：10.

② 钟义信.信息科学原理[M].北京：北京邮电大学出版社，1996：36.

③ 马克·波拉特.信息经济论[M].长沙：湖南人民出版社，1987：3.

(一) 信息的基本特性是消除不确定性

根据信息论创始人申农的信息定义:信息是负熵,是对不确定性的消除。信息最基本的属性是消除不确定性,增强世界的有序性。对于人类社会来讲,信息是消除人的认识的不确定性,包括随机不确定性、半随机不确定性、非概率不确定性、模糊不确定性等。

正是由于信息的这一属性,信息成为人类认识世界的中介,成为比物质、能量更为重要的宝贵资源。

(二) 信息的普遍性

从本体论意义上来讲,信息是物质及其运动的表征,由于物质及其运动的普遍性,信息也是无所不在的,物质的不同层次都产生和带有信息。在宏观、微观的各个领域和层次,包括星际、分子和基本粒子在内,都有信息的存在和交换。信息也存在于有机界与生命体、人类社会和机器系统,如神经系统实现功能、生物机体对生存环境的适应、基因的遗传、人与人之间的交际、计算机运行、通信网络功能的实现、各种控制管理过程等等,都存在着信息产生、传递和消逝的现象。“整个自然界和人类社会的各种现象:差别、变迁、运动、异化、发展、嬗递、衍生、裂变、位移、化分、分解、光合、融解、凝固、升华、繁殖、发育、生存、沉淀、冲积、进化、协同、共鸣、伴生、中和、衰变、反射、对流……所有这一切的一切,都会产生信息……”①

(三) 信息对物质、能量的相对独立性

信息产生于物质、能量的运动和变化过程中,但是,信息既不是物质,也不是能量,信息对物质、能量具有相对的独立性。

信息是客观的,但不是物质,它不能与物质分离,而必须依存于物质。信息是物质运动的状态与关系,因为任何事物都是处在特定的状态与关系之中,所以一切物质都具有信息;当这种状态与关系改变时,便产生不同的信息。信息的本质是物质的属性,而不是物质的实体。信息不是事物的本身,而是由事物发出的消息、指令、数据、信号等所包含的内容。

信息本身不是能量,但又离不开能量,它与一定的物质能量在时空中的分布状态有关。信息本身离不开物质载体,而任何物质载体都具有能量,因此信息传递是在消耗能量中实现的。

(四) 信息的物质依附性(载体不可分性)

信息依靠物质载体存在和运载,并可以在不同的物质载体中传递。

任何信息的存在和传播,都要以特定的物质载体作为依托。没有承载信息

① 倪波,霍丹.信息传播原理[M].北京:书目文献出版社,1996:1.

的物质,信息便不能存在;没有媒介载体,信息也不能传播。信息的载体普遍存在,如各种物体、空气、水、波、文字、符号、文献、磁性材料等。

尽管信息不能离开物质承担者而独立存在和交流,但是信息对物质的依附性也有相对性,表现在:同种意义的信息可以借助不同的物质载体及运动形态来构成,信息也可以在不同的物质载体间进行转载,在变换载体时,信息意义可以保持不变。此外,信息传播的容量、速度和质量取决于运载物质的性能。

(五)信息的可感性

信息能够为人和其他生物通过器官或感测工具所感知。

在人类认识世界和改造世界的过程中,信息扮演着特别重要且特别关键的角色。为了认识世界,人们首先要通过感觉器官来了解世界的各种事物的状态和方式。感觉,是把信息(环境中变化着的信息)传达到大脑的手段。物质的世界到处充满着信息,人的神经系统无时不在感觉着外界的刺激。由感觉传递的信息传达到大脑后,具有对外界刺激进行选择功能的知觉也就随之产生了。"知觉是从信息汇集的世界中抽取有关信息的过程,它有赖于我们对传入的刺激的注意程度以及我们从感觉中抽取有关信息的能力大小。因此,知觉是人脑进行信息处理的同义词。"①

随着人类的进化,人类创造了各种感测工具(如各种仪器仪表),成为人体感觉器官的延伸,帮助人们更有效地感知信息。

(六)信息的可传输性

信息可以通过其载体的转换和运动向远距离传递。正是由于信息的可传输性,信息才可以突破空间的限制。同时,信息只有在传递中才能发挥其各种功能。

(七)信息的共享性

共享性是信息区别于物质和能量的主要特性。信息的共享性主要表现在同一内容的信息可以在同一时间由两个或两个以上的使用者使用。与物质、能量的交换不同,在信息交流中,信息的共享性表现为信息的提供者并不失去所提供的信息内容和信息量。这是由于信息可以在不同的物质载体中传递并可以保持其信息内容和信息量不变,不同的使用者可以占有不同的物质载体,却占有相同的信息。

(八)对信息内容理解的歧义性

对同一信息对象,不同的接收者可能会由于观察能力、思维范式、理解方式、关注角度等的不同,而形成不同的理解。由于人类对信息的认知是一个内部认

① 张远.信息与信息经济学的基本问题[M].北京:清华大学出版社,1992:5.

知模式信息与外部对象信息的复合匹配过程，因此会造成理解上的歧义性，这是信息复合中的信息内容的畸变性和创新性的一种表现。

（九）信息内容的可耗散性

载体的特定结构模式的改变、损害或丧失将可能造成特定信息内容的改变、模糊或丧失，这就是特定信息的部分或全部的耗散现象。信息内容的可耗散性，造成人类记忆信息的模糊、失真、丧失、遗忘等。

（十）信息的时效性

信息是对事物存在方式和运动状态的反映。如果不能反映事物的最新变化状态，它的效用就会降低。通常，信息的价值随时间延长而减小。

（十一）信息具有不完备性和不对称性（非均衡性）

在现实生活中，人们在任何时点上都拥有完备信息的可能性是不存在的，而不完备信息是常态的，造成信息不完备的根本原因在于“私有信息”的存在。

“私有信息”就是那些只能被其拥有者“私自”感知而其他人无从获知的信息，“私有信息”的存在导致了一些人掌握某些信息比另一些人多，这就是信息不对称。

信息不对称产生于劳动分工和专业化，社会劳动分工愈发展，专业化程度愈高，在每个领域或行业中专业人员与非专业人员之间的信息差别也就愈大，社会成员之间的信息分布也就愈不对称。信息非对称性程度越高，占据信息优势的一方就越容易通过信息垄断而获益。

（十二）信息具有可伪性

物质和能量具有不可伪性，人们对于物质和能量世界的感知和认知所获得的信息，属于世界 2（主观知识世界）和世界 3（客观知识世界）两类信息。由于人们认识的主观性质，对事物认识的不完备所具有的片面性，以及来自不切实际的主观臆想、错误认识和判断，或者为了特定的目的对于信息的遮蔽和改变，造成信息具有可伪性。

（十三）信息具有势差，存在着强势信息和弱势信息

信息的传播可以看做是信息的“流动”，而信息的流动必须要有势差。信息势差是指信源与信宿之间存在的状况差异，从势能传递的角度看，在没有人为干扰的情况下，信源处的势能总比信宿处的势能高，即信源处的信息量总比信宿处的信息量大。一般情况下，信息从信息富集区流向信息稀缺区。

三、信息的种类

无时无处不在的信息，其主要类型包括：自然信息、生物信息、社会信息和机器信息。

(一) 自然信息

我们的祖先早就发现,大自然中物质、能量的变化往往伴随着一些相应的现象,这些现象可以告知人们自然界正在或即将发生的变化,如“月晕而风,础润而雨”,“天上钩钩云,地上雨淋淋”,“山雨欲来风满楼”以及地下水变混浊和动物狂躁不安是地震先兆等,种种现象都是自然信息。人们感知到这些信息,就能预测到自然界将要发生的变化。

(二) 生物信息

在生物世界里,也存在着各种各样的信息及使用信息的行为。遗传学告诉我们:生命繁衍的奥秘在于生命体内脱氧核糖核酸(DNA)中所携带信息的复制(由四种核苷酸的特定排列组合而成的DNA的双螺旋结构模式是生物遗传的编码信息)。生物种群(如蚁群、蜂群、鱼群、兽类)等也以气味、声音、姿态,甚至语言等传递信息,如蜜蜂以“8”字舞或“S”形舞来告知同伴蜜源的远近或方向;垂死的昆虫用特殊气味告知同伴逃离危险;守望的大雁哨兵用急促的鸣叫告知同伴有敌来犯;科学家甚至发现鲸、海豚等哺乳动物可能会使用语言,不同的海豚种群还各有自己的方言土语。

(三) 社会信息

人类在发展过程中,在与外部世界的联系中产生了感知信息与利用信息的需要,由此逐渐形成和发展了自己的信息器官:眼、耳、鼻、口、脑等,发展了语言能力,从外界获取和利用信息的能力大大超过了其他任何一种生物,在人与人的交往中,也无时无刻不在交换着大量的信息。正是因为有信息,人类社会才能形成和发展。

(四) 机器信息

人类制造的各种机器的正常运转,也需要信息的输入与反馈。如家里的抽水马桶,当冲水后水位下降,就给了机械装置一个信息,使进水口打开;注水达到一定的水位高度,机械装置又得到信息,使进水口关闭。计算机则有更强的输入、存储、处理、输出信息的能力。

四、信息的功能

信息在自然界以及在人类认识世界和改造世界的活动中具有诸多方面的功能,发挥着十分重大的作用。信息具有以下几方面的功能:

(一) 信息是自然世界(宇宙、生命)存在的客观反映

信息,与物质、能量在本质上是同一的。物质的结构,能量的转换,也蕴涵着信息及其传递。信息显示物质存在与运动、变化的方式和状态。同时,由于人类生存的世界中物体已被普遍信息体化,信息还可以对信息自身的运动再显示。

(二) 信息具有消除不确定性功能

对不确定性的消除,是申农经典信息论所集中阐释的信息的基本功能,这是信息其他功能和社会作用的基础。这一功能是相对于信息接收者(信宿)状态的改变而言的。在接收者未收到关于某一事件的消息之前,该接收者可能对该事件的真实情景有多种估计,即存在着对事件认识的不确定性。当接收者收到了关于该事件的消息之后,接收者将会改变原有的估计状态,甚至会使其原有的多种估计情况中的某一种唯一地确定下来,这就是不确定性的消除。

(三) 信息具有组织功能

信息可以改变事物和系统的结构,是系统从无序走向有序的根据。

按照热力学第二定律,任何系统和宇宙的熵增是必然趋势,最终将走向"热寂"。普利高津的"耗散结构论"提出,远离平衡态的开放系统(耗散结构)通过与外部的能量、信息的交换,能减少系统的熵,使系统从无序走向有序。在此基础上,还发展了"自组织理论"和"突变论"等类似理论。这些理论都揭示了信息在系统从无序走向有序过程中的作用。

任何一个系统都会有其相应的关联模式,而这一模式是由系统各要素间的信息沟通和交换来维持的。由于信息可以导致信宿的原有不确定性状态的改变,也就减少了信息接收系统的混乱程度,即减少了系统熵,增加了负熵;减少了无序度,增加了有序度;减少了自由度、无规则性和随机性,增加了约束性、秩序性和组织性,从而将不同的成分、要素等整合为一个统一的系统。事物结构由简到繁、由低级到高级的发展,个人知识、才能的增长,认识方式的改变,人类科学、技术、经济、文化的发展,社会形态的更替等等,都是信息组织功能起作用的体现。

(四) 信息交流是维系社会发展的纽带

信息交流是将人们联系在一起的纽带。没有信息沟通,人们就无法相互理解、协作,所获得的经验、知识等也就无法传承。信息可以提供知识的公共积累,创造共同的思想财富,通过信息的交换加强人们的共存感,并增强人们的社会联系和社会意识。通过信息在时间和空间上的不断传递,在社会成员中的有效交流,人类社会得以形成、存在和发展。信息帮助人们认识周围环境,并根据信息采取相应的行动。通过获取、储存、整理和传播各种信息,人们可以了解自身所处的环境和自身在世界中的位置,并能根据所掌握的信息做出适当的决定。

五、信息工作的社会作用

人类在自身的成长过程中,不断地深化着对信息特性和功能的认识,并探索发挥信息功能的各种手段。从最早的人类自发的信息活动,到早期的档案、图书馆工作,再到近现代出现的科技信息工作,直至信息社会中无所不在的信息管理和知识管理活动,随着信息工作形式的日益多样化,信息工作发挥着越来越重要的作用。

(一)信息工作促进科学研究的发展

科学研究是继承性的工作,其中包含了搜集前人科研成果和研究方法等信息工作。在当今大科学时代,信息量激增,吸收与利用信息日益困难,产生了独立的科技信息工作。科研队伍中,不仅有科研人员、科研管理人员,还出现了专门的科技信息工作者。做好信息工作,可以节省科研人员的时间,避免重复、无效劳动和资源的浪费。

(二)信息促进知识的增长和积累

英国信息学家布鲁克斯提出了描述信息作用于知识结构的公式:

$$K[S]+\Delta I\rightarrow K[S+\Delta S]$$

式中,$K[S]$——原有的知识结构;

ΔI——吸收的信息;

$K[S+\Delta S]$——新的知识结构。

这一公式形象地说明了信息的累积可以改变人的知识结构。

为了说明信息作用的连续性引起知识的增长的动态过程,布氏将上式表示为一个序列和式:

$$\sum_{j=1}^{n} I_j + K[S_0] \rightarrow K[S_n]$$

式中,I_j——信息增量;

$K[S_0]$——知识的初始结构;

$K[S_n]$——吸收 n 份信息后的知识结构。

在此基础上,布氏将信息的定义表述为:“信息是使人原有的知识结构发生变化的那一小部分知识。”并且,信息被吸收后,它所引起的知识的增长不是简单的堆加,而是对知识结构进行某些调节。①

(三)信息工作促进经济发展

现代社会的经济发展,主要取决于对信息的掌握、处理和吸收能力。信息经济和知识经济的发展,正是信息在经济生活中起主导作用的结果。信息工作在经济发展中的作用主要体现在:

(1)科学发明从发现到应用的时间日益缩短,谁首先掌握了最先进的科学发明信息,谁就可以在竞争中处于有利地位。信息工作决定企业和国家在国际

---

① 邹志仁.情报学基础[M].南京:南京大学出版社,1987:413-414.

竞争中的成败。

(2) 通过信息工作,可以将人类创造的知识变为新的产品,转化为生产力。

(3) 研究和通报市场信息,可以促进企业的生产和销售。

(4) 通过掌握国内外先进的管理信息,可以提高企业的管理水平,提高核心竞争力。

(四) 信息工作为决策服务

为使决策正确地指导人们的行动,减少盲目决策,个人或组织必须进行调查研究,充分掌握自身与环境信息,使决策符合客观实际。信息工作可以有效地为决策服务。

(五) 信息工作促进社会的进步

人类的知识是从生产实践与科学实验中总结出来的,并成为人们进行新的实践的依据,这就构成生产实践—形成知识—知识累积—创造、发展新知识—再指导新的实践活动……社会就是在这样一个知识扩大再生产的循环中发展的。

在这个过程中,每一个环节之间的正常联系和运转,都需要信息这个因素的作用。建立各环节畅通的信息交流渠道,提高信息传递速度,是社会进步与发展的关键。

第二节　知　　识

知识和信息关系十分密切,知识是人的大脑通过思维重新组合的、系统化的信息集合。知识可分为编码的知识和非编码知识,为便于交流和传播,知识必须借助于一定的符号变为信息(知识的信息化)。在知识社会中,知识的价值体现得更为充分,知识发展战略成为各国国家战略。

一、知识的含义

知识(knowledge)概念与信息概念的关系最为密切。知识概念在几千年的人类历史中不断演变,众说纷纭。以亚里士多德为代表的古典知识观认为知识就是真理①。知识是由两要素构成的:真理和对实在的理解②。科学主义知识观则将知识看作正确的描述体系或判断体系③。实用主义知识观认为“知识是一种认识和处理相对模糊的、非形式的、不确定的、处于连续变化中的活动范围的方式。”“知识是对人类有机体适应或调整的相对非形式的、非精确的、不确定

① 程刚,郭瞻予.知识的批判[M].沈阳:辽海出版社,2000:8.

② 邢新力.知识辩护论[M].济南:山东人民出版社,1992:4.

③ 程刚,郭瞻予.知识的批判[M].沈阳:辽海出版社,2000:23.

的、连续变化的刺激源的过程的表述。心灵这一人类有机体发展了生物机能,吸取相对说来未形成的原料,并通过选择和定义来学习怎样做出反应和回答。知识就是这一学习过程的结果。因此,知识是一种调整活动,借助这种调整活动,相对非形式的活动范围被建构到生存环境中。"①当代认知心理学认为,知识就是个体通过与其环境相互作用后获得的信息及其组织结构;储存于个体之内的结构性信息可称为主观知识,储存于个体之外的结构性信息则可称为客观知识②。

知识经济中的知识概念和对知识的划分扩展了知识的范围,对实用性和可操作性知识给予了前所未有的关注。经济合作与发展组织(OECD)的报告《以知识为基础的经济》(1996)提出了知识的4W概念:(1)知道是什么(know-what);(2)知道为什么(know-why);(3)知道怎么做(know-how);(4)知道是谁(know-who)③。袁正光解释道:"1.知道是什么的知识(know-what),指关于事实方面的知识,如纽约有多少人口,中国有多大面积。2.知道为什么的知识(know-why),指原理和规律方面的知识。如牛顿三大定律、市场机制、供求规律等。3.知道怎么做的知识(know-how),指操作的能力,包括技术、技能、技巧和诀窍等等。4.知道是谁的知识(know-who),包括了特定关系的形成,以便可能接触有关专家并有效地利用他们的知识,也就是关于管理的知识和能力。"④

考察知识概念演化史,目的是对知识概念做出界定,我们倾向于这样的知识定义:知识是"认知主体以其认知图式适应、同化被认知客体的信息内容,经整合重构而再现的观念化、符号化的有序信息集合。"⑤

二、知识与信息的关系

对于知识与信息的关系,有不同的认识。主要有以下几种提法:(1)并列关系。为了强调知识的重要作用,把知识从信息中分离出来而与信息相并列。(2)转化关系。信息经过加工转化为知识。(3)包含关系。有观点认为知识包含于信息,相反的观点则认为信息包含于知识。(4)分立关系。认为信息仅仅是知识的"原料"或"燃料",主张把知识从信息中分立出来,以突出知识的重要性。(5)替代关系。由于信息与知识有不少共同的属性,两者在一定场合相互

① 邢新力.知识辩护论[M].济南:山东人民出版社,1992:6-7.
② 程刚,郭瞻予.知识的批判[M].沈阳:辽海出版社,2000:32.
③ 经济合作与发展组织.以知识为基础的经济[M].北京:机械工业出版社,1997:8-10.
④ 袁正光.知识经济:超常发展的原动力[J].上海综合经济,1998(3):19.
⑤ 刘植惠.知识经济中知识的界定和分类及其对情报科学的影响[J].情报学报,2000(2):104-109.

替代是可能的。①

法国著名信息论学者布里渊(Leon Brillouin)认为:"信息是原材料,是由纯粹的数据集合构成的,而知识意味着一种确定程度的思想,以及通过比较和分类讨论、组织这些数据。"②布里渊将信息看做是知识的原材料,这一思想在知识经济及其研究中是具有普遍性的观点。

20 世纪 80 年代末,美国信息系统专家 A.德本斯(A. Debons)等人提出从人的整个认知过程的动态连续体中理解信息这一重要观点。他们将认知过程表达为:

事件→符号→数据→信息→知识→智慧

这个连续统一体中的任一组成部分,都产生于它的前一过程,例如,"信息"是源于"数据"的,又是"知识"的来源。③

1993 年,IBM 公司高级商学院的斯蒂芬 · H.赫克尔进一步分析了信息的结构④,如图 1-1 所示:

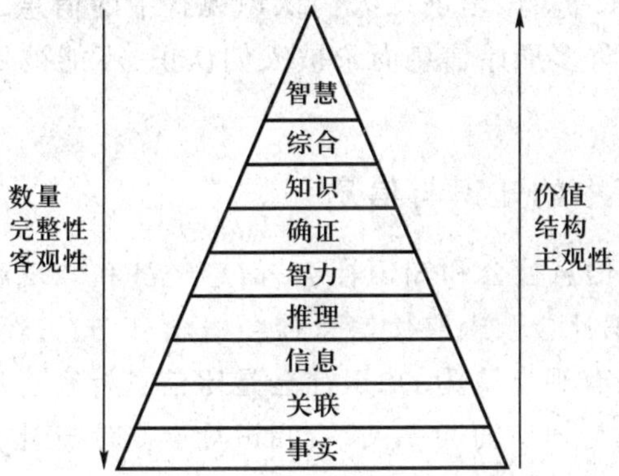

图 1-1 信息结构的一般等级划分

图 1-1 中描述了信息结构的一般等级划分,不同层次信息的数量和完整性随着信息价值的主观性的增长而下降。

事实(fact):在一种真理价值观下得到的观察资料。关联(context):关于事实的事实。信息(information):关联中的事实。推理(inference):运用思考、理解

① 乌家培.正确认识信息与知识及其相关问题的关系[J].情报理论与实践,1999(1):1-2.

② Leon Brillouin.Science and Information Theory[M].New York:Academic Press Inc,1956:III.

③ 邬锦雯,白雪天.信息本质的变化[J].情报科学,2000,18(11):982-984.

④ McInerney C R.Working in the virtual office: providing Information and Knowledge to Remote workers [J].Library & Information Science Research,1999,21(1).

能力的过程。智力(intelligence):对信息进行的推理;确证(certitude):既建立在主观基础上,也建立在客观基础上;知识(knowledge):对智力的确证;综合(synthesis):各种不同类型知识的合成;智慧(wisdom):综合了的知识。①

上述几种观点,都将信息视作数据层面的概念。

从广义信息概念出发,我们对于信息与知识的关系倾向于这样的观点:知识是一种信息,是一种具有普遍性和概括性的高层次的信息,是信息的一个特殊的子集。它是人的主观世界对客观世界的概括和反映,是人类通过信息对自然界、人类社会及思维方式与运动规律的认识与掌握,是人的大脑通过思维重新组合的、系统化的信息集合。"知识是对事实或思想的一套有系统的阐述提出合理的判断或者经验性的结果,它通过某种交流手段,以某种系统的方式传播给其他人。"②

知识是信息的一部分,是一种特定的信息,人类生活环境中普遍存在的信息是构成知识的原料,这些原料经过人类接收、选择、处理,才能组合成知识。信息的范畴远大于"知识",知识是进入人们认识视野中的信息,是已被人们所感知与确认的信息,也有许多原始信息尚未被人们认识,不能被划入知识的领域(从广义信息角度来看)。

三、知识经济中的知识与信息

较早一段时期,信息社会和知识社会、信息经济和知识经济概念交替使用,其后则出现了以知识社会概念取代信息社会概念、以知识经济概念取代信息经济概念的倾向,甚至有观点认为:知识社会是比信息社会更高层次的发展阶段。我们认为,由于信息与知识的同一关系,知识社会与信息社会并无本质区别,理由如下:

(1) 知识经济与知识社会的研究者尊崇知识概念而贬低信息概念的原因,在于将信息概念范围界定在数据、资料的水平上,将信息视做知识的原材料。然而如上所述,从广义信息概念来看,信息的范围要比知识宽泛,知识实际是信息的一个子集。

(2) 知识要想传递和共享,必须转化为信息。包括:利用信息技术将人的主观知识、经验等意会性知识信息化、编码化;将主观知识物化,即将知识和经验等与管理、工艺、服务等结合起来,这是另外一种类型的知识信息化。不存在完全脱离信息就能存在的知识。因此,将知识价值绝对化,贬低信息价值的做法不

---

① 邬锦雯,白雪天.信息本质的变化[J].情报科学,2000,18(11):982-984.

② 丹尼尔·贝尔.后工业社会的来临:对社会预测的一项探索[M].北京:商务印书馆,1984:195.

可取。

(3) 现代社会中,知识的生产、获得和使用,知识价值的实现都离不开计算机、通信、网络等信息技术和信息资源。

(4) 从国内外研究者对知识社会、知识经济的特征的描述来看,它们与信息社会、信息经济的基本特征并无本质上的区别,差别主要在于用知识概念替代了信息概念。一种新的社会形态、经济形态的出现,应当是一种新的决定性的生产力出现的结果,但我们并未在从信息社会向知识社会过渡中发现这样一种决定性的生产力形式,因此,信息社会与知识社会并无实质差别。

(5) 目前我们处在注意力经济时代,或称理念经济时代,新的概念的提出,有利于从纷繁复杂的信息中凸显出来,抓住人们的注意力,从而获得经济上、学术上的利益。因为信息经济、信息社会的概念已经被普遍使用,不再能引起注意,知识经济、知识社会概念便被创造出来。知识社会概念的流行,也是信息技术专家,以及与信息、知识工作相关的厂商、企业等社会知识精英阶层大力宣传推广的结果。

四、知识的信息化

知识的信息化,就是知识转化为信息的过程①。为了使知识得到传播与共享,必须对知识进行编码,使其信息化。

(一) 编码知识与非编码知识

知识包括编码的知识(codified knowledge)与非编码的知识(tacit knowledge)。编码的知识又称显性知识(外显知识),指可以借助一定的符号(语言、文字、数字等)、技术或工具手段变成信息、数据而被明确表达、传递,从而易于沟通和共享的知识。在现代技术条件下,这种知识易于用通信平台和信息平台以数字化的形式流动。这是一种较为成熟的、偏重于理性化的、直接反映出来并且可以为大多人所获取和理解的知识。

非编码知识又称隐性知识(内隐知识),指隐含经验类知识或意会知识,一般是蕴涵于个人身上的主观的洞察、直觉、预感、经验、技能、诀窍等。这种知识是一种不易表达、极为个人化,因而也较难以沟通和共享的知识,在现代技术条件下尚不能数字化,是一种模拟化的、偏重于感性化的、间接进行的并且难以为大多数人所获取和理解的知识。通常认为这种知识难以信息化。然而,意会知识如果不能客观化,其价值将无法实现。意会知识被编码或客观化的途径是通过物化手段,即将主观的意会知识用于物品生产和经营管理,从而使其成为客观

---

① 郭强.知识信息化:内容与方向[J].情报理论与实践,1999,22(6):409-411.

知识;此外,意会知识也可被记录下来成为客观化的信息。完全非客观化的知识是没有价值的,而能够被传播、共享和获得的知识都是信息化的知识。

(二)知识信息化的功能

1. 知识信息化加速了知识的生产、传播、流通和大范围的使用。

2. 知识信息化使知识的测度和评价成为可能。

3. 知识信息化使知识的价值在信息流通中得以实现。

4. 知识信息化使知识为社会所共享。

5. 知识信息化使知识以信息的形式在社会中得到积累。

6. 知识信息化可以将隐含的、意会的经验类知识以专家智能系统等手段转化为社会共同的财富。

(三)知识信息化的途径

日本一桥大学教授、著名管理学家野中几次郎和竹内广孝提出了知识变换的模型。① 根据其观点,可以概括出知识信息化的主要途径:

1. 从隐性知识到隐性知识(社会化)。例如两个人面对面交流彼此的经验,即以口头编码的方式将知识信息化。

2. 从显性知识到显性知识(外在化)。例如将组织中分散于各处的显性知识综合起来,即从编码知识中创造新的信息和知识。

3. 从隐性知识到显性知识(合并)。例如将原来属于个人的经验、认识和判断整理成可以被重复利用的形式,借此拓展组织的知识基础。即意会知识的编码化、信息化。

4. 从显性知识到隐性知识(内在化)。例如个人用吸收到的显性知识反思属于个人的隐性知识,用于再创造。即编码知识被复用,与意会知识结合创造新知识。

(四)知识创新在知识信息化中的作用

"信息的生产是一种特殊的生产,它的生产资料是在某种价值观下得到的观察资料,其生产工具主要是人的思考力和理解力,其产品是知识和智慧。"②要生产出高质量的信息,人的创新意识与创新能力至关重要。创新包括制度创新、技术创新、产品创新、市场创新、管理创新、社会创新和文化创新。创新意味着新的知识要素的出现。知识信息化过程中应注重知识创新,注重信息创造。而知识创新和信息创造的关键在于观念创新,理念成为最重要的创新资源。

---

① 彭伟,吴才唤.论知识管理的背景、观念和实践[J].图书情报工作,2000(8):16-19.

② 杨善发.论信息生产中的问题及管理策略[J].图书情报工作,2000(11):36-40.

五、知识发展战略

20世纪末形成了一种新的发展战略——知识发展战略。以信息技术为代表的现代科技迅猛发展,使得以知识为基础的产业成为经济增长的主要领域,以知识为基础的经济增长理论逐渐成为指导经济发展的主流。这种新的经济增长同以人为本的发展观结合,形成了以人为本、以知识为基础的发展战略,这可以称为“知识发展战略”。

1998年,世界银行发表题为《知识促进发展》的年度报告。这一报告提出了以知识为基础的发展战略的基本框架,标志着知识发展战略的成型。知识发展战略比1996年兴起的知识经济有更广泛的含义。知识不仅是经济增长的要素,而且还成为社会转型中的重要因素——知识驱动财富创造,知识促进人类发展。

目前,在不同国家之间存在着日益扩大的知识鸿沟(knowledge gaps)问题,即不同国家之间或同一国家内部知识分布存在不平衡性。穷国与富国、穷人与富人之间的差距不仅表现为收入差距、资本差距,还表现出创造、获取、交流和利用知识能力上的差距,而且这一能力的不平等所造成的影响甚至远大于收入上的不平等。因此,对于发展中国家和地区而言,知识发展战略正是着眼于缩小差距,以达到减少不平等和消除贫困的目的。这使得知识发展战略对于发展中国家和地区具有现实的指导意义。

知识发展战略是以人为本的发展战略。在以知识为基础的经济条件之下,最重要的发展能力是人民的知识能力,最重要的资产是人民的知识资产。知识发展战略就是要发展人民的知识能力,增加其知识资产,保证包括经济、政治和文化等方面在内的人类安全。知识发展战略是促进经济和社会全面发展的战略。知识促进经济增长,增加社会物质财富,进而提高人民物质生活水平;知识促进人类发展,促进人的全面发展。因此,知识发展战略是促进经济和社会全面发展的战略,是在长远未来实现以人为本、全面的、可持续的、协调发展的优先战略选择。

知识发展战略的实施应当分三个层次:一是在全国范围内建立均等化的基本知识服务,二是加快促进知识的普遍应用,三是逐步增强知识创新能力。知识服务包括:促进知识创新、传播和应用以及建立企业家精神成长的激励机制和制度;造就具备知识创造和应用能力、掌握现代技能的人口的良好教育和培训体系;推动建成信息高效传播和处理的、充满活力的信息基础设施。其中,使公民在知识社会获得提高生活水平的机会所需要的最低限度的服务,称为基本知识服务。基本知识服务均等化,就是保障全国各个地区、各个民族的人口在获得基本知识服务上具有平等的机会,从而获得参与以知识为基础的社会发展的机会,避免被边缘化。①

第三节 文 献

文献是记录一切人类知识信息的载体,是图书馆的典藏及工作对象。文献类型多样,但都具有知识和信息内容、记录载体、记录符号、记录手段四种要素。目前,文献的主流已经向电子出版物及互联网出版方向转变,特别是自媒体的出现,极大地丰富了人类文献信息资源。研究现代文献的基本特征及其社会功能,有助于我们理解图书馆存在的价值及其未来发展趋势。

一、文献的概念

(一)文献与文献信息

文献是记录在物质载体上的信息,或者说文献是记录有知识的一切载体。

在我国,春秋时期孔子门徒记载孔子言论的《论语》"八佾"篇中,便有了"文献"一词:"夏礼吾能言之,杞不足征也;殷礼吾能言之,宋不足征也;文献不足故也。足,则吾能征之矣。"这是目前可考的最早的关于文献的论述。文献是人类记录信息的产物,是社会文化的重要传播载体。

早期的文献含义中"文"指典籍,"献"同"贤",指贤人。这是因为早期人类信息除依靠典籍记录外,还依靠有知识的人来传播。后来文献专指典籍资料,包括一切有价值的图书资料,20世纪80年代以来,文献被看做知识载体的一种。

在西方,"文献"一词源于拉丁语"Documentun",英文为"Document",指的是包括印刷品在内的一切文字记录,而英文"literature"(文献)的含义相对狭窄,主要指图书资料。

在本书中,我们使用广义的文献概念,即目前国际上通用的定义。《文献信息术语国际标准(草案)》(ISO/DIS 5127)对文献所下的定义为:"在存贮、检索、利用或传递记录信息的过程中,可作为一个单元处理的,在载体内、载体上或依附载体而存贮有信息或数据的载体。"用比较通俗的话来讲,文献就是记录一切人类知识信息的载体。

与文献概念相关的一个重要概念是文献信息。文献是最重要的信息载体,而文献信息则是文献所承载的内容。

人们这样看待文献信息与文献的关系:"文献是以文字、符号、声像等为信

① 胡鞍钢,熊义志.中国的长远未来与知识发展战略[J].中国社会科学,2003(2):126-137.

号编码的,以便于长期保存和广泛传播的物体为信道的人类精神信息的固态品。文献信息即以便于长期保存和广泛传播的物体为信道或载体的,以文字、标点、声像等符号为信号编码的人类精神信息。简言之,文献信息是文献的一个方面。”①

现在,由于文献概念的扩展,文献和文献信息的界限越来城模糊,在许多场合,人们不再刻意去严格区分文献与文献信息概念,因此,我们在本书中也不再严格区分二者,而是并行使用。

（二）文献的基本构成要素

文献的基本构成要素包括四个方面:文献记录的知识和信息内容、记录载体、记录符号和记录手段。任何文献无论其形式如何,都必然包含这四个基本要素。

1. 知识和信息内容。知识和信息是文献记录的内容,记录人类在生产生活和科学创造等活动中获得的信息和知识,这是文献存在的主要职能。随着人类社会和科学技术的发展,文献所记载的知识信息内容不断扩大和深化。

2. 记录载体。最早的文献载体有龟甲兽骨、石头、木头、纸草、羊皮等天然材料,之后过渡到陶器、玉器、泥板、青铜、铁、竹木简、缣帛直到纸张等形态,现在则更发展到胶卷、胶片、磁带等电、磁介质,以及计算机磁盘、光盘、网络空间等。在这个历史进程中,文献载体材料从天然物发展到人造物,由笨重发展到轻便,由昂贵发展到廉价,由实体材料发展为虚拟材料,从而更易为公众获得和使用。

3. 记录符号。早期文献的记录符号主要有图画、符号、象形文字,以后又发展出字母文字。在纸本书时代,记录符号主要是文字、图形、符号;自从唱片、电影、录音、录像等音像资料发明后,记录符号又有了模拟的声音和图像信息;计算机及网络信息则是采用0、1数字编码符号来记录文献信息内容。

4. 记录手段。指信息符号所代表的信息内容被存储到载体材料上的方式。早期文献是用机械手段(如铭、镂、捶、拓、书写、雕刻、打字、印刷等)将信息记录在文献载体上;照相技术发明后,人们采用化学方法生产照片、缩微胶片、缩微平片等;录音、录像采用电、磁技术作为记录手段;静电复印技术采用光电技术;计算机可读文献信息综合了电、磁、光技术作为文献的记录手段。

二、文献的类型

（一）文献类型的划分

按照文献的载体形式或出版形式等特征,可将文献划分为不同的类型。

---

① 朱建亮.文献信息学引论[M].北京:书目文献出版社,1992:46.

1. 依照文献的载体形式分

在整个文献的历史发展中，有甲骨、金石、简策、纸张、胶片、胶卷、磁带、磁盘、光盘等文献；在现代，则可依照载体形式将文献分为印刷型文献、缩微文献、音像文献、机读文献。

（1）印刷型文献。指用铅印、胶印或雕版印刷等各种印刷手段印制出来的文献，其主要载体为纸张。

（2）缩微文献。又称缩微复制品，是利用摄影方法，将文献的内容缩摄在感光胶片或感光胶卷上，借助于专门的阅读设备阅读的一种文献类型。

（3）音像文献。又称视听资料，是将声音、影像记录在电磁材料载体上，并通过相应的电子设备来使用的文献类型。如幻灯片、电影影片、唱片、录音带、录像带等。

（4）机读文献。将文字、声音、图形、图像、视频等多媒体信息，用数字信号记录在磁盘、光盘等介质上，借助计算机、平板电脑、手机等电子设备来使用的文献类型，也包括网络虚拟信息资源。

2. 依照文献的出版形式来分，有图书、期刊、报纸、科技报告、专利文献、标准文献、会议文献、政府出版物、学位论文、产品样本等。

（1）图书。是用文字、图画或其他符号手写或印刷于纸张等载体上并具有相当篇幅的文献，是一种比较成熟定型的出版物。

（2）期刊。又称杂志，指那些定期或不定期连续出版，每期有固定的名称和版式，有连续的出版物号，发表多位作者的多篇文章，由专门的编辑机构编辑出版的出版物。

（3）报纸。是以刊载新闻和评论为主的定期连续出版物。

（4）科技报告。又称研究报告或技术报告，是科技人员围绕某一学科或某一课题进行研究、研制工作中的阶段报告、成果报告和总结报告，或对某项研究课题或技术项目在实验中所作的报告和实际记录。通常以正式报告、进展报告、技术札记、备忘录等形式出版。

（5）专利文献。主要指专利说明书，它是专利申请人向政府专利局递送的记录有关发明创造信息的书面文件。

（6）标准文献。它是标准化组织或有关机构对产品、服务等的质量、规格、生产过程及检验方法等所做的技术规定，是不同生产、服务厂商应共同遵守的规范性文件。技术标准按审批机构和应用范围划分，有国际标准、区域性标准、国家标准、部颁标准、企业自订标准等，内容包括各种基础标准、产品标准和方法标准等。

（7）会议文献。是指在国内外各种学术会议上宣读、发表或提交的论文、报告、讨论记录等资料汇编,又称会议录。

(8) 政府出版物。根据联合国教科文组织的规定,政府出版物是指根据国家机关的命令,并且由国家负担经费出版的一切记录。政府出版物是各国政府所属各部门发表、出版的文献的总称。其内容极为广泛。

(9) 学位论文。是指高等院校的本科生、研究生或各教学、科研单位攻读硕士、博士学位的人员在申请学位时撰写的论文。

(10) 产品样本。又称产品说明书,是说明产品性能、规格和使用方法等的技术资料。

3. 依照文献的性质和功能来分,文献可划分为一次文献、二次文献、三次文献。

(1) 一次文献。又称原始文献,是人们对已创造的知识进行第一次加工(固化)而形成的文字记载。

(2) 二次文献。是对一次文献进行加工、整理后形成的产物,它对一次文献的特征如题名、责任者、出处、分类、主题等进行揭示和排序,或将一次文献的内容压缩成文摘。二次文献是用来报导一次文献的,类型有:目录、索引、文摘等。

(3) 三次文献。是按照特定的课题,利用二次文献选择有关的一次文献加以分析、综合而编写出来的文献类型,主要有:综述、述评、专题报告、可行性报告、数据手册等。

(二) 电子出版物

1. 电子出版物的定义

20 世纪后半叶,出现了电子出版物。电子出版物在图书馆界习惯上也称为机读文献。

电子出版物首先起源于美国。20 世纪 60 年代,美国化学文摘社将计算机用于编排索引和期刊,揭示了电子载体的存储功能,产生了电子文本的副产品形式。60 年代末期,又建立了以磁带为基础的批处理系统,从而开辟了以电子出版物提供文献服务的先河。到 80 年代,电子出版物在国外进入了高速发展时期,各种电子版期刊、报纸、图书进入市场。

关于电子出版物,至今还没有形成统一的认识,国际上也还没有一个公认的定义。电子出版技术仍处于发展之中,人们对电子出版物的认识也在不断地深化,因而在不同的国家和地区,对电子出版物定义的描述也各有不同。

中国新闻出版署 1997 年 12 月 30 日颁布,2008 年修订的《电子出版物管理规定》第二条规定:电子出版物"是指以数字代码方式,将有知识性、思想性内容的信息编辑加工后存储在固定物理形态的磁、光、电等介质上,通过电子阅读、显示、播放设备读取使用的大众传播媒体,包括只读光盘(CD-ROM、DVD-ROM

等）、一次写入光盘（CD-R、DVD-R 等）、可擦写光盘（CD-RW、DVD-RW 等）、软磁盘、硬磁盘、集成电路卡等，以及新闻出版总署认定的其他媒体形态。”可以说，这是我国至今为止比较全面科学、且具有一定权威性的关于电子出版物的定义。

2. 电子出版物的类型

电子出版物的形式多样，种类繁多，可以根据不同的标准划分出不同的类型：

（1）按载体形态划分。包括磁性媒体出版物，指信息存储在磁带、软盘（Flop disk-FD）上的出版物；网络媒体出版物，指信息存储、处理、出版、发行等环节均在互联网络上实现的出版物，包括联机数据库、网络型电子出版物（如 e-book）等；光媒体出版物，指以光盘为载体的出版物，包括一般的 CD 产品和多媒体光盘，如只读光盘（CD-ROM）、高密度只读光盘（DVD-ROM）、交互式光盘（CD-I）、图文光盘（CD-G）、视频光盘（Video-CD）、照片光盘（Photo-CD）等。此外，还有集成电路卡（IC-Card）。

（2）按文献类型划分。包括电子图书、电子期刊、电子报纸、全文数据库、电子游戏软件、音乐唱盘、激光视盘、交互式教学软件等。

（3）按信息的记录方式划分。包括文本式和图像式（包括静态图像和动态图像）。

在各种电子出版物类型中，网络电子出版物的投稿、编辑、出版、发行、使用等都是以电子形式进行的，可谓是真正意义上的电子出版物。

3. 电子出版物的优点

电子出版物具有其他信息载体无法比拟的显著优点，主要包括：

（1）存储信息量大，体积小，密度高，节省空间

如一张普通的 CD-ROM 光盘直径仅 12 cm，但容量可达 600 MB 以上，采用压缩技术，容量更大。一张 600 MB 的光盘可存储 200~300 本每本 50 余万字的著作。而网络的存储空间从理论上讲更是无限的，拥有海量信息却不必建造大型的图书馆。

（2）查阅便捷、快速，精确度高

利用电子出版物的数据库索引系统和全文检索系统，可以从电子出版物中快速、准确地查找到所需的词、句、专有名词等。

（3）传播速度快

由于网络的普及，电子出版物的投稿、编辑、排版、出版、宣传、发行、使用等都可以以电子形式进行，传统出版业的许多制作环节可以被省略，使电子出版物的出版周期缩短，传播速度和更新速度加快。而进入 Web 2.0 时代以来，互联网

出版物的普及,以及用户利用微博、微信等自媒体自主传播网络出版物,使信息传播速度更加快捷。

(4) 价格相对便宜

电子产品可采用成批量生产方式,可以提供电子版、印刷版、音像资料等不同的拷贝形式,以同一内容形成不同载体的出版物,因而可大大降低生产费用。

(5) 信息资源利用频率高,使用范围广

电子出版物可以超越时空限制为身处异地的用户使用,且可同时或反复被用户使用,因而,电子文献的信息资源利用频率高,使用范围广。对于图书馆来说,电子出版物可以有效地解决传统文献资源难以共享、书刊复本不足等矛盾,不仅可以节省经费和空间,也可更方便地向用户推荐所需文献信息,从而改善图书馆的读者工作,使服务手段更加多样化。

(6) 直观生动、交互性强

电子出版物利用先进的计算机技术,以纯文本、HTML、多媒体等多种形式,将文本、图片、声音、动态图像组成丰富多彩的出版物,给阅读者以生动、直观的感受,且使用者可利用电子出版物的互动功能,自主选择所要使用的电子出版物或其中某一部分。

4. 电子出版物的缺点

(1) 电子出版物的保存寿命有限

据研究,“在适宜的保存条件下,虫胶唱片可保存 50 年不变质,薄膜唱片可保存 100 年,录像带、盒式磁带等的寿命为 15~20 年,软盘为 20 年左右,光盘 CD-ROM 的寿命为 15~20 年……”①可见,光盘的寿命较短,时间一长会出现数据丢失的现象。而缩微胶卷、胶片则可达 100 年以上,经过脱酸处理的纸张可保存数百年。因此,电子载体不是大量资料长期保存的合适载体,如果想长期保存电子信息,必须不断复制更新。

(2) 技术依赖性强,不能直接阅读

电子出版物必须借助计算机、光驱、影碟机、唱片机、阅读器等设备才能使用。一旦缺少了电源和电子设备的支持,电子出版物的信息就完全不能读取。且电子计算机软硬件更新换代十分迅速,各种软件很快过时,使得电子载体所储存的信息若干年后很难找到与之相匹配的软件,有些信息便难以解读利用了。

(3) 存储信息易受干扰、破坏而丢失

与传统出版物相比较,电子出版物的信息采用虚拟存储技术,更容易受到外力的侵害和干扰,如计算机病毒、黑客的破坏,磁场的干扰,以及由于人为和技术

① 金甦.电子出版物刍议[J].闽江职业大学学报,2001(1):36-39.

因素等造成的信息丢失或删改等。

(4) 版权及盗版问题严重

电子出版物采用数字化技术进行信息处理、发行和使用,复制容易,因而电子出版物的盗版、侵权现象比传统印刷载体更容易发生。特别是当电子信息通过网络进行传递时,通过网络下载的方法进行信息复制或者直接采用超链接手段使用别人信息的现象十分普遍,在文献生产过程中也可利用下载的信息,导致侵权行为很难界定。

(三) 互联网出版物

对于21世纪的图书馆等文献信息机构来讲,"互联网出版物"应当是一个值得特别注意的概念,"互联网出版物"是电子出版物概念的延伸,互联网出版物的兴起,将从根本上改变和丰富文献、出版物的内涵。

1. 互联网出版与互联网出版物

互联网出版物是互联网出版行为的产物。根据我国《互联网出版管理暂行规定》,互联网出版"是指互联网信息服务提供者将自己创作或他人创作的作品经过选择和编辑加工,登载在互联网上或者通过互联网发送到用户端,供公众浏览、阅读、使用或者下载的在线传播行为。其作品主要包括:(一) 已正式出版的图书、报纸、期刊、音像制品、电子出版物等出版物内容或者在其他媒体上公开发表的作品;(二) 经过编辑加工的文学、艺术和自然科学、社会科学、工程技术等方面的作品。"

具体来讲,互联网出版物包括:互联网图书、互联网报纸、互联网期刊、互联网音像出版物、互联网地图、互联网游戏出版物、手机出版物等。

2. 自媒体出版物

《互联网出版管理暂行规定》中所称的"互联网出版机构,是指经新闻出版行政部门和电信管理机构批准,从事互联网出版业务的互联网信息服务提供者。"但这里的"互联网出版""互联网出版机构"仅涵盖了与传统意义的"出版""出版机构"重合的部分,未能包含全部的网络出版活动和出版物。互联网出版物还应当包括微博、博客、播客、微信等在内的自媒体传播形式构成的出版物。

自媒体出版物具有如下特点:

(1) 自媒体出版物具有汇聚功能,使新型网络数字出版符合开放、参与、交互、共享、去中心化等价值理念。

(2) 自媒体出版物的传播是裂变式传播,因而内容创生、发布、分享、编辑、引用、评论、反馈、收藏、注释、推荐、标注、搜索、点击等多种行为可以同步进行。

(3) 从自媒体出版物的形式上来看,有网络语言、图片、音频、视频;从符号上来看,有信息逻辑符号、文化价值符号以及情感偏向符号。

（4）自媒体出版物语境下的受众是社会网络结构中的受众，在这样一个网络结构中，用户既可以是信息传者、受者与评论者，也可以是编者、作者与读者；既参与数字内容创新的全过程，也可融入数字内容营销的各环节，从而形成用户与内容之间、用户与编辑之间、用户与用户之间、用户与数字出版企业之间的多元关系网络。

（5）自媒体出版物的内容呈现无限分化、快速交互的增长趋势，主要包括：素材型内容、信息型内容、知识与见解型内容、数据型内容、舆论型内容、解决方案型内容、社交关系型内容等，并且新类型的内容会不断创生。

（6）自媒体出版物平台包含着巨大的"碎片化"的内容，而其中又蕴藏着许多具有重要价值的内容。对这些"碎片化"内容进行筛选、分析、挖掘等管理成为数字内容管理的重中之重。①

三、文献的特征

现代文献信息具有如下特征：

（一）社会文献信息生产数量大、增长快

由于科学技术在深度和广度上不断发展，各种知识门类不断增加，各个知识领域的文献信息数量越来越大，增长速度越来越快，且呈指数增长趋势。在20世纪80年代，文献信息的年均增长率达12%，现在的增长则更快。特别是在一些尖端科技领域，如计算机等信息技术领域内，文献信息量翻番的时间更短。有观点认为，美国戈登·莫尔1965年提出的莫尔定律，即计算机芯片的处理能力每18个月会增长一倍的定律，也适用于现代文献信息数量的增长。

（二）社会文献信息类型复杂、形式多样

传统文献信息，主要指印刷形式的图书、期刊、报纸、图片等。而现代文献信息，除了类型繁多的印刷形式之外，还出现了大量非印刷形式的新型信息载体，如缩微资料、视听资料、机读资料（如磁盘信息、光盘信息、网络信息等）。印刷型、缩微型、视听型、机读信息等各种形式的文献信息并存的状况，将持续相当长的一段时间，而机读信息（特别是光盘信息、网络信息）的地位将不断上升，并对人类文献信息的生产传播模式产生决定性的影响。

（三）现代社会文献信息时效性增强

这种情况突出地反映在科技文献信息中。目前，科技知识的更新期在不断缩短，科技文献的"老化"在不断加剧。20世纪80年代，国外有研究表明，各类科技文献信息的平均寿命为：图书10~20年，科技报告10年，学位论文5~7年，

① 陈邦武.自媒体：后网络出版时代的新宠[J].出版发行研究，2014(1)：62-64.

期刊论文3~5年,标准文献5年,产品资料3~5年。据欧美一些国家统计,科技文献平均寿命低于10年,而信息技术等带头学科的文献信息的寿命则更短,在部分分支领域内知识更新的速度仅有1年左右。文献信息时效性的增强,就使得老化了的文献信息成为社会文献信息流中的一种“污染物”。

(四)文献信息传播速度加快

现代信息技术的发展,特别是网络技术在世界范围内的迅速普及,使得文献信息传播速度大大加快。文献流的流量加大,流速加快,就不可避免地给文献信息流的控制带来种种困难,进而使文献信息的无序状态进一步加剧。

(五)文献信息内容交叉重复

科学技术发展的趋势,向着分化与综合两个方向前进。分化的趋势促使学科愈分愈细,分支越来越多;而综合的趋势促使各个学科互相交叉渗透,出现许多边缘学科、综合学科、相关学科,学科之间的严格界限在消失转化,学科之间的相互联系在逐渐加强。在此趋势的影响下,反映现代科学技术的文献信息,一方面内容广泛分散,复杂多样,很不集中;另一方面相互渗透,彼此重复交叉的现象非常严重。同一刊物登载许多学科的论著,同一出版物由一种类型转化为另一种类型,一书多版,旧书改版,互相翻译,同一论著在不同的刊物上发表、在不同时间和地点出版等现象常常出现。传统的文献被转化为数字化信息生产成光盘文献,也可以上网发行。特别是目前网络环境下,同一信息既可在网络上发表,又可以转化为纸质文献或光盘文献;而且,由不同网站的搜索引擎对同一信息进行虚拟链接和下载保存,使得同一信息可以反复出现在网络上的不同节点。

(六)文献信息所用语种在扩大,文献信息质量下降

据统计,20世纪末,世界上大约有60余种文字被用于文献信息的生产,其中较为通用的文字只有12种。因此,大约有1/2的现代文献信息是用各学科专家所不懂的文字出版发行的。而由于计算机文字处理系统的完善,越来越多的文字都可以转化为计算机可处理的信息,如蒙文、藏文、维文、阿拉伯文文献等都已可以在网上传播。此外,文献质量也在逐渐下降,尤其是期刊质量下降更为明显。而由于网络信息传播较少被控制,各种未加证实、未加筛选的信息很容易进入社会信息传播系统,更加剧了社会信息质量下降的趋势。这样,被社会利用的文献信息在社会生产信息总量中所占比例日益下降。

这六个方面的因素,使文献信息的无序状态逐步加深,进而使得文献信息流的流向更加分散。因此,只有控制了社会文献信息流的流向,才能化不利因素为有利因素;反过来,只有充分认识了影响文献信息流无序状态的因素,因势利导,才能使文献信息流合理流动。

四、文献的功能

概而言之,文献的主要社会功能有:

(一) 存储、积累社会知识与信息

文献的起源,是为了保存和传递社会经验与知识的需要,文献的发展与丰富,根本的原因也在于社会知识的积累与知识需求的急剧增长。文献作为知识的载体,其基本功能之一,就体现在它记录着人类创造的知识,能够满足社会的知识需求。

(二) 传递、扩散知识与信息

在人类社会中,个人、团体、国家为了生存与发展,必须随时掌握大量信息,以监测环境,应付环境的变化,并做出相应的决策和行动。信息是人与自然、社会联系的中介。人类用来交流信息的工具的类型很多,文献是其中较为重要的一种。文献具有信息可信度和稳定度较高、系统性强、传播久远等特点,因而,文献在人类信息交流体系中占有独特的地位。

(三) 社会教育

文献的社会教育功能体现在两个方面:第一,通过文献,社会成员可以学习、掌握各种生产、生活方面的知识;特别在现代社会中,文献是终身教育的重要工具之一。第二,各种社会风俗、习惯、伦理道德、宗教信仰、哲学及法律等社会观念,被记录在文献中,通过文献传播,将确立的一整套行为规范传给下一代,促成信息社会中年轻一代的社会化,并时刻影响着社会成员,成为社会的自我控制力量。

(四) 文化传播

文献是人类文化得以保存和传播的重要手段。当文献出现后,人类文化主要是通过文献记录和储存下来,然后在空间和代际之间传递。文化在代际之间的传播,被称作"传承";文献在空间上的扩散,被称作文化的"散播"。文献传播延伸了人类的精神意识,成为文化沉淀过程中一个非常基础的部分。文献信息数量的增加和传播速度的加快有助于促进社会文化的变迁。

文化保存和传播的过程,同时也是文献生产和传播技术不断进步的过程,是一个社会信息数量不断增长和信息传递加速的过程。每项新的文献信息都增强了个人和集体的记忆、保存信息的能力,从而使人们能够从事过去所不能从事的活动。换句话说,对于文化发展来说,文献的交流与传播是其发展的基本条件和手段,文献传播的实质是文献信息交流,因而,文化的发展实际上建立在文献信息交流的基础上。文献信息是人类社会文化不断发展进步的基础之一。

文献的文化传播功能主要体现在:(1) 文献传播具有文化的整合功能。通过文献传播,可以使不同的文化彼此了解、吸收、借鉴,直至认同和融合,趋于一体,文献可以发挥整合文化的功能。(2) 文献传播具有文化评价功能。通过文献,人们可以对记录下的自身所处的文化环境进行审视和评价,确定文化的价值,并据此采取行动。(3) 文献传播具有文化积淀的功能。文献传播不仅可在空间上横向传播,同时也可以在时间维度上纵向继承,这使得人类的文化财富代代相袭,积累下来,成为宝贵的文化遗产。

(五) 娱乐欣赏

文献信息中的文学作品、音乐美术作品、影视作品、游戏软件等,可以满足社会成员文化欣赏、娱乐消遣的需要;设计精美的文献装帧、插图,丰富多彩的多媒体信息,可以给人以愉悦感;同时,阅读文献作为一种休闲方式,也能起到怡情养性的作用。

第四节 文献信息交流与图书馆

人类信息交流包括直接交流和间接交流,文献交流是重要的间接交流形式。图书馆正是为适应人类间接信息交流需要而产生的,文献的出现是图书馆产生的直接原因,承担社会文献交流主渠道的功能是图书馆长期存在的依据。作为研究图书馆事业及其相关因素的科学,现代图书馆学应将文献信息交流现象及其内在规律作为自身的研究对象。

一、图书馆与文献信息交流

文献信息交流是人类信息交流的重要形式之一。

人类信息交流主要指人与人之间的信息交流,即社会信息的交流。概括来讲,人类信息交流的形式主要有两种,即直接交流和间接交流。直接交流是指人们之间的直接接触而产生的信息交流,间接交流是指人们通过辅助工具间接接触所产生的信息交流。

直接交流的优越性就在于生动、直观、感受性强。直接交流的媒介主要是口头语言,此外还包括动作、表情等体态语言。直接交流的过程,是人的感觉器官和运动器官综合起作用的结果。在直接交流时,人们获取的信息也是综合性的,许多"只可意会不可言传"的信息,也只能靠直接交流获取,而且直接交流无需任何工具就可以进行,比较方便、迅速,反馈及时。

然而,直接交流的局限性也是十分明显的。第一,它要受到时间和空间的限制。在异时、异地,如果不借助工具,直接交流就无法进行。其次,它的存储受到限制。人类的直接交流是大量存在的,但对它的存储却是有限的。没有存储起来的直接交流会稍纵即逝,无法重现。第三,直接交流还要受到语言本身的局限。由于民族、地域的不同,语言的种类及一种语言的语音各有不同,因此,使用不同语言的人们和同种语言不同发音的人们,在进行直接交流时会受到限制。

正因为直接交流存在着上述局限性,所以才使得间接交流发展起来。间接交流的优越性,恰恰是直接交流的局限性,反之亦然。间接交流与直接交流的最大区别,就在于它要借助工具才能进行。

文献交流是间接交流中最早产生的一种形式。

当人们能够用文字完整地表达思想和感情,准确地记录事物的时候,最初的文献也就随之产生了。有了文献,就产生了如何整理、如何保存、如何利用这些文献的问题。为了一定的需要将一批文献保藏起来的场所,就是最初的图书馆。所以,图书馆直接起源于保藏文献的需要。作为一种社会交流工具,图书馆正是为适应人类间接信息交流需要而产生的,人类社会信息交流的需要是图书馆产生的前提,文献的出现是图书馆产生的直接原因,承担社会文献交流主渠道的功能是图书馆长期存在的依据。

我们认为:图书馆,是社会记忆(通常表现为书面记录信息即文献信息)的外存和选择传递机制。换句话说,图书馆是社会知识、信息、文化的记忆装置、扩散装置。图书馆是对文献信息进行输入、编码、储存、提取和利用的机构。无论其形态如何,各个社会阶段的图书馆都承担着知识、信息的存储、整序、传递乃至增值服务的职能。

图书馆通过收集、整理和保存文献信息,实现思想、知识、信息的交流,从而提高社会成员的文化教育水平,提高社会的科技实力和创新能力,促进社会经济的发展与社会进步,在人类历史和信息交流史上曾发挥过极其重要的作用。在知识经济时代,知识、信息成为社会发展最重要的资源,知识管理、信息资源管理具有重要的意义,作为社会信息资源管理机制最重要的组成部分之一的图书馆将继续发挥其不可替代的作用。

图书馆工作的实质,就是转换文献信息,实现文献的使用价值和部分内容价值。文献信息是以文献为载体的人类思想信息,但文献信息又不全是内容信息,它还包括形式信息(文献的载体形态信息)。图书馆工作的任务,就是充分揭示文献的形式信息和内容信息,从而使文献的内容信息得以传播。图书馆工作的各个环节,包括采购、分类、主题标引、编目、保管、借阅等都是为了实现传播文献内容信息的目的。此外,在商品社会中,文献信息作为一种商品,其价值可以被分割:一是它的商品价值,由文献的生产和发行部门实现;二是它的内容价值,这要通过对文献信息的使用才能实现,也就是说这部分价值要随着文献信息的使用价值的实现而实现。图书馆用户阅读文献,只是实现了文献内容价值的一部分;必须通过实践才能实现文献的全部内容价值,途径包括:创造出新的产品,由产品的价值和获得的资本的价值来确证文献的价值,或者是创造出新的文献信息。

二、图书馆学与文献信息交流

图书馆学是研究图书馆事业及其相关因素的科学。

图书馆是人类文献信息交流发展到一定阶段,为有效地促进文献信息交流而出现的机构。研究图书馆活动,必须要研究与图书馆事业有关的各种因素,特别是要研究人类的文献信息交流现象。

图书馆的主要研究对象,包括文献信息资源、用户、工作人员、技术方法、建筑与设备等基本要素。其中,文献信息资源是图书馆学研究的核心要素,保存和传递文献信息资源是图书馆产生与存在、发展的依据,图书馆的各项工作围绕文献信息资源建设与开发展开,文献信息资源工作的终极目的是满足用户对文献信息资源的获取和利用。文献信息交流理所当然地成为现代图书馆学的关注焦点。

现代图书馆学中重要的流派“交流说”将交流看做是图书馆学研究的中心内容,代表人物有美国的谢拉和苏联图书馆学家丘巴梁等;我国的“交流说”大致又可分为“文献交流说”“知识交流说”“文献信息交流说”三种观点。“文献交流说”的代表人物是北京大学的周文骏,他提出建立文献交流学(一门超越图书馆学、情报学、档案学、目录学、出版发行学等学科的学科),其研究对象是“作为交流过程主体的文献,文献交流的产生、发展、功能、内容、渠道、方法、效果,以及组织交流的相关机构等等。”①以宓浩为代表的“知识交流说”认为:“图书馆是通过对文献的收集、处理、贮存、传递来保证和促进社会知识交流的社会机构。”②“文献信息交流说”认为:“文献信息交流,是图书馆工作的出发点与归宿”,“图书馆学是研究图书馆进行文献信息交流的理论和方法的学科。”③

“图书馆是帮助人们利用文献进行间接交流的中介物。”“图书馆工作的实质,就是转换文献信息,实现文献价值和部分价值(内容价值)。”④社会文献信息经过图书馆的整序成为有序的文献信息集合体,并传播出去,为用户所利用。作为研究图书馆事业及其相关因素的科学,现代图书馆学应将文献信息交流现象及其内在规律作为自身的研究对象。

---

① 周文骏.文献交流引论[M].北京:书目文献出版社,1986:7.

② 宓浩,刘迅,黄纯元.图书馆学原理[M].北京:国家图书馆出版社,2013:51.

③ 南开大学图书馆学系,等.理论图书馆学教程[M].天津:南开大学出版社,1986: 31.

④ 吴慰慈,董焱.图书馆学概论[M].北京:国家图书馆出版社,2008:9.

思考题

1. 简述本书综合广义和狭义两方面给出的较完整的信息定义。
2. 信息主要包括哪些类型?
3. 简述知识经济理论中的知识 4W 概念。
4. 知识信息化的途径有哪几个?
5. 简述现代文献的主要特征。
6. 简述图书馆的概念。
7. 简述图书馆学的概念。

参考文献

[1] 吴慰慈,董焱.图书馆学概论[M].修订2版,北京:国家图书馆出版社,2008.

[2] 黄宗忠.图书馆学导论[M].北京:国家图书馆出版社,2013.

[3] 宓浩,刘迅,黄纯元.图书馆学原理[M].北京:国家图书馆出版社,2013.

[4] 董焱.信息文化导论:数字化生存状态冷思考[M].北京:北京图书馆出版社,2003.

[5] 杨继红.新媒体生存[M].北京:清华大学出版社,2008.

第二章　图书馆学的研究范畴

研究对象是人们进行科学认识的客体。一般来说，科学工作者进行科学认识的外部世界都是科学研究的对象。由于自然界和人类社会具有复杂性，造成了科学研究的对象具有丰富性：既有物质性的对象，也有精神性的对象；既有天然的对象，也有人造的对象。而对不同研究对象进行研究，就形成了各种学科。我们说，任何一门学科的内容都是由研究对象本身的客观规律所决定的，离开了作为认识客体的研究对象，科学研究就成了无源之水、无本之木。

由此可见，任何一门科学都具有特定的研究对象，图书馆学也不例外。而图书馆学研究对象这个看似简单的问题，实际上是图书馆学最复杂的理论问题之一。这个问题是图书馆学的元问题，是图书馆学理论研究的出发点，搞清这个问题，对于构建科学的图书馆学理论体系，推动图书馆学学科的发展，具有重要的意义。

第一节　图书馆学的研究对象

图书馆学作为一门科学，必然要对其研究对象的形态、性质、规律等作出客观的反映。那么，图书馆学的研究对象究竟是什么呢？

一、图书馆学研究对象的含义

对于这个问题，无论是在图书馆业内还是业外，许多人都会认为：图书馆学的研究对象是图书馆工作。这可能已经成为人们的一种普遍认识。然而事实上，从图书馆学诞生之日起，图书馆学的研究对象就一直是图书馆学研究者长期争论的一个问题，而且这种争论从来就没有停止过，致使一个问题出现多种答案。据一些研究者统计，目前国内外有关图书馆学研究对象的各种观点已达上百种之多，而且新的提法还在不断出现。这表明，图书馆学的研究对象并非不证自明和一成不变的。造成这种状况的原因，一是因为作为图书馆学研究对象的图书馆现象本身具有认识上的复杂性,而研究者们却往往站在不同的角度、采用不同的方法来认识这一现象,使得观察对象的范围出现了差异,从而直接导致了认识结果的差异。二是因为作为人类社会产物的图书馆现象本身处在不断的发展变化之中。随着人类文明的不断发展,图书馆也表现为不同的形态,特别是随着现代信息技术在图书馆中的应用,数字图书馆、虚拟图书馆相继出现,使得今天的图书馆更是呈现出与以前完全不同的形态。未来的图书馆还会进一步发展,人们对它的认识也必然会随着图书馆形态的变化而不断变化。在图书馆学发展历史上,正是由于图书馆学研究对象的不断变化和人们对图书馆学对象认识的不断深入,才促使图书馆学理论不断发生新旧更替并逐渐完善。

二、图书馆学研究对象的探讨过程

1807 年,德国图书馆学家马丁·施莱廷格(Martin W. Schrettinger, 1772—1851)第一次使用了"图书馆学"这个名词,这一名词的出现以及随后提出的图书馆学理论体系,标志着现代图书馆学作为一门学科正式诞生。

在现代图书馆学的发展过程中,图书馆学的研究对象始终是国内外图书馆学家探讨、研究和关注的重要课题。在近两个世纪的学术探索中,各种学术思想相互影响和借鉴,一方面形成了中外各具特色的图书馆学理论流派,另一方面也逐渐实现了从对图书馆现象的具体描述到理论抽象的飞跃。

国内外图书馆学史上关于图书馆学研究对象的认识经历了以下几个阶段:

第一阶段,是图书馆现象与图书馆工作描述阶段。在这个阶段,研究者们认为图书馆学的研究对象是图书馆的具体工作方法或图书馆管理,他们着重从物质和技术层面来研究图书馆,主要是对图书馆工作进行具体描述,还缺乏对图书馆学对象深层次的本质把握。具体有以下代表性的观点:

"整理说"。代表人物是施莱廷格。他在慕尼黑皇家图书馆任职期间,于 1808 年出版了《试用图书馆学教科书大全》一书。在该书中,施氏构建了他的图书馆学理论体系,对图书馆学、图书馆学研究对象、图书馆学内容结构等进行了阐述。他将图书馆学的研究内容确定为"符合图书馆目的的整理方面所必要的一切命题的总和",并据此提出图书馆学研究对象是"图书整理",核心是目录的编制。"整理说"最早为图书馆学设定了明确的研究对象,为图书馆学的建立做出了重要贡献。

"技术说"。1810 年,德国图书馆学家费里德里布·阿道夫·艾伯特(Friedrish Adolf Ebert, 1791—1834)在一本名为《关于公共图书馆》的小册子中指出,把图书馆学内容局限于图书整理太过于狭窄,图书馆学应该是"图书馆员执行图书馆工作任务所需要的一切知识和技巧的总和"。1820 年,他又出版了

《图书馆员的教育》一书,强调"图书馆学应研究图书馆工作中的实际技术"。艾氏的观点得到丹麦学者莫尔贝希(Christian Moltbech,1783—1857)的支持。莫尔贝希在1829年出版的《论公共图书馆》一书中,进一步阐释了艾伯特的观点并使之系统化,这就是后来西方图书馆学史中所称的"艾伯特-莫尔贝希"体系。而美国图书馆学家麦威尔·杜威(Melvil Dewey,1851—1931)则是另一位"技术说"的代表人物,他在其编制的《杜威十进分类法》第一版的导言中声明,他并不追求什么理论上的完整体系,而只是从实用的观点出发来解决实际问题。后来他更是公开宣称,"在图书馆学研究领域内,无论在任何问题上,哲学上理论的正确性都应让位给实际的应用"。

由此可见,在现代图书馆学发展的开始阶段,由于图书馆工作强调技术方法,技术性、实践性较强的内容在图书馆学研究中占了主导地位,从而直接导致了图书馆学研究对象"技术说"的产生。后来,人们把这种学术思想称为"实用派图书馆学"。它为后世图书馆学研究重视应用研究的传统打下了基础。

"管理说"。英国的帕尼兹(Anthony Panizzi,1797—1879)和爱德华兹(Edward Edwards,1812—1886)是这一学说的早期代表人物。作为当时英国不列颠博物院图书馆馆长,帕尼兹提出,不列颠图书馆应当收藏世界上一切语种的有用的珍贵图书。他不仅要求增加藏书的数量,还特别强调要通过管理实现藏书结构的系统性和科学性。他重视图书的系统整理、妥善保管和充分利用,带动了图书馆员对图书馆管理的研究与实践。爱德华兹是英国曼彻斯特市公共图书馆的馆长,他在自己的管理岗位上积极推动图书馆开展采编、阅览、流通等工作,使该馆成为当时英国各地公共图书馆效仿的榜样。1859年,爱德华兹出版了《图书馆纪要》(一译《图书馆回顾》)一书,其第二册《图书馆管理》对17—19世纪的图书馆管理经验进行了全面总结,是最早系统论述图书馆管理的专著。1887年,世界上第一所图书馆学校在美国成立,取名为"哥伦比亚学院图书馆管理学院"(School of Library Economy at Columbia College)。该校的办学目的是"培养专业的图书馆管理人才",故其课程偏重于图书馆经营管理的内容。此外,美国圣路易斯公共图书馆馆长克伦登也明确提出,应运用企业管理的方法来管理图书馆。从此,图书馆管理的论著日益增多,现代管理学理论开始在图书馆中得到普遍应用。而我国现代图书馆学发展初期(20世纪20—30年代)关于图书馆学研究对象问题的探讨,占主流的也是"管理说"。

"管理说"扩大了以往图书馆学的研究范畴,要求图书馆学不仅要关注图书整理及技术方法,也要关注图书馆的经营和管理,这是符合图书馆工作实际的,也是符合社会发展要求的。"管理说"对于图书馆工作的规范化、科学化起到了直接的推动作用。

第二阶段,是对图书馆进行整体的宏观考察阶段。在这个阶段,研究者开始把图书馆视为整体系统,并置于社会大环境中去研究,侧重于考察图书馆的社会功能。代表性的观点有:

"社会说"。美国著名图书馆学家、芝加哥大学图书馆学院教授巴特勒(Pierce Butler,1886—1953)在1933年出版的《图书馆学引论》一书中提出了一个著名的观点:"图书是保存人类记忆的社会机制,而图书馆则是将人类记忆移植于现在人们意识中去的社会装置。"他把人类的读书现象与图书馆的本质联系起来考察,发现了社会知识是以图书为媒介,并通过人们的阅读行为进行传递交流这一规律。后来的一些研究者认为,巴特勒的《图书馆学引论》首次将图书馆与社会发展联系起来加以研究,是"图书馆学发展的真正的里程碑",开拓了图书馆学对象研究的新领域。"社会说"在我国早期图书馆学研究中也有所体现,如1925年,杜定友在《图书馆通论》一书中提出,"图书馆的功用,就是社会上一切人的记忆,实际上就是社会上一切人的公共脑子。一个人不能完全地记着一切,而图书馆可记忆并解答一切"。这样的观点实际上和巴特勒的观点是一致的。

"要素说"。这是以中国图书馆学研究者为主提出的一种研究对象说。早在1929年,陶述先就提出图书馆要素有三个:书籍、馆员与读者。1932年,杜定友也提出,图书馆有书、人、法三个要素,三要素之间的关系是"三位一体",他还以书、人、法的次序来解析图书馆事业发展的重点;1934年,刘国钧在《图书馆学要旨》一书中提出了图书、人员、设备和方法的"四要素说",1957年他又进一步提出了图书馆的"五要素说",即读者、图书、领导与干部、工作方法、建筑与设备,并明确提出:"图书馆学所研究的对象就是图书馆事业及其各个组成要素。""要素说"表面上看是探讨图书馆这一社会现象的组成要素,但实际目的是要探讨图书馆事业整体的发展机制,因此,这一观点对我国图书馆学研究的影响十分深远。

"知识社会学"。由德国的卡尔斯泰特(P.Karstedt)提出。他在1954年出版的《图书馆社会学》一书中认为,图书是客观精神的载体,图书馆则是客观精神得以传递的场所。图书馆是维持和继承社会精神不可缺少的社会机构,担负着把社会精神移入作为社会形象载体的社会成员的职能。它所采用的手段就是搜集、保存和传递社会精神客观化的图书。有了图书馆这样的社会机构,人类文化的创造和继承才有了可能。他认为,"客观精神"是知识社会学的研究对象,而知识社会学正是图书馆学的理论基础,因此,知识社会学也是图书馆学的研究对象。

此外,从整体上研究图书馆现象的还有被称为"印度图书馆学之父"的阮冈纳赞(S.R.Ranganathan,1892—1972)。他在1931年提出了著名的图书馆学五定律:(1) 书是为了用的;(2) 每个读者有其书;(3) 每本书有其读者;(4) 节省读者的时间;(5) 图书馆是一个生长着的有机体。这五条定律是对当时图书馆实际工作所提出的要求并成为当时图书馆界所追求的目标,反映了阮冈纳赞把图书馆和图书馆事业看成一个整体并作为图书馆学研究对象的学术思想。

在这个阶段,我国图书馆学界关于图书馆学研究对象的认识还出现了"矛盾说"和"规律说"等观点。"矛盾说"的主要代表人物是武汉大学的黄宗忠。他根据毛泽东《矛盾论》的论述,于1962年发表了《试论图书馆的藏与用》一文,提出"藏与用"是图书馆的特殊矛盾,图书馆学就是要研究这对特殊的矛盾。"矛盾说"试图通过分析图书馆的特殊矛盾来探寻图书馆的本质和规律。而"规律说"则是1981年北京大学图书馆学系、武汉大学图书馆学系合编的《图书馆学基础》一书出版后,在我国迅速流行并被广泛接受的一种观点。该书认为,"图书馆学是研究图书馆事业发生发展、组织形式以及它的工作规律的一门科学。"

总之,这个阶段对图书馆学研究对象的认识,已不再局限于对微观图书馆工作的具体描述,而是扩展到了对宏观图书馆事业的整体考察,尤其是对图书馆运作机制的探寻,以及对图书馆与社会联系的考察。

第三阶段,主要是将信息交流作为图书馆学的研究对象。这是由于20世纪50年代以后,科学技术飞速发展,文献数量急剧增加,"信息爆炸"成了人们有效利用文献信息的最大障碍。许多图书馆学研究者意识到,图书馆学的任务,就是要尽可能消除这一障碍,促进社会知识信息的有效交流,以满足人们快速、准确获取有用信息的要求。因此,许多研究者都对信息交流给予了极大的关注,使得"交流说"应运而生。

"交流说"的代表人物首推美国的图书馆学家谢拉(J. H. Shera, 1903—1981),他是这一学说的集大成者。他在1972年出版的《图书馆学教育基础》一书中明确指出,"交流是社会结构的黏合剂","图书馆是社会交流链中的一环"。他认为,"交流不仅对个人的个性十分重要,而且对社会结构、社会组织及其活动也是重要的,所以它成了图书馆学研究的中心内容。"他曾于1965年提出的"社会认识论",其实质也是交流。

苏联图书馆学家丘巴梁认为,苏联图书馆学是一门把图书馆过程作为群众性地交流社会思想的一种形式的社会科学,这也体现了"交流说"的学术思想。

从20世纪80年代开始,我国的图书馆学者也开始提出了自己的"交流说"观点。这些观点大体上可分为"文献交流说""知识交流说""文献信息交流说"三种形式。

"文献交流说"。代表人物是北京大学的周文骏,他在1983年发表的《概论图书馆学》一文中提出：文献“首先是一种情报交流的工具。图书馆利用文献进行工作，所以说图书馆工作发展的历史，基本上是利用文献这个情报交流工具进行情报交流工作的经验的结晶。”“‘交流’(communication)这个词在汉语中具有更强的双向性与互动性，而图书馆情报传播中的文献正是这一特性的具体的表现。”周文骏对“交流”一词的斟酌与推敲，不但开创了我国“交流说”思想的先河，而且使图书馆学情报学领域的“交流”概念，更能够区别于传播学领域中的“传播”以及技术领域中的“通讯”或“通信”，从而使图书馆学情报学的内涵更加饱满且富有特色。现在看来，现代的信息网络不仅具有“文献”的本质，而且还具备了“交流”的功能，网络将“文献”的本质和“交流”的功能融为一体，使文献交流提高到一个新的层次。

“知识交流说”。代表人物是华东师范大学的宓浩，1984 年他在《知识的交流和交流的科学——关于图书馆学基础理论的建设》一文中指出，图书馆收集、存储、整理、组织、传递和利用知识信息的活动本质，是人类的知识交流。图书馆实质上是知识交流的工具，图书馆学应该研究知识的交流。1988 年，宓浩在其专著《图书馆学原理》中更明确地指出：图书馆是“促进社会知识交流的社会机构”，认为图书馆学研究对象是“知识交流”。

“文献信息交流说”。以南开大学图书馆学系等院系 1986 年集体编写的《理论图书馆学教程》为代表。该书认为：“文献信息交流是图书馆工作的出发点和归宿”，“图书馆学是研究图书馆进行文献信息交流的理论和方法的学科。”

“交流说”突破了从图书馆实体出发确定图书馆学研究对象的局限，着眼于对图书馆学研究对象的本质特征进行理论抽象，这对改变长期以来图书馆学研究的封闭思维，扩大图书馆学研究领域，推动图书馆学科向科学化发展，起到了重要的作用。但“交流说”也存在着不足，如刘兹恒等就指出，“‘交流说’现在看来确实存在不足，比如‘文献信息交流说’能否涵盖数字图书馆？社会其他领域的文献信息交流现象是否属于图书馆学的范畴？尽管‘交流说’表达了图书馆与知识、知识交流的相互关系，却未能揭示图书馆内部的本质和机理，即忽略了知识组织问题”。

第四阶段，开始将信息资源作为图书馆学的研究对象。20 世纪 90 年代以后，以计算机技术和网络技术为核心的现代信息技术迅速发展，导致信息数量激增，人类生产、传递和利用信息的方式也发生了根本的变化。图书馆的工作对象由文献资源扩展为信息资源，因而，图书馆学也将研究的注意力转向了信息资源。

1992 年，美国图书馆学家切尼克(Barbara E.Chernik)在其所著的《图书馆服务导论》一书中，把图书馆定义为“是为利用而组织起来的信息集合”，并用了一章的篇幅专门论述图书馆资源(Library Resources)。这一思想启发了图书馆学研究对象“信息资源说”的产生。不久,我国图书馆学研究者也开始接受这一观点。

如1999年2月,中国科学院文献情报中心的徐引篪、霍国庆借鉴切尼克“资源说”的观点,出版了《现代图书馆学理论》一书。该书明确提出:“图书馆学的研究对象是一种动态的信息资源体系。”他们的主要观点是:(1)图书馆的实质是一种信息资源体系;(2)信息资源体系是一个不断发展的有机体;(3)图书馆学的研究对象是图书馆,而图书馆的实质是信息资源体系,故图书馆学研究对象是动态的信息资源体系。“信息资源说”将图书馆视为动态的、有机的信息资源体系,力图揭示图书馆学研究对象的本质。它利用系统论的思想,将图书馆学的研究对象扩展到一个开放的信息资源领域。它使图书馆学研究立足于图书馆,但又不局限于图书馆,这对我们发展图书馆学具有重要的意义。

随着知识经济的兴起,知识日益成为重要的生产力要素。如何有效地组织、控制、传递、利用知识,已成为知识社会人们极为关注的问题。在这种背景下,一些研究者提出,图书馆活动的实质是知识组织,而图书馆则是对客观知识进行专门组织和控制的社会机构,因此,有必要从知识的角度来理解图书馆学。由此构成了图书馆学研究对象的“知识组织说”。应该说,“知识组织说”顺应了知识经济时代对知识管理的要求,它对图书馆活动的本质及其社会作用做出了新环境下的新的说明,有利于提高图书馆学的学术地位。但“知识组织”并不是图书馆活动的全部内容,如果将它作为图书馆学的研究对象,有可能会犯以偏概全的错误。

三、图书馆学研究对象的确立及其原因

从以上所述对图书馆学研究对象的认识过程看,人们之所以形成认识上的分歧,主要是因为对图书馆学的研究对象应该是微观对象还是宏观对象意见不一致。

所谓微观对象,是指图书馆的各个组成要素,以及作为图书馆工作对象的知识、信息等;所谓宏观对象,则是指图书馆系统、图书馆事业、图书馆与社会的关系等。我们认为,图书馆学的研究对象应当包括微观对象和宏观对象两个方面。这是因为,任何宏观客体都是由许多微观客体共同组成的体系。宏观体系是整体,微观客体是组分。只有通过对微观组分的构成进行深入分析,才能全面了解作为整体的宏观体系;反过来,宏观整体的性质和功能并不等于它的微观组分性质和功能的简单叠加,尽管作为整体的宏观体系是由许多部分的微观客体所组成的,但它具有各个部分本身不具有的整体性。因此,对图书馆的全面考察应该

是微观和宏观相结合,它们共同构成了图书馆学的研究对象。

由此,我们可以概括出这样的观点:图书馆学的研究对象是图书馆事业及其相关因素。

需要说明,图书馆学研究对象的内容、范围不是一成不变的,在不同的时代和不同的技术条件下,图书馆事业及其相关因素的组成是会变化的。但无论怎样变化,它们始终既包含宏观对象,也包含微观对象。

将图书馆学研究对象确定为图书馆事业及其相关因素,还出于以下一些考虑:

1. 图书馆学的研究对象必须与学科名称相一致。图书馆学必须研究图书馆事业,否则就不是图书馆学了。前述图书馆学研究对象的“交流说”“知识说”“信息资源说”等,可以看做是图书馆学的理论基础,但不是图书馆学的全部,因为它们都没有充分揭示图书馆学的全部内容。而对知识、信息、交流的研究,其他学科也在进行,图书馆学研究的只是与图书馆相关的内容。因此,只有把对知识、信息、交流等问题的研究看成是图书馆学在微观上的深入,才有可能使它们进入图书馆学的视野,成为图书馆学的研究对象。

2. 图书馆事业是一个不断发展着的有机体,因而对图书馆事业的研究必须是开放的。图书馆是人类社会的产物,是人类科学文化发展的必然结果,它凝结了人类文明的多种因素和特质,一切与图书馆及图书馆事业有关的因素,都可能成为图书馆学研究的对象。由此,图书馆学不仅要研究图书馆事业的过去,也要研究它的现在和未来,不仅要研究图书馆自身的结构和发展规律,也要研究它在社会信息交流系统和社会文化系统中的地位与作用;不仅要研究图书馆事业整体,也要研究它们的各个组成部分,包括对文献、信息、知识等的研究。只有这样,才能正确解释图书馆的社会功能及其作用机制;也只有这样,才便于扩大图书馆学的研究范围,促进图书馆学科的健康发展。

3. 图书馆学的研究对象是围绕图书馆这一专门的社会机构展开的,因而存在一些局限性。这和大多数学科不同,如数学的研究对象是现实世界中的空间形式和数量关系,化学的研究对象是物质的组成、结构、性质及其变化等等,其研究对象都是抽象的。在这种情况下,我们研究图书馆和图书馆活动,就必须要研究与图书馆事业有关的因素,特别是要研究与图书馆的发生发展有密切关系的人类信息交流,只有这样,才能克服其研究对象自身的局限性。尽管图书馆学是研究图书馆这一专门机构的,但并不能据此否定其在整个科学体系中的地位。事实上,图书馆学在长期的发展中,已经形成了具有独特学术规范、专门概念体系和科学研究方法的研究领域,这一点和其他各门学科是相同的。

4. 图书馆学的研究对象不能等同于图书馆学的研究任务。一般来说,研究对象是指一门学科所要研究的客体，而研究任务则是要通过对客体的研究，找出客体内部诸元素间的关系、客体与环境的关系，发现具有一般意义的客体的发展规律和运作机制。图书馆学的研究对象是图书馆事业及其相关因素，指的就是这种客体。通过对客体的研究，揭示其内在本质，则是图书馆学的研究任务，可见二者是有所区别的。

第二节 图书馆学的学科性质

科学是一种知识体系，是人们对客观世界的本质及其规律性的理性认识。在人们长期的认识过程中，随着知识的不断积累和丰富、认识能力的不断提高，许多专门研究自然界和人类社会某一方面问题的科学相继产生，形成了一个个独立的学科。据统计，这些学科的数量目前已达 4 000 多个。于是，如何认识各门学科在科学整体中的地位和作用，以及它们之间的相互关系，成为人们关心的问题。而要确定一门学科的学科性质，最根本的就是要进行科学的分类。也只有对科学体系进行分类，才便于我们从整体上去把握各门科学的特征，了解各门学科之间的内在联系，从而为学科的布局和发展提供理论依据。

一、确定学科性质的依据

如何科学地、实用地分类，是摆在人们面前的一项具有理论意义和实践意义的艰巨、复杂的研究课题。从科学发展史上看，自科学萌芽以来，人们就一直在探索科学的分类问题，产生过许多科学分类的思想。从总体看，人们对科学分类的探索大体上可分成三个阶段：

第一阶段是古典的科学分类理论。如古希腊哲学家亚里士多德(Aristotle)最早将人类知识划分成历史、文学、哲学三大部分，即他认为人类的知识包括客观的、情感的、理智的三大部分，客观的知识是历史知识，情感的知识是文学，理智的知识是哲学。我国古代也有这种知识分类思想，如先秦的诸子百家，大体上分为儒家、道家、墨家、名家、法家、纵横家、阴阳家、农家、小说家等。

从欧洲文艺复兴开始一直到工业革命的兴起，由于科学技术获得了迅速的发展，学科的分化在科学发展史上达到了一个新的高峰。为适应这种形势，许多学者纷纷提出了新的科学分类方案，可以说这是科学分类发展史上的第二个阶段。如英国的弗朗西斯·培根(F.Bacon)按照人类自身的记忆能力(记忆、判断、抽象)把科学分为三大类，即：

记忆性的科学——历史等；

想象性的科学——诗歌、艺术等；

判断性的科学——上帝的哲学、人的哲学、自然的哲学(自然科学)。

而以法国的圣西门(H.Saint-Simon)、孔德(A.Comte)为代表的一批哲学家,则以各门科学的研究对象为依据进行科学的分类。他们把观察到的现象分为天文现象、物理现象、化学现象和生理现象,与此相对应的是研究这些现象的天文学、物理学、化学和生理学。他们认为,这些学科的排列顺序应当是从“简单的科学”到“复杂的科学”即:

简单的科学——数学
天文学
物理学
化学
生理学
复杂的科学——社会学

但是从科学分类理论方面来看,这个阶段最完整、最深刻的论述应该是革命导师恩格斯提出的。恩格斯以辩证唯物主义和历史唯物主义的世界观和方法论,批判地继承了历史上合理的科学分类思想,特别是黑格尔的科学分类思想,把所有物质的运动形态分为:机械的、物理的、化学的、生物的、社会的,并按照从低级到高级的顺序和发展阶段,把各门学科排列成一条自然的序列,即力学、物理学、化学、生物学、社会学等。恩格斯根据物质运动形态提出的科学分类主张是在辩证唯物论基础上形成的,对科学分类的研究具有指导意义。

第三个阶段是20世纪以后,在社会不断发展、人类不断进步的背景下,现代科学的面貌发生了翻天覆地的变化。一大批重要科学理论相继被提出,一大批新学科也相继产生。与此同时,在科学指导下,技术革命也获得了很大发展,并直接推动了社会发展,呈现出自然科学、技术科学、社会科学、思维科学相互交叉、互相促进的新局面。这一时期,科学的发展打破了过去以分化为主导的局面,同时向着分化与综合方向发展。一方面学科越分越细,另一方面学科又越来越综合,彼此之间互相渗透,联系密切,使现代科学日趋整体化,学科之间的传统界限越来越模糊。这使得科学分类的任务更加艰巨,分类的结果也带有更大的模糊性。而关于科学分类的思想和学说也呈现出前所未有的繁荣景象,人们采用不同的标准,提出了许多不同的分类体系。就目前国际上的各种分类体系而言,多数分为五个门类,即自然科学、农业科学、医药科学、工程技术科学、人文与社会科学,如联合国教科文组织科学技术统计指南采用的分类。日本文部省采用的分类也类似,只是它将人文科学、社会科学分设成两个门类。当然,也有少数分类打破了传统五大门类的框架,重新设置新门类,例如,德国政府为研究与开发活动制定的学科分类,将基础理论学科和与该理论相关的技术合为一类,如理工科学就包括物理及工程技术等;再如美国科学研究中常用的学科分类,则设有生命科学、心理学、物质科学、环境科学、数学与计算机科学、工程科学、社会科学等七大门类。

改革开放以来,我国对科学分类的研究也空前活跃,提出了许多新的思想,其中最有代表性的是钱学森的分类思想。我们知道,进行科学分类需要有分类的标准,而历史上人们采用最多的一直是研究对象或研究领域这个标准。按照这种标准划分的结果是,每门学科都是研究客观世界的某一部分,而各门学科之所以不同则是因为它们的研究对象不一样。钱学森认为这样的划分标准是不对的。他从系统的整体性观点出发,提出现代科学技术是一个整体,不是分割的。这种整体性表现为各门科学的研究对象都是一个,即客观世界,这是它们的共性,故不能成为分类的标准。各门学科之间的"不同之处仅在于观察问题、研究问题的侧面,侧重点不一样"。因此,他认为应当按照研究客观世界的着眼点或角度来进行科学分类。根据这个标准,他将现代科学分成十大类,即自然科学、社会科学、数学科学、思维科学、系统科学、人体科学、地理科学、军事科学、行为科学和文艺理论。其中,自然科学使用的角度是物质运动,社会科学使用的角度是人类社会的发展运动,数学科学使用的角度是质和量的对立统一,系统科学使用的角度是系统或整体与局部的统一,思维科学使用的角度是人认识客观世界的过程,人体科学使用的角度是人体在整个宇宙环境中的发展和运动,地理科学使用的角度是人类社会与环境的关系,军事科学使用的角度是集团之间的矛盾与斗争,行为科学使用的角度是与社会的相互作用下个人行为的规律,文艺理论使用的角度是美感。

此外,也有一些研究者从科学体系的结构出发,将学科分为:分支学科、边缘学科、综合学科、横向学科四大类;还有人从认识论角度,将学科分为:边界学科、中介学科、交叉学科、综合学科、横断学科等。目前我国为进行科学规划和各种统计而制订的有关科学分类的国家标准,采用的是国际上多数国家和国际组织的方法,即将科学划分为自然科学、农业科学、医药科学、工程与技术科学、人文与社会科学等五大门类。

从上面的介绍可以看出,科学分类的问题是一个十分复杂的问题,不仅分类体系本身要随着时代的发展而动态变化,而且即使是在同一时代,由于认识的角度不同,采用的标准不同,分类体系也不相同。当然,科学分类除了要反映科学发展的内在规律外,在当代还被广泛用作科学统计、科学规划、学科教育的划分工具,这就使科学分类必然带有一定的人为色彩。因此,某一门学科,特别是处在不断发展中的学科,究竟应该归属于哪一门类,可能会是动态变化的,它将随着人们认识的发展而不断深化。

图书馆学就是这样一门正处于不断发展变化中的学科，它的学科性质和归类问题人们至今还没有取得一致的意见，这种现象是正常的。但我们必须认识到，搞清图书馆学的学科性质对于确定图书馆学的研究规范、研究内容和研究方法等具有重要意义，我们应当通过讨论，尽可能减少在这个问题上的不确定性。

二、图书馆学学科性质的界定

图书馆学学科的性质是什么？这是图书馆学界长期以来一直在思考和争论的问题。这个问题既是图书馆学基础理论的问题，又是对图书馆工作实践起着指导作用的根本性的认识问题。我国关于图书馆学学科性质的讨论从 20 世纪 50 年代起就一直成为图书馆学研究中的一个热点，到 20 世纪 80 年代达到高潮。其原因主要是当时图书馆学发展水平不高，图书馆学作为一门科学还没有成为社会的共识。因此，研究者们力求通过对图书馆学学科性质的探讨，确立图书馆学在整个科学体系中的地位。

事物的性质是事物本身所固有的，它不以人的意志为转移。人们对事物性质的认识往往需要一个从不知到知，从肤浅到深刻的变化过程。对于图书馆学学科性质的认识亦如此。了解图书馆学学科性质的认识过程，有助于我们全面认识图书馆学这门学科。

我国图书馆学研究者对图书馆学的学科性质先后有以下五种认识：

1. 认为图书馆学属于社会科学。这种观点在我国图书馆界长期占有主导地位。尤其是 1981 年由北京大学、武汉大学图书馆学系合编的《图书馆学基础》一书，把这一观点系统化，明确提出：(1) 划分一门学科性质的主要依据是该门学科研究对象的属性。图书馆学研究对象无论表述为图书馆、图书馆活动、图书馆事业，还是表述为文献信息活动，它们均是社会现象。而以社会现象为研究对象的学科应该属于社会科学。(2) 尽管图书馆学研究受当代科学综合化发展趋势的影响，渗入了许多自然科学、交叉科学的理论与方法，但只要研究对象未有本质改变，学科性质也不会变。《图书馆学基础》在 20 世纪 80 年代具有一定的权威性，因此这种观点也被我国图书馆界广泛接受，并且至今还在产生着影响。

2. 认为图书馆学是一门综合科学。这种观点在我国图书馆界也有较大影响。其主要代表人物是武汉大学的黄宗忠。他在 1988 年正式出版的《图书馆学导论》一书中提出，图书馆学是一门综合性科学。理由是：(1) 当代科学呈现综合发展趋势，交叉学科、横断学科不断出现；哲学和数学方法正被广泛应用于其他学科；自然科学、技术科学、社会科学正在相互融合。在这种情况下，图书馆学不可能不受其影响。(2) 图书馆学研究对象存在着内在的多样性与复杂性，如图书馆构成的复杂性、图书馆性质与功能的多样性、图书馆学理论基础的群体性、图书馆学方法的整体性等。(3) 图书馆学体系结构不断发展、扩张,已融进了大量横断学科、交叉学科、技术科学,并形成了许多新的分支学科。因此,“今天的图书馆学正在走向多学科结合的综合化道路,成为一门既具有应用科学、社会科学性质,又具有自然科学性质的综合性科学。”

3. 认为图书馆学属于人文科学。这种观点在我国图书馆界也经常被提及,理由是:(1) 图书馆活动是围绕“人”的活动,其本质在于促进“人”的社会化。图书馆在传递人类创造的文明的过程中,促进了人的发展。图书馆学是育人之学,培养人是图书馆的立足点,人的问题是图书馆学的核心问题,图书馆学理应关注“人文世界”。因此,图书馆的本质决定了图书馆学的学科属性,图书馆学是人文之学。(2) 图书馆学以“人”为研究中心,突出“人”在图书馆中的主导地位,这符合哲学认识论原理和实践的方法论规则。把“人”(读者)的意愿和诉求上升为理论分析的客观对象,把馆员的服务精神上升为图书馆学的文化理念,这样图书馆学的学科性质问题就有了明确的落脚点,这种以“人”的意识为主导,以思想品质为主线的理论研究应归入人文科学的领域。

4. 认为图书馆学是一门应用科学。这种观点又有三种不同的表述:(1) 图书馆学是应用技术科学,如文献信息分类、文献信息检索等本身都是技术,而新技术手段在图书馆中的广泛应用更加强了图书馆学的应用技术性;(2) 图书馆学是综合性应用科学,因为图书馆是一个综合体,图书馆学涉及了一切知识,运用了多种技术手段,故从学科基本属性上看,图书馆学应该是一门综合性的应用科学或综合性的社会工程科学;(3) 图书馆学是应用社会科学,因为尽管从总体上说图书馆学属于社会科学,但社会科学包含了许多实践性较强的应用分支,如法律科学、财经科学等,一门隶属于社会科学的学科还应根据自身特点进一步细分。而图书馆学具有强烈的实践性、应用性等特征,其方法与技术的含量较大,所以应属于应用社会科学。

5. 认为图书馆学是一门管理科学。这种观点把对客观知识的组织、控制、选择和传递过程看成是一个管理过程,认为社会对知识的搜集、整理、控制、传播和利用已经形成了一个庞大的管理系统,因此,以知识管理为研究对象的图书馆学是一门管理科学。而在实际的教学、科研管理工作中,图书馆学也更多地被划入了管理科学。如国家自然科学基金委员会将图书馆学归入了管理科学,国务院学位委员会、教育部联合制订的《授予博士、硕士学位和培养研究生的学科专业目录》以及教育部发布的《普通高等学校本科专业目录》(2012 年)也将图书馆学划归到“管理学”门类之下。这使“图书馆学是一门管理科学”的观点得到了广泛的认同。

6. 认为图书馆学是一门信息科学。这种观点产生于信息科学开始成为显学的 20 世纪 80 年代初期。随着信息科学迅速成为各国的研究重点和研究热点,我国一些图书馆学研究者也提出，图书馆学研究的是人类的知识通讯现象，而知识是信息的一个子域，这就决定了图书馆学应该属于信息科学这一门类。在信息技术的不断介入下，图书馆学最终会发展成信息科学的一个分支学科。1992年北京大学图书馆学情报学系改名为信息管理系，提出信息科学是一级学科，信息管理是二级学科，认为将图书馆学、情报学、编辑出版学等关系密切的学科集中在“信息管理”名下进行整合，既能保持它们的独立性，又能使它们通用的原理与方法得以提升。

以上认识都有其合理的方面，但或多或少也都存在不足。我们认为，现代社会，随着学科之间的交叉渗透，其发展越来越显示出综合化的趋势，而对于一门正在发展的学科而言，当然不能将它的性质限定于某一点上。图书馆学作为一门发展中的学科，对其学科性质的认识也应该是一个发展的过程。

在科学发展史上，一些古老的学科越发展，分支越多，就像一棵大树，先有树干，后长枝叶；而一些新兴的学科则恰恰相反，它们像一座金字塔，先有塔基，然后才有顶部。对于前者，它们的学科性质比较容易确定，各分支学科的性质原则上与它们自己的母学科性质相一致；而后者学科性质的确定却比较复杂，在这个“塔”的顶部尚未出现以前，先出现的塔基部分具有多种选择，它可能属于这个塔顶，也可能归属那个塔尖，关键是看它长期的发展趋势。这就带有一定的预见性，难以获得定论，随着人们认识的不断深化，即使是现在做出的结论，将来也可能改变。

罗立琴、马恒通在《新中国成立以来的图书馆学基础理论研究》中指出：一门科学是何性质，不能以其研究方法的性质来决定，而应当由其研究对象的性质来决定。同时，我们也应该认识到，图书馆学的属性具有客观性，具有学科独立性。第一，图书馆学的属性是认识主体之外客观存在的；第二，图书馆学的属性不会自我呈现，需要认识主体去揭示；第三，图书馆学的属性是多方面的，哪一方面的属性被揭示取决于主体现实的、社会的需求。图书馆学虽然需要相关学科的加入，并综合运用相关学科的结论，但它的学科独立性不应受相关学科介入的影响。

基于这样的认识，我们可以对图书馆学的学科性质做出如下的分析：

（一）图书馆学是一门具有多重属性的学科，但在现阶段带有较明显的社会科学的特性

1. 从图书馆学研究对象的角度看，目前倾向性的意见还是图书馆和图书馆事业。即使是对信息、知识、交流、传播的研究，也都是以与图书馆事业相关的内容为限的，图书馆学的知识积累也主要集中在这一方面。无论时代怎样进步，技术怎样发展，图书馆和图书馆事业终究都是人类社会的一种现象。而社会科学正是研究社会现象的科学,图书馆现象作为社会现象之一,对其进行研究的图书馆学在原则上当然应该归属于社会科学的范畴。

2. 从图书馆这一事物的运动形式看,在没有新的科学分类理论出现之前,还只能归入社会的运动形式之中。因而,围绕图书馆和图书馆事业进行研究的图书馆学的学科性质也只能是社会科学。

3. 从图书馆学研究方法的角度看,图书馆学在现阶段应用最多的还是社会科学的研究方法。尽管自然科学和其他学科的研究方法正越来越多地被应用到图书馆学研究领域,但主要是在应用技术方面,而在构建图书馆学理论体系方面,自然科学及其他科学的研究方法的应用仍是局部的、零散的,远没有占据决定性的、主导的地位。一门学科的研究方法能够在一定程度上反映该学科与其他学科的关联,因此可以说,图书馆学的学科性质在现阶段属于社会科学是符合客观实际的。

(二)图书馆学具有应用科学的性质

图书馆学从整体上说是由基础理论和应用技术两个部分组成的,由于图书馆学实践性很强,它必须研究图书馆工作的各种方法和技术,以推动图书馆事业的发展,因此对应用技术的研究就必然在图书馆学研究中占有十分重要的地位。而基础理论研究则对应用技术研究具有指导意义,它同样不能离开图书馆工作实践而单独存在。特别是当今科学技术迅速发展,大量的新技术、新方法如大数据、云计算等在图书馆中得到了应用,数字图书馆、虚拟图书馆相继出现,技术更是成为推动图书馆事业发展的重要力量。这不仅促使图书馆学更加关注应用技术的研究,同时也为图书馆学基础理论研究提供了新的研究视野和研究方法。在网络技术、计算机技术等的影响下,图书馆学的概念、体系结构,甚至学术规范都在发生着变化。这些足以表明图书馆学是一门实践性很强的学科,是一门致用的学科,它要为图书馆应用各种新技术创造条件,为图书馆事业的发展指引方向,因此,图书馆学又具有应用科学的性质。

(三)图书馆学具有管理科学的性质

图书馆是文献信息资源的管理机构,实质上是社会对知识、信息进行管理的机构。作为人类社会中的一种专门机构,图书馆需要对信息资源实施科学有效的管理,以满足社会对知识、信息的需求。图书馆对信息资源的管理过程,就是对知识、信息进行组织、控制和选择传递的过程,要通过管理达到有效地组织知识、合理地调配知识资源并服务于社会的目的。图书馆学研究图书馆和图书馆事业,就必须研究信息资源管理,这样,图书馆学就带有管理科学的性质。

(四)图书馆学是一门发展中的科学,其未来的性质有可能是综合性科学

所谓综合性学科就是运用多种学科理论和方法对复杂客体进行综合研究的

学科。图书馆学在最初形成之时，由于其研究对象局限于图书馆工作，研究内容偏重于技术方法，其学科性质基本上属于应用科学的范围。随着社会的发展和科技的进步，图书馆学开始越来越多地关注图书馆事业发展的宏观问题，特别注意图书馆和社会的关系，研究内容也增加了理论的成分，因而，其学科性质逐渐演变成了社会科学。现在人类社会已经进入信息时代，信息技术改变了人类记录信息的方式和传递信息的手段，进而促使传统图书馆向数字图书馆演变。这些变化，使得图书馆在信息服务的过程中，技术含量达到了前所未有的程度，使得现代图书馆学的研究对象这个本来就复杂的客体变得更加复杂化了。面对如此复杂的研究客体，仅仅依靠某一门学科的理论和方法是远远不能解释研究对象所表现出来的各种现象，找到解决研究对象复杂问题的办法的。它必须借助社会科学、自然科学、技术科学等相关学科理论和方法，对图书馆学的研究对象进行综合研究。这样，图书馆学的学科性质就必然向着综合性科学的方向发展。

需要指出的是，我们在讨论图书馆学的学科性质时，必须注意图书馆学所处的时代及其社会、技术环境。我们说图书馆学的性质属于社会科学，是就现阶段而言的；我们说图书馆学可能会发展成一门综合性科学，是就未来的发展而言的，其结论带有一定的相对性。

第三节　图书馆学的相关学科

图书馆学是一门独立的学科，但从整个科学体系看，它并不是孤立存在的学科，它同其他学科之间有着各种各样的联系，它们相互依存，互相渗透，共同形成了一个科学的有机体系。通常我们把具有与图书馆学较为密切的直接关联或间接关联的学科称为图书馆学的相关学科。图书馆学与其他学科的相关性，反映出图书馆学与相关学科之间的内在联系，体现了图书馆学在整个科学体系中的地位。因此，考察图书馆学的相关学科及其与图书馆学的关系，有助于我们进一步了解图书馆学的学科性质、学科内容以及学科作用。

根据相关学科与图书馆学联系的程度、层次和方式，图书馆学的相关学科可以分为同族关系的学科、交叉关系的学科以及应用关系的学科。

一、同族关系的学科

同族关系是指相互之间存在着同源的关系。图书馆学与情报学、文献学、目录学、档案学等学科具有同族关系，因为它们都是研究有关文献信息管理和利用的学科，研究对象、研究方法、研究目的都非常接近，它们在产生和发展过程中有着共同的渊源。

图书馆工作、情报工作、目录工作、档案工作的主要对象都是文献信息，只是它们各自的工作程序、工作方式、工作内容存在着程度上的不同，所管理的文献信息在具体对象上有所差异。如图书馆工作主要是对各种类型的文献进行搜集、整理、传递和提供使用，情报工作则着眼于对文献信息进行深层次的开发与服务，目录工作侧重对各种文献进行揭示与报导，而档案工作则是以各种档案文献为工作对象，这就决定了这些工作各自的特点。但由于这些工作的性质和对象基本是相同的，都是文献信息工作，以文献信息工作为共同研究内容的图书馆学、情报学、目录学、档案学就必然存在密不可分的“血缘关系”，这些学科共同的理论基础都是关于文献信息的理论。文献信息是文献的内容信息与形式信息的统称，文献信息是社会信息的重要组成部分，是人脑信息经加工处理后物化的产物，文献信息交流是人类信息交流的重要形式。有关文献信息的理论，是指关于文献信息的生产、加工、整序、存储及传递使用的理论。以文献信息理论为共同理论基础的图书馆学、情报学、目录学、档案学就构成了文献信息学的几个分支学科。

此外，我们从图书馆学、目录学、情报学、档案学的产生情况也可以看到它们之间的“血缘关系”。最初的图书馆大多是具有档案管理性质的机构，如我国河南安阳殷墟出土的甲骨卜辞，既是商代的典籍，也是当时的档案，而集中储存这些甲骨卜辞的窑穴，既是目前能够见到的最早的图书馆雏形，也是最早的档案馆的雏形。这种图书、档案收藏合一的现象正是早期图书馆工作和档案工作一体化的证明。显然，早期的图书馆学和档案学是没有明确分开的。随着文献的增加，特别是社会化生产的文献大量增加，图书馆才和档案机构分离，使从事图书文献管理研究的图书馆学和从事档案文献管理研究的档案学各自有了自己的研究范畴。目录学产生于对图书馆文献信息进行编目工作的实践，这使图书馆学与目录学具有天然的联系，目录学为图书馆学提供了方法，而图书馆学又为目录学开辟了新的研究领域，它们在研究内容上有大量的交叉、融合，因而目录学常常被看做是图书馆学的辅助学科。而产生于20世纪中叶的情报学，其直接源头也应该是图书馆学。因为情报机构是从图书馆分化出来的，情报工作只是图书馆工作的进一步深化和发展，它更加重视采用现代信息技术发现知识并进行情报的分析研究。一直以来，图书馆学和情报学作为姐妹学科，关系极为密切，如高等学校的院系名称、专业期刊的名称等，图书馆学、情报学往往同时出现。随着情报学理论和方法的长足发展，反过来又促进了图书馆学的发展。特别是近年来，图书馆工作大量采用现代信息技术开展信息、知识服务，使图书馆工作越来越情报化，即图书馆工作和情报工作出现了趋同的状况，与此相应，图书馆学和情报学也在逐渐走向融合，可以预料，这两门学科最终有可能会合二为一。

图书馆学与情报学的研究内容除了文献信息之外,还有一个重要的部分,就是用户(读者)的研究。用户、信息、传递几方面综合起来,就构成了一个信息交流的完整系统。对这个系统进行研究,也是信息科学领域中的一个重要组成部分。因此,图书馆学和情报学同时也是信息科学这一族里的重要成员。

文献学是一门具有悠久历史的学科,它是以文献及其发展规律为研究对象的。它的研究内容涉及文献的性质、特点、类型、功能、生产、分布、计量、发展以及文献的整理、开发等。文献学的直接研究对象是文献,而文献也是图书馆学的研究对象,因此,文献学与图书馆学之间不可避免地会存在交叉重复的研究,只是文献学的研究侧重于文献本身,而图书馆学的研究往往要结合读者的需要,侧重于对文献的搜集、组织、检索,但二者的目的都是要为文献的有效管理和使用提供科学的方法,它们之间的关系非常紧密,有时甚至难分彼此。

总之,图书馆学、情报学、文献学、目录学、档案学之间的同族关系,表明了它们同一渊源的密切关联,各学科可以互相汲取学术营养,相互借鉴对方的研究方法、研究成果,在科学大家庭中互相促进,共同发展。

二、交叉关系的学科

交叉关系的形成不是因为研究对象相同,而是由于研究对象不同,并且这些不同的研究对象本身具有某种特殊的联系,才使得学科之间具有了交叉的关系。图书馆学与教育学、社会学,就突出地表现出了学科之间交叉的关系。

教育学是研究教育的本质、教育规律、教育行为、教育方法和教育制度的科学。尽管它与图书馆学起源不同,研究对象不同,学科之间也存在较大的差异,但从其研究目的看,它与图书馆学还是有一些相似的地方。教育学的对象是教育现象,而教育问题说到底是一个如何培养人的问题,其中一个重要的方面就是如何将人类创造的知识传承下来并发扬光大。这与图书馆学关注读者对知识的获取与吸收基本上是一致的。图书馆是知识的宝库,不仅教育学要研究如何利用图书馆以提高受教育者的学习能力,而且图书馆本身也具有教育的职能,它在人们自学中的作用,以及作为人们在知识社会中接受终身教育的场所,使它与教育学产生了非常密切的联系。由于教育学与图书馆学都致力于科学文化知识的传播、创造和发展,致力于提高全民族的科学、文化、道德素养,二者的理论就出现了交叉,这种交叉也使这两门学科在许多理论方法上可以互相借鉴。如图书馆学可以借鉴教育学中的学习理论,以更有效地指导读者阅读;教育学也可以借鉴图书馆学中的信息组织与检索方法,以提高学生自主获取知识、构建合理知识结构的能力。

社会学是研究人类社会生活的一门社会科学,它的研究内容十分广泛,主要包括人与人之间的关系、行为问题和劳动、职业、人口、文化、婚姻、道德、犯罪、经济生活、社会阶级等问题。特别是对社会文化的研究,已经形成了专门的文化社会学。研究社会文化,当然离不开研究图书馆。作为一种社会性很强的机构,图书馆在人类文化的发展中具有十分重要的作用,它不仅承担着保存人类文化遗产的职能,而且作为一种社会事业,还承担着传播先进文化、促进社会进步的职能。从这个意义上讲,图书馆学的研究目的与社会学的研究目的一样,都是为了促进社会的发展与进步。这样,图书馆学研究领域中的一些问题,如文献信息的社会需求满足问题、文献信息的交流与文献信息利用的普及性问题、图书馆的社会作用问题、信息交流过程中的社会问题等,都必然会与社会学研究产生内容上的交叉。随着人类社会的发展和图书馆职能的扩大,图书馆学与社会学的这种交叉,将会越来越多地表现出来。

三、应用关系的学科

应用关系是指一门学科的理论和方法被应用于另一门学科之中,从而产生了新的边缘学科,推动了被应用学科的发展。与图书馆学有应用关系的学科很多,如心理学、管理学、经济学、信息科学等。

心理学是研究人的心理现象及其规律的科学。在图书馆学研究中,读者是很重要的一个研究客体。为了能够对读者的需求及其满足方式有深入的了解,以便有针对性地开展服务,图书馆学研究必须大量应用心理学的原理和方法去探究读者的阅读心理活动及其规律,研究影响读者阅读心理的因素和读者获取文献信息的心理机制,研究提高读者阅读效率的方法等。这样,在将心理学应用到图书馆学研究中去以后,就产生了与读者阅读心理研究、读者需求心理研究等有关的图书馆学分支学科。

管理是指对由人、事、物等组成的系统的运动、发展和变化进行有目的、有意识的控制的行为,管理学就是对管理活动进行研究,保证系统能够发挥最大效能的科学。图书馆作为人类社会一种特有的机构,如何对其进行管理,以保证图书馆活动能够最大限度地服务于社会,一直是图书馆学所关心的问题。从图书馆学的发展史看,对图书馆管理的研究也一直在图书馆学研究中占有很重要的地位。特别是到了现代,管理学成为一门独立的学科,使图书馆学中的管理研究有了科学的理论和方法的指导,由此,应用管理学原理和方法去研究图书馆管理活动的理论和方法便迅速普及,终于也成为图书馆学中一个独立的分支学科。

经济学是研究各种经济关系和经济活动规律的科学。经济现象是普遍存在于各行各业的一种社会现象。图书馆不仅要为社会的经济生活服务,同时,图书馆活动本身也是一种经济活动,也要讲求经济效益,力争以最小的成本获得最大的收益。从图书馆的社会作用看,可以利用经济学的原理和方法来衡量图书馆服务为经济建设创造了多少价值,节省了多少资金;从图书馆内部活动看,可以用经济学的原理和方法来进行图书馆经营,包括经济核算、配置资源、调动职工的积极性等。这种将经济学应用于图书馆学研究所产生的一个新的图书馆学分支学科,被称为图书馆经济学。

计算机科学、通信科学、网络技术等信息科学技术在图书馆中的应用更是对图书馆学的发展具有决定性的作用。信息科学技术不仅改变了图书馆的文献构成、技术装备、工作模式,甚至还会改变图书馆的存在形态。数字图书馆、虚拟图书馆等就是信息科学技术应用于图书馆后形成的新的图书馆形态。今天的图书馆学,其科学技术含量超过了任何一个时代,许多信息技术专家参与图书馆学研究,不仅使图书馆学研究内容更加丰富,也使图书馆学研究队伍空前壮大。

近年来,为了促进图书馆系统与其内外部环境的和谐发展,也有研究者开始将生态学的知识应用到图书馆学,从而构建了一门新的应用图书馆学分支学科——图书馆生态学。生态学的概念、术语、技术、方法原本旨在解释自然生态系统的现象和规律,而图书馆生态学就是借鉴生态学的理论和方法来研究图书馆系统与环境间的相互关系,即通过生态系统的规律来模拟图书馆系统的规律。这种运用生态学理论方法来研究图书馆系统与周围环境之间的关系的方法,揭示了只有协调人与自然的和谐关系,构建起适应生态规律与图书馆发展规律的图书馆体系,图书馆才能在动态平衡中持续发展。

除了以上介绍的与图书馆学具有直接关联的相关学科外,在科学体系中还有许多学科与图书馆学有着间接的关联。这些学科与图书馆学的联系虽然不像前几种学科那样紧密,与图书馆学不属于同一个部类,也不属于同一个层次,但它们在为图书馆学提供一种思想或一种方法论的指导,它们与图书馆学的关系是一种指导与被指导的关系。这类学科主要有:哲学、数学以及信息论、控制论、系统论等系统科学。

综上所述,图书馆学所涉及的相关学科是很广泛的。这反映出图书馆学不仅是一个正在发展的学科,而且也是一个开放度很大的学科。一方面,图书馆学要广泛地吸收其他学科的营养来充实、完善自己;另一方面,图书馆学中的一些理论与方法也可以应用到其他学科,如分类方法、主题方法、文献计量方法等应用到网络资源组织、知识管理等领域。

但实事求是地说,图书馆学的学科地位和作用至今还没有得到社会的普遍认同,在整个科学体系中,图书馆学还没有成为一门显学。这说明图书馆学还不够成熟,它对整个科学界的贡献还比较小。大力发展图书馆学,尽快使它立于科学之林,以适应现代科学和现代社会发展的需要,图书馆学研究者任重而道远。

第四节 图书馆学的研究方法

科学研究的方法是指人们在科学研究活动中,为认识各种事物而采用的思路、途径、手段和程序等,它贯穿于整个科学研究活动的始终。现代科学的发展已经告诉我们,科学成果的取得,主要得益于科学方法的采用。研究方法在科学研究活动中的作用越来越明显,以至于人们把研究方法称为科学的灵魂。

任何一门学科都有它的研究方法体系。研究方法是人类长期进行科学实践的结晶,它随着人们对客观世界认识和实践的不断深化而充实、丰富、提高。而每当科学发展到一个新的阶段,总会产生新的方法与之相适应,从而推进科学研究的进一步发展。图书馆学也不例外。在过去很长一段时间,图书馆学的研究方法并没有引起人们的注意,直到20世纪五六十年代,国外才有人开始专门讨论这个问题,而我国图书馆界则是在20世纪80年代后才开始关注图书馆学研究方法的。现在,由于科学研究方法的重要性已普遍为人们所认识,人们开始对图书馆学的各种研究方法进行分析、比较、评价、综合,使图书馆学方法论逐渐兴起,并成为图书馆学重要的组成部分。

20世纪50年代,美国伊利诺伊大学图书情报学院曾组织召开了以"图书馆学研究方法:检验与评价"为主题的专题研讨会,在美国图书馆界掀起了图书馆学研究方法论的研究热潮。目前,在国外较有影响的图书馆学研究方法论体系是美国图书馆学家查尔斯·H.布沙和斯蒂芬·P.哈特提出的"布-哈体系"。

这个方法论体系最大的优点是摆脱了繁琐的理论论证,较为简洁实用。从图2-1中也可以看出,这个体系非常关注定量研究方法,同时也注重研究的技巧、技术以及研究工具的介绍和使用。但是,从总体来看,这个分类体系存在着一些不足:(1)整体结构较为松散,完整性差,且各研究方法之间的逻辑联系性较差;(2)该体系太偏重定量分析的方法,对定性分析的研究方法不够重视;(3)把研究方法和具体的工作方法相混淆,甚至把研究工具以及研究工具的介绍和使用方法也纳入到体系中来,理论基础薄弱。

国内对于图书馆学研究方法的研究起步较晚。1981年《图书馆学刊》第4期上发表路甲印翻译的《苏联图书馆学研究的现状和问题》一文,提出了对方法问题的研究,这是一篇较早论及国外方法论研究的译文。同年,原东北师范大学刘迅先生在《山西图书馆学通讯》上发表《要重视图书馆学方法论的研究》一文,号召人们重视图书馆学方法论的研究。此文的发表开启了新时期我国图书馆学方法论研究的序幕。

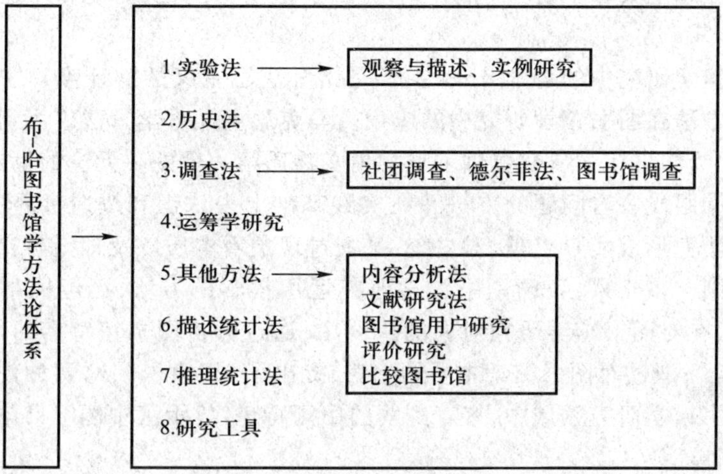

图 2-1 布-哈图书馆学方法论体系

研究方法与工作方法不同。工作方法是指一般的操作技术和处理实际事务的技巧;而研究方法则是指一般的思维方式,即从理性思考的角度解决抽象问题的手段和途径等。目前,我国图书馆工作方法已经比较成熟,形成了自己的特色,并经常为其他学科的工作所借鉴及应用;但图书馆学研究方法却由于学科体系不成熟,还没有建立起一套科学的方法论体系,不仅图书馆学本身的研究水平偏低,也很少为其他学科的研究所借鉴和使用。因此,大力开展图书馆学研究方法的研究,对于提高图书馆学的研究水平、加快图书馆学的发展具有重要的意义。

一般来说,任何一门学科的方法论都可以分为三个层次:哲学方法、一般研究方法、专门研究方法。哲学方法是一切科学研究方法论的基础,是对研究对象总的看法。它对各种科学研究及各种研究方法具有普遍的指导意义,能够为各门学科提供认识问题的方法。一般研究方法是指可以被许多学科共同使用的研究方法,具体如数学方法、系统论方法、观察法、实验方法、调查方法、逻辑方法等。专门研究方法则是指各学科为研究其特定对象而采用的特殊方法,具有较强的针对性和专用性,如在自然科学研究中,不同学科使用的不同实验方法等。图书馆学的研究方法也包括了这三个层次。

一、图书馆学研究中的哲学方法

哲学是关于世界观的学说,哲学的根本问题是思维与存在、精神与物质的关系问题,它是最高层次的理性思维,是对自然知识和社会知识高度抽象的概括和总结。马克思主义哲学是当今最科学的哲学,是人类认识世界和改造世界的有力武器。

图书馆学研究中的哲学方法,主要是指马克思主义的辩证唯物主义和历史唯物主义方法在图书馆学研究中的应用。马克思主义哲学方法应用到图书馆学研究之后,为图书馆学研究提供了唯物主义物质第一性的一元论的世界观、用联系和发展的眼光去看问题的方法和在实践基础上去认识和改造世界的观点,使图书馆学研究形成实事求是、对立统一、透过现象看本质以及理论与实践相结合的基本原则。多年来,我国图书馆学研究运用哲学的方法,已经取得了一些成果。例如,在对图书馆学研究对象的探讨中,通过分析图书馆特有的矛盾,提出了"矛盾说";通过对图书馆学本质的探讨,提出了"规律说";这两种观点在世界范围的图书馆学研究领域中,有着鲜明的中国特色,显示了中国图书馆学研究者的开拓精神。

但是,在图书馆学研究中应用哲学方法也曾出现过一些偏差,如对哲学方法的表面化和哲学概念的机械应用、盲目照搬和生搬硬套,甚至用哲学的一般规律来替代专门科学研究等。我们应当以马克思主义哲学方法来指导图书馆学研究,而不能用哲学来取代图书馆学研究。应当把马克思主义哲学中的基本观点诸如物质观、意识观、运动观、时空观、矛盾观、质量观、否定观等作为我们从事图书馆学研究时必须遵循的基本准则。而当前哲学方法在图书馆学中的应用,主要是用哲学方法去探讨图书馆学科中的一些最基本的问题,如图书馆学核心概念、研究对象、范式特征、学科结构以及学科宗旨等,力求对这些最基本的问题做出科学的解释。只有解决了这些最基本的问题,图书馆学研究才能够健康地发展。

当然,在世界哲学史上曾经产生过的一些哲学流派,如现象学、分析学、符号学、阐释学、实证学派等,也是人类精神文化成果的重要组成部分。图书馆学研究者也应当了解这些哲学成果,并借鉴其中的合理成分以指导自己的图书馆学研究。

二、图书馆学研究的一般科学方法

一般科学方法是对大多数学科都适用的科学研究方法,它对推动图书馆学研究也有着重要的作用。目前图书馆学研究中经常使用的一般科学方法主要有:观察实验法、逻辑方法、系统方法、数学方法等。

(一)观察实验法

观察法是人们为了认识事物的本质和规律,利用感官或仪器,有目的、有计划地搜集与研究对象有关的材料的方法。在科学研究中,它一直是一种既简便、又有效的研究方法。在高科技发展的今天,观察法借助各种新技术装备和手段的支持,更成为科学研究中的一种基本方法。在图书馆学的研究中,观察法的应用也非常普遍。例如,美国的图书馆学家特鲁斯威尔利用观察法,发现了读者对图书馆藏书利用的“二八率”,即图书馆读者80%的借阅需求集中在20%的藏书上,而图书馆80%的藏书仅仅是为满足读者20%的偶然需求而存在的。这一定律已成为进行图书馆藏书建设分工协调的理论依据之一。显然,观察法能够获取观察对象在自然状态下的真实信息,便于总结规律。但要使观察有效、准确,必须注意观察的全面性、客观性,切忌先入为主、以偏概全。

实验方法是模拟和再现研究客体所处的环境或状态,在可控制的条件下,由研究者有目的地改变某种变量,并使其对其他变量产生影响,再观察其受影响的结果的一种科学研究方法。它不仅是获得精确、典型、完整的研究结果的手段,也可以作为检验科学真理的一种基本方法。实验方法不仅被广泛用在自然科学研究中,现在也越来越多地被用在社会科学的研究中。从本质上讲,实验方法是一种实证的方法,通过实验获得可靠的数据和结论,它对各门学科都具有方法论的意义。而图书馆学作为一门实践性、技术性很强的学科,实验方法的应用对其研究活动更是有着特殊的意义。例如,一位研究生在研究大学生信息素质对图书馆利用的影响时,采用实验的方法,有意识地对一组刚入学的大学生进行了文献检索方法的培训,结果发现,受过培训的学生比没有受过培训的学生利用图书馆的积极性更高,获取的文献信息也更多,由此他得出了令人信服的研究结论:信息素质的高低与对图书馆利用的程度成正比。特别是在当今信息技术迅速发展的背景下,对各种新设备、新技术在图书馆中的应用采取实验的方法,有选择地引进和推广,往往会取得更好的效果。

(二)逻辑方法

主要指归纳法和演绎法。所谓归纳法是从个别事实中总结出一般结论的思维方法,而演绎法则是从一般原理中推出个别结论的思维方法。我们知道,归纳和演绎是理论思维中最基本的方法,也是人们探求真理最基本的过程,即“由特殊到一般,又由一般到特殊”,如此循环往复。通常情况下,归纳和演绎在一个认识过程中是不可分离的。但作为研究方法,归纳法和演绎法各自具有不同的作用。在图书馆学研究中,这两种方法一直被大量使用着,是图书馆学研究者比较熟悉和习惯使用的方法。面对复杂的图书馆及图书馆活动,人们一直在努力寻求把个别现象、经验等上升为一般性结论或理论,这就需要用归纳法。例如对图书馆性质、职能等问题的认识,目前大都是采用归纳法来产生结论。而演绎法在图书馆学研究中通常用于引进相关学科的理论和方法,用相关学科比较成熟的一般原理推导出图书馆学的个别结论;或者是用哲学的一般原理推导出图书馆学研究的个别原则和规范。例如图书馆读者心理研究或图书馆管理研究，都需要从心理学一般原理或管理学一般原理中去推导符合图书馆实际的个别结论。

（三）系统方法

系统方法是把研究对象作为一个系统来加以认识的方法，即以系统有机联系的整体为出发点，从整体与部分之间、整体与外部环境之间的相互联系、相互作用、相互制约的关系中对研究对象进行全面考察，从而在普遍联系中把握其本质规律。系统方法要求运用完整性、集中化、层级结构、逻辑同构、信息、控制、自组织、协同等概念，找出适用于一切综合系统或子系统的模式、原则和规律。目前，系统方法已发展成为包括一般系统论、控制论、信息论、集合论、图论、网络理论、对策论、博弈论等理论和方法在内的一个体系。

系统方法具有区别于传统科学研究方法的特征。传统科学方法常常对研究对象进行分解，并逐一对分解后的各个部分进行考察；然后再将各部分研究的结果综合起来，就得到了对研究对象总的认识。然而，这种将研究对象“化整为零”的方法存在着严重的不足，即忽视了整体中各部分之间的相互联系，以为研究对象的整体性能就是其各分解部分性能的总和。而系统方法坚持系统整体的功能大于各组成部分功能之和的观点，强调把研究对象看成一个整体，以联系的眼光重点考察研究对象的组成部分及其结构是怎样影响其整体功能的，并通过系统内外各种关系的分析，达到科学认识的目的。

在图书馆学研究中，系统方法的应用经历了一个从不自觉到自觉的过程。系统方法对图书馆学的发展起到了很大的作用。人们早期对图书馆的认识就包含了系统的思想，如印度图书馆学家阮冈纳赞提出的“图书馆是一个生长着的有机体”，就是把图书馆看成了一个系统。到了现代，人们开始自觉地应用系统方法来分析和研究图书馆活动中出现的各种问题，开始把图书馆作为整个社会信息交流系统中的一个子系统来加以考察，不仅考察图书馆与其各组成要素之间的关系，也考察图书馆与社会政治、经济、文化诸方面的关系以及图书馆活动的社会效果等，获得了更多的关于图书馆本质的认识。

（四）数学方法

数学方法是运用数学所提供的概念、处理方式和技巧，对所要研究的对象进行定量分析、描述、推导和计算，从量的关系上认识事物的一种科学方法。它是在暂时撇开研究对象的一些具体特征的情况下，利用数学工具，单纯从量的关系这一角度对研究对象进行考察，并以抽象的数学形式表示出研究对象的数量关系。数学方法具有高度的抽象性、严密的逻辑性、应用的普适性和表述的准确性，因而在许多科学研究领域被普遍使用。数学方法不仅为科学研究提供了定量分析与精确计算的工具，也为研究过程和研究结论提供了简洁的形式化表述语言。正因为如此，马克思认为，一门科学只有成功地运用数学时，才算达到了真正完善的地步。而一门学科如果不能用数学方法精辟地加以描述，就不可能成为精确的科学。图书馆学研究历来离不开数学方法，图书馆统计分析方法作为图书馆学研究的专门方法，就是运用数学方法的明证。此外，布拉德福文献分布定律、普赖斯文献增长指数定律等，也都是用数学形式表述的图书馆学研究成果。现在，数学方法已越来越多地在图书馆学研究中被采用，不仅文献计量、引文分析、调查统计等继续需要应用数学方法，而且数学方法还被用到了建立图书馆活动的模型以及探寻图书馆运行机制等方面。随着计算机的广泛使用，数学方法在图书馆研究中还将进一步普及，图书馆学研究必将向着定量化、精确化的方向迈进。

三、图书馆学研究的专门方法

专门方法是指在某一学科研究中所采用的与之相适应的特定的科学方法，它是该学科独自具有的。一门学科只要产生并且生存发展，就必然会产生自己独特的专门科学方法，有无专门科学方法已成为衡量该学科发展是否成熟的重要标志之一。图书馆学也有自己独特的专门方法，但这些方法还未成熟，许多方法尚未定型，还需要研究者进一步去总结，并使之完善。

一般认为，图书馆学研究的专门方法主要有：

1. 图书馆统计法。这是由数学方法在图书馆学研究中的具体应用而形成的一种带有图书馆学特点的专门方法，尽管它也是一般统计方法在图书馆学研究中的应用，但由于图书馆统计有着与一般统计所不同的诸多特点，所以，人们习惯将图书馆统计法当做图书馆学研究的专门方法。通过图书馆统计，不仅可以获得图书馆活动中精确、典型、完整的数据，而且可以反映图书馆活动的规律及其内在联系。图书馆统计法通常被人们用在对图书馆文献资源建设、信息服务以及读者研究等方面。例如文献的半衰期，就是通过对读者利用某一学科文献的统计，计算出的在该学科全部被利用的文献中较新的一半距今发表的时间。这个数据对于图书馆进行文献资源布局、开展藏书剔除工作有着特别重要的意义。类似的例子还有很多。现在，随着图书馆自动化集成管理系统被广泛采用，图书馆统计更加方便和快捷，这必将促进图书馆统计法在图书馆学研究中的进一步应用。

2. 读者（用户）调查法。调查方法是科学研究、特别是社会科学研究经常使用的一种方法。它是在常态环境下，通过对被调查对象的询问，获取所需事实材料，再对获取的材料加以分析，最后得出某种结论的科学方法。图书馆学研究中根据一般调查方法的基本原理和程序产生的读者（用户）调查法，是图书馆学研究的专门方法之一。它包括实地调查法（面谈法）和书面调查法（问卷法）两种形式。读者调查法是图书馆了解读者、研究读者最有效的一种方法。例如，随着数字图书馆的出现，网上阅读成为一种新的文献利用方式，一些人因此提出，在网络环境下，读者将更多地依赖网上资源，图书馆可以减少对文献的收藏。这种观点对不对？北京大学信息管理系一位研究生对此作了一次读者调查，结果发现，读者最需要的图书馆服务，排在第一位的仍然是书刊的外借阅览。这就提示图书馆，目前仍然要全力做好文献资源建设工作，以保障读者的借阅需求。从这个例子可以看出，有些推理并不一定符合实际，而应用读者调查法，用实际调查的数据来说明问题可能会更准确、更有效。值得一提的是，随着网络的日益普及，利用网络进行读者调查，可以使调查更加方便、快速、减少成本，还可以利用统计软件进行数据的自动分析，这也将进一步促进图书馆学研究更多地应用读者调查法。

3. 移植法。科学方法的相互渗透、相互转移的一个表现形式就是科学方法在不同学科的移植，这种移植不仅推动了学科自身的发展，而且往往能够产生新的边缘学科。图书馆学由于其诞生的历史较短，一些比较成熟的学科的理论和方法，就经常被图书馆学研究者借鉴、移植到图书馆学中来。将这些理论与方法同图书馆学的具体情况相结合，就形成了图书馆学研究中的专门方法。移植法包括科学概念、原理、方法以及技术手段等的移植。目前，移植法被较多地用在普通图书馆学研究中，它对于研究图书馆学的体系结构、研究方法等有积极的作用。此外，在应用图书馆学研究中，移植法也有特殊的作用。

4. 比较法。即在一定的条件下，对相同事物的不同方面或同一性质事物的不同种类，通过比较而找出它们的共同点或差异点，以深入认识事物本质的一种科学研究方法。比较法在图书馆学研究中具有重要的作用，对其应用也是比较普遍的，尤其是在专门图书馆学和比较图书馆学研究中应用得最多。比较法作为确定客观对象共同点和差异点的基本方法，是逻辑加工的初步方法。一般来说，认识事物是从区分开始，要区分就要有比较，有比较才能有鉴别。用比较法对两个国家、两个地区的图书馆事业进行分析，对同一国家不同类型图书馆进行分析，对不同时代的图书馆进行分析，可以找出不同国家、不同地区、不同类型、不同时代的图书馆之间所存在的同一性和差异性，认识各自的特点和活动规律，为发展图书馆事业提供依据。

此外，还有诸如德尔菲法、历史研究法、内容分析法等一些方法。德尔菲法是一种采用匿名发表意见的方式，征询专家小组成员的意见，通过多轮调查，反复修改，最后汇总专家基本一致的看法，作为预测结果的方法。历史研究法也是图书馆学研究中常见的一种方法,它是在研究过程中,通过对有关历史资料的搜集、鉴别与运用,去揭示客观对象的发展规律的一种研究方法。内容分析法是对文献内容进行客观、系统的量化分析,并对量化结果加以描述的一种研究方法。

综上所述,图书馆学的研究方法问题,是一个理论性和实用性都很强的问题。现有的一些方法,各有其长处和不足,在什么情况下采用什么方法,不能一概而论。而由于图书馆学研究对象具有复杂性,综合采用多种研究方法可能会取得更好的效果。随着科学研究的深入,科学方法也会不断发展。图书馆学研究要随着图书馆学的发展,不断加强方法论的研究;而图书馆学研究方法的日臻完善,反过来又会推动图书馆学研究进一步走向深入。

思考题

1. 图书馆学的研究对象是什么?
2. 如何认识图书馆学的学科性质?
3. 请阐述"交流说"的代表人物及主要观点。
4. 为什么说图书馆学是一门带有明显社会科学性质的学科?
5. 与图书馆学具有同族关系的学科有哪些?
6. 图书馆学的专门研究方法有哪些?

参考文献

[1] 南开大学图书馆学系,等.理论图书馆学教程[M].天津:南开大学出版社,1986.

[2] 阮冈纳赞.图书馆学五定律[M].夏云,等译.北京:书目文献出版社,1988.

[3] 宓浩.图书馆学原理[M].上海:华东师范大学出版社,1988.

[4] 王崇德.图书情报学方法论[M].北京:科学技术文献出版社,1988.

[5] 徐引篪,霍国庆.现代图书馆学理论[M].北京:北京图书馆出版社,1999.

[6] 徐跃权.关于图书馆学的研究对象问题的哲学解答[J].图书馆学研究,2014(3).

第三章 图书馆学的形成与发展

图书馆学的发展经历了一个从低级到高级的过程,图书馆学的发展同社会发展紧密相关,同图书馆实践的关系尤为密切。图书馆实践的发展,促进了图书馆学理论的发展。图书馆学理论又指导图书馆实践并在实践中有新发展。如此循环往复,便是图书馆学的发展轨迹。图书馆学探索由简单到复杂,由经验到本质的演化,是一个历史的、逻辑的过程,在不同时代、地域都有其不同的特点。图书馆学的发展与当时社会生产力的发展,与图书馆和图书馆事业的进步,与民族文化的繁荣及不同学术观点的竞争,与社会政治、经济、文化等领域的影响及图书馆学自身的能动性、相对独立性等都有关联。

图书馆学的发展可分为若干个时期,关于图书馆学的发展分期问题,由于标准不统一,目前尚无定论,本书认为,划分图书馆学发展史,应坚持以下原则:

第一,恩格斯总结科学发展的一般规律时提出的科学从积累知识开始,到整理再发展为科学的原则,应当作为图书馆学发展史分期的主要依据。

第二,应以图书馆学研究对象的确立作为图书馆学建立的标志。图书馆学是否形成,要看它有没有明确的研究对象(坚持不同的研究对象,就形成不同图书馆学流派,但对于一个学术流派而言,其研究对象必须是明确和确定的),只有确定了研究对象,并对其做出科学的分析、研究,既而建立起与这个研究对象相适应的科学体系,图书馆学才真正地建立起来。

第三,从图书馆学概念的提出到成为一门独立的学科,要经历漫长的过程,这个过程是逐步把分散、零乱的知识系统化,进而形成科学体系的过程。

第四,应将中外图书馆学纳入世界图书馆学发展进程中进行考察。中外图书馆学史分期应采用同一标准,将中外图书馆学的发展统一划分为若干阶段,然后根据中外图书馆学发展的不同情况,从时间上做出区分。

基于以上观点,纵观图书馆学史,可将其发展阶段分为三个时期:萌芽时期、形成时期和发展时期。

第一节　图书馆学的萌芽

图书馆学的萌芽时期，是图书馆知识的积累阶段。西方这一时期从图书馆出现到19世纪初图书馆学诞生为止，中国则从先秦至19世纪后叶。这一时期的特点是：图书馆知识由零散记载到较系统记载，由图书馆工作局部知识的阐述到图书馆整体观念的论述。具体经验总结多于理论概括，论著大多散见于其他类型学术著作之中，尚未形成独立完整的体系。这一时期开始掌握图书馆管理知识，总体发展缓慢，但积累了丰富的图书馆工作经验，建立了完备的图书馆概念，为图书馆学的产生准备了必要的条件。

这一时期，东西方图书馆学思想的发展是不平衡的。

一、西方图书馆学的萌芽时期

在西方，公元前最后3个世纪的希腊时期和公元后最初3个世纪的罗马时期是西方图书馆历史上的第一个“黄金时代”，这一时期已经出现有关图书馆的文献。如希腊化时代托勒密王国的著名哲学家、诗人、亚历山大里亚（即今埃及亚历山大城）图书馆馆长卡里马科斯（Callimachos，前305—前约240）曾为该馆编制馆藏目录《皮纳克斯》（又名《各科著名学者及其著作目录》）；公元前2世纪下半叶，罗马的瓦尔罗（M.T.Varro）曾撰写了《论图书馆》一书。

公元4、5世纪，西方进入封建社会，随着图书馆实践活动的增加，关于图书馆的著述也不断出现，在这些著述中越来越多地反映出作者的图书馆学思想。6世纪，罗马著名作家卡西奥多鲁斯（F.M.A.Cassiodorus，约487—约583）在自己的修道院里设立了图书馆，制定了一系列管理规章和原则。他专为修道士学习各门世俗学科编辑了一部百科全书式的著作《神性文献和世俗文献提要》，该书论及图书馆写本的抄缮、校正、管理和修补等问题，书后所附解题书目成为若干修道院图书馆选购藏书的标准，“可看作是关于选择图书以促进图书馆发展，满足中世纪学者们需要的第一篇论文。”1344年，英国著名藏书家理查德·伯里写了《爱书》一书（该书于1743年在德国科隆首次正式出版）。书中记载了他搜集图书的经验，并热情地赞美说：“人类智慧的结晶，大部分皆载于书中”，书籍“是无限宝贵的东西”，是“永恒真理”的源泉。书中所表现出的图书馆学思想，是当时欧洲图书馆学思想发展的顶峰。1537年，法国首次颁布呈缴本法令，随后英、德、美等国相继颁布呈缴本法。呈缴本制度的形成，为促进图书馆事业和图书馆学思想的发展起到了重要的作用。

17世纪是欧洲图书馆学的奠基时期，这一时期开始对不断积累的图书馆学思想作了经验性的总结。法国图书馆学家加布里埃尔·诺德(G.Naude)于1627年发表了《关于如何创办图书馆的意见书》(或译为《关于创建图书馆的建议》)。诺德在此书中大胆地阐述了自己的图书馆学思想,提出了图书馆建设的一般原理,对图书馆的设立、图书的选择采访、图书馆的建筑及其装饰、图书的排列、图书馆的管理、图书馆的任务和图书馆员的责任等一系列问题都提出了自己的见解。此书是图书馆学最早的著作之一,被称为欧洲"最早的图书馆概论",西方称之为图书馆史上最早的一部图书馆学论著。诺德的图书馆学思想在欧洲产生了极为深远的影响,成为图书馆学形成和发展的起源。1635年,法国图书馆学家克·克莱门特(Claude Clement,1599—1680)在《图书馆组织论》一书中主张图书馆应向一般公民开放。1650年,英国皇家图书馆馆长戴利(J.Dury,1596—1680)在《新图书馆员》一书中提出,图书馆员是学问的向导、文化的传播者、读者和图书之间的媒介。这些都是诺德图书馆学思想的传承和发扬。

德国伟大的哲学家、数学家、图书馆学家莱布尼茨,不仅是诺德图书馆学思想的杰出继承者,而且还是一位伟大的图书馆学理论家和实践家。他从事图书馆工作长达40年之久,虽无图书馆学专著,但他在写给国王的信和建议中提出的有关图书馆的精辟见解极多。他认为图书馆是"人类的百科词典",是"所有科学的宝库",是学术消息的交流中心。莱布尼茨在建设和组织藏书方面也有很大成就。他建立了图书馆工作的一整套方案,强调图书馆藏书的质量,其创立的独立的分类法成为"杜威十进分类法"的先导。他十分重视目录的作用,强调了主题目录对学者科研工作的意义。在图书流通方面,他实行馆外自由借阅,办理长期的入馆许可证,还计划发行馆藏文献通报,分析书刊文献的摘要。在文献采购、组织和编目方面,莱布尼茨的思想迄今仍为图书馆学界所重视。

二、我国图书馆学的萌芽时期

自先秦至19世纪后叶,是中国图书馆学的萌芽时期。这一时期的基本特征是某些图书馆知识形成,主要体现在藏书的校勘、整理、编目等方面。中国古代学者对图书馆的认识,无不打上了时代的烙印。从殷代起,就有关于图书馆活动的简单记载,《尚书》《周礼》等古籍,反映了商周时期社会对图书馆的基本认识,也记载了一些关于图书馆的职能、图书分类典藏与传播的思想,这些记载可看作是图书馆学方面的知识。汉代大规模的图书搜集整理活动产生了比较系统的记载图书馆活动的专著,从西汉开始,我国学者对文献的认识日渐加深,图书馆学的知识也得到逐步积累。刘歆以其父刘向的《别录》为基础,编成《七略》,这是我国第一部图书馆分类法著作。西晋荀勖据三国郑默所编《中经》,新纂《新簿》,是四分法的雏形。唐代秘书监魏征(580—643)在《隋书·经籍志·总序》

中充分肯定了图书的作用,并提出了“藏用”之说,把藏书作为“治国”“治身”之具,标志着我国古代图书馆学发展的新阶段,魏征对图书馆学的认识相当于欧洲 14 世纪的水平。

从宋代开始,我国图书馆学研究进入一个新时期,从此文人学者开始对前代累积的图书馆学思想进行较为系统的总结,从而形成了比较系统的图书馆学知识。1131 年,南宋的秘书省少监程俱(1078—1144)写成《麟台故事》,记述了北宋政府藏书制度,全面系统地介绍了宋代馆阁的建制、沿革、职能、工作内容和方式、馆舍建筑,以及官员的设置、任用、升迁、待遇等。强调了国家图书馆的作用。《麟台故事》总结了图书馆知识,是现存最早的有关国家图书馆事业的资料,也是世界上最早的图书馆学的学术著作。从 1158 年开始,南宋著名史学家、目录学家、私人藏书家郑樵(1103—1162),用三年时间编成《通志》,第一次把图书馆知识列为一门学问,提出了以藏书整理为核心,以“流通”利用为目的的图书馆学思想,他在《通志 · 校雠略》中提出了系统的图书分类理论,明确图书分类的作用,提出图书分类应以内容学科为主的原则。

明清时期,藏书事业繁盛,图书馆学著述多于前代。明朝邱濬(1420—1495)著有《论图籍之储》《访求遗书疏》,提出整理明政府图书馆的意见,对图书馆工作的内容从多方面进行了概括,反映了他的图书馆学思想。明末清初祁承㸁(1583—1628)在其所著《澹生堂藏书约》中,提出鉴别图书的标准和购书三原则。清代学者周永年(1730—1791)撰《儒藏说》,反映了图书馆公藏公用的思想。这种公共图书馆思想预示着中国图书馆学传统的大变革。

19 世纪末至 20 世纪初是中国古代藏书楼向近代图书馆的过渡时期,也是中国近代图书馆学的萌芽时期。当帝国主义的枪炮危及中国时,开办图书馆成了改良派救国人士的武器,成为传播新思想、新知识,改变旧风气的重要措施。鸦片战争前后,林则徐、魏源等人利用国外文献,组织翻译外国书报,介绍欧洲的科学技术,也介绍了图书馆。林则徐将西文“library”译为“书馆”,将“public library”译为“公共图书馆”。魏源编撰的《海国图志》与陈逢衡的《英吉利纪略》介绍了各国图书馆和藏书楼。马建忠的《适可斋记言记行》、郑观应的《盛世危言》指出,中国藏书楼应该像西方图书馆一样为公众服务。1895 年,康有为、梁启超在《时务报》刊载文章提倡兴办新式图书馆和新式教育。除梁启超之外,留日人士如罗振玉、王国维、李大钊等回国后,均介绍过日本的西式图书馆。新文化运动的主将陈独秀曾在《新青年》刊登美国钢铁大王卡内基资助建设众多图书馆的文章;胡适则在美国调查图书馆的各项数据,他在日记里表达了回国后要在中国普遍建设图书馆的想法。可见,将图书馆视为文化教育场所,已成为当时先进人士的普遍认识。这为我国广泛建立公共图书馆,乃至“新图书馆运动”的兴起奠定了思想基础。

比较这个阶段图书馆学的发展不难发现,东、西方图书馆学是沿着两条不同的道路发展的。直到 19 世纪末,中国图书馆学才与世界图书馆学融合。究其原因,一是由于中国科学技术未出现像西方一样的革命性飞跃。二是因为中国传统科学注重实用性,多半是方法技能的表象描述或经验的客观记载。三是因为中国自明末清初以来长期闭关锁国,阻碍了学术交流。

总的来说,这一阶段已经建立了比较完备的图书馆概念,积累了丰富的图书馆工作经验,为图书馆学的产生准备了必要的条件。但这个阶段的中外学者们对于图书馆学的研究,还仅限于对图书馆的论述,仅限于怎样办好图书馆和图书馆工作的技术方法,尚未把图书馆学自觉地作为一门科学来对待,所以我们把这个时期称为图书馆学的萌芽时期。

第二节　图书馆学的形成

这是图书馆学由经验发展到科学的阶段。西方图书馆学的形成时期始于 19 世纪初,止于第三次技术革命兴起的前夕。中国图书馆学的形成时期则从 20 世纪初到新中国成立前夕。这一时期,在图书馆学的本质问题、图书馆学的教育问题、图书馆事业的建设问题方面都取得了较大的成就,初步形成了图书馆学体系。

一、西方图书馆学的形成时期

1807 年,德国人施莱廷格首次提出“图书馆学”一词,标志着近代图书馆学的诞生。施莱廷格长期从事图书馆实践工作,在多年的图书馆实践活动中逐渐认识图书馆的本质。他在 1808 年撰写的《试用图书馆学教科书大全》一书中,第一次自觉地设想建立图书馆学体系,试图建立图书馆学内容结构,并最先提出图书馆员的训练和教育问题。该书还是图书馆学史上第一次全面论述图书馆的目录编制原理的著作。在书中,他将图书馆学定义为:“符合图书馆目的的整理方面所必要的一切命题的总体”,将图书馆学的研究对象确定为“图书整理”。施莱廷格在图书馆学方面的突出贡献,一是第一次用“图书馆学”来表达图书馆领域的知识,二是在欧洲首次提出图书馆学的“整理说”。

与施莱廷格同时代的另一位德国图书馆学家艾伯特,不同意施莱廷格把图书馆学研究对象限定在“整理”方面的观点。他批评施莱廷格的“整理说”过于狭窄,认为应把图书馆管理放在同等重要的地位,首次提出“图书馆管理学”的概念,认为图书馆学领域应包括“图书馆整理说”和“图书馆管理学”。

1829 年,丹麦人莫尔贝希出版《论公共图书馆》一书,将艾伯特的图书馆学结构系统化,被西方图书馆史学家称为艾伯特-莫尔贝希体系,这一体系可概括为图书馆员"知识论",即图书馆员执行图书馆工作任务所需要的一切知识和技巧的总和是图书馆学的主体内容。

1839 年,法国图书馆学家海斯提出"管理论",认为图书馆学的宗旨在于最有效地解决管理问题,并提出了一整套系统的管理学理论,他的体系是艾伯特图书馆学思想的进一步深化。

1841 年,大英博物院图书馆馆长帕尼兹(Anthony Panizzi,1797—1879)出版了《91 条著录规则》,这一著录规则确定了以著者为著录核心的编目原则,广为欧美各国图书馆所认同,成为英国图书馆学早期最具影响力的学术成果。他关于图书馆应向所有人开放的思想、强调用法律手段解决经费和实现呈缴本制度,以及注重对图书馆进行人文管理,都为英国图书馆学界所珍视与继承。帕尼兹在图书馆管理学研究方面卓有成就。

1850 年,英国议会通过了世界上最早的《公共图书馆法》(*Public Libraries Act*)。被称为"公共图书馆运动精神之父"的英国图书馆学家爱德华兹对该法的颁布贡献良多,并成为依据图书馆法建立的第一所市立图书馆——曼彻斯特市图书馆的馆长。1859 年,爱德华兹写成了他的代表作《图书馆纪要》(*Memoirs of Libraries*)。在书中,他提出了公共图书馆理论的两个原则:图书馆不应受政党影响,图书馆是公益事业。该书还对图书馆文献采购、典藏、寄赠、分类、索引与管理等方面提出了新见解。爱德华兹认为图书馆学理论应该是工具性、技术性的理论,他以管理为主线,巩固和发展了"实用派图书馆学"。

1890 年,德国图书馆学家格雷塞尔(A.Graesel,1849—1917)写了《图书馆学纲要》一书,突破艾伯特-莫尔贝希体系,加进图书分类学、图书馆史的内容,将史论结合,从而扩大了图书馆学的内容。20 世纪 20 年代,德国图书馆学家雷丁格尔(G.Leidingen)修正了格雷塞尔的图书馆学思想,提出以图书学、书志学、图书馆管理学、图书馆史四部分为中心内容的图书馆学结构,开启了 20 世纪多元图书馆学的大门,标志着图书馆学研究的深入发展。

美国的图书馆事业相对欧洲来说没有那么悠久的历史,初期的图书馆学也移植自欧洲。1850 年后,受英国图书馆法的影响,美国各城镇才相继立法,建立公共图书馆。美国早期公共图书馆运动的领袖威廉·弗雷德里克·普尔(William Frederick Poole,1821—1894),曾经担任波士顿图书馆、辛辛那提公共图书馆等多个图书馆的馆长,他在公共图书馆概念的界定、图书的选择与购买、图书馆建筑、期刊索引的编制、大学图书馆与教学关系等领域卓有成就。

卡特与杜威是美国早期图书馆学代表人物,他们是图书馆事业卓越的开拓者。卡特(Charles Ammi Cutter,1837—1903)编制了第一部字典式目录,制定了《字典式目录规则》,创制著者号码表,发表了《展开式分类法》,在目录学理论与实践方面做出了重要的贡献。

杜威编制了《杜威十进制图书分类法》(1876),提出了“在版编目”思想,拟定了图书馆工作的“三 R 原则”(Right Book,Right Reader,Right Time,以最低的成本、最好的图书,为最多的读者服务),并在流动书车以及贮存图书馆等方面开展研究,推出了一批具有使用价值的成果。杜威不仅在图书馆学理论上有所建树,在实践活动中也取得了巨大的成就。他是美国图书馆协会的创始人,创办了美国第一种图书馆专业刊物——《图书馆杂志》,开办图书馆用品公司,积极推动图书馆设备、用品、目录卡片的标准化,倡导图书馆管理的科学化和规范化。对于图书馆学的发展意义最为深远的是,杜威于 1887 年创办了哥伦比亚图书馆学院,这是世界上第一所正式的图书馆专业学校,它的诞生使图书馆学成为一种专业,从而确立了图书馆学的学科地位,标志着图书馆学这门科学已经正式得到教育界、科学界的承认。

1876 年,美国成立图书馆协会,随后英国(1877)、日本(1892)、德国(1900)、法国(1906)相继建立图书馆协会。1927 年,国际图书馆协会联合会(IFLA)在爱丁堡成立。各国及国际图书馆协会(或学会)组织的成立推动了世界图书馆事业与图书馆学研究的发展。

在帕尼兹、爱德华兹之后,布朗(James Duff Brown,1862—1914)、萨维奇(Ernest Albert Savage,1877—1966)、塞耶斯(W.C.Berwick Sayers,1881—1960)等人对英国图书馆事业及图书馆学的发展作出重要贡献。其中,布朗在任克莱肯威尔公共图书馆馆长期间,推行开架借阅制度,使图书馆接近读者。他于 1903 年出版的《图书馆管理手册》曾作为英国的基础教材。1906 年布朗完成的《主题分类法》曾在英国图书馆界盛行一时。这部分类法成为 20 世纪初期西方流行的四种分类法之一。

19 世纪末期,图书馆学教育在很多国家起步。美国的图书馆学教育在杜威等人的推动下迅速发展。但从 1915 年后,实用主义的图书馆学校在人才培养上的不足渐渐暴露。1919 年,卡内基基金会委托威廉姆森(Charles C.Williamson,1877—1965)调查美国图书馆学教育现状,并于 1923 年出版了调查报告《威廉姆森报告》。这份报告批评了当时作为职业技能培训的图书馆学校的通行做法,建议在综合性院校设图书馆学研究生院。1928 年,根据此建议,卡内基基金会、美国图书馆协会、芝加哥大学三方合作,正式成立了世界上首个具有博士学位授予权的图书馆学专业研究生院——芝加哥大学图书馆学院。受芝加哥大学社会科学实证研究风气的影响,图书馆学教育改变了之前技校式的教育方式,既注重实践技能的培养,也注重理论的培养。同时,社会科学研究方法与图书馆学的结合,加速图书馆学"科学化"进程,芝加哥大学图书馆学院涌现了一批著名学者,这批学者强调图书馆学研究科学化,坚持从各种社会科学中汲取养料,注重图书馆与社会的互动关系,弘扬理论图书馆学,形成美国图书馆学的"芝加哥学派"。其中,巴特勒和谢拉是"芝加哥学派"最具影响力的人物。

"芝加哥学派"早期的代表人物巴特勒对图书馆学做出了巨大贡献。1933年,巴特勒出版了他的代表作《图书馆学引论》,该书从社会学、心理学、历史学和实务等多种角度论及图书馆活动的主要领域,提出了独特的见解。巴特勒从图书馆与社会的联系方面进行研究,对图书馆的本质作了深入的分析,从而开拓了图书馆学的研究领域。他首次明确了图书馆学体系在庞大的宏观科学体系中的位置,是"图书馆学发展的真正的里程碑"。

在这个时期,"印度图书馆学之父"阮冈纳赞对图书馆学的形成也做出了巨大贡献。他于1931所著的《图书馆学五定律》总结了图书馆工作的基本规律,指出了图书馆工作的重要原则和规范,阐明了图书馆中各种要素和各种工作之间的内在联系,为图书馆工作指明了方向,同时对图书馆学领域也提出了许多新的观点,采用了新的研究方法,更加充实和完善了图书馆学的内容,为图书馆学研究开辟了一条新路。阮冈纳赞的《图书馆学五定律》在图书馆事业史和图书馆学发展史上均占有重要地位,是图书馆学发展过程中一个重要的里程碑。此外,他在文献编目、图书馆管理、图书馆学教育等领域也有突出的贡献。他于1933年写成的《冒号分类法》是独具特色的文献分类法著作。

二、我国图书馆学的形成时期

19世纪末期,我国有识之士一致认为图书馆是开启民智、教化民众的教育机关。在这种认识的推动下,一批近代意义的公共图书馆开始建立。1902年,徐树兰在浙江绍兴创立私立公共图书馆——古越藏书楼,以"存古"和"开新"为宗旨,为公众服务。这是中国第一个具有公共图书馆性质的私人藏书楼。1903年京师大学堂藏书楼改名京师大学堂图书馆。1904年,第一所官办公共图书馆——湖南图书馆建立。1909年京师图书馆筹建,后于1912年正式开馆。1910年,清政府颁布《京师及各省图书馆通行章程》,这是第一个正式的全国图书馆法规,确定了从中央到地方发展图书馆事业的法律地位。到辛亥革命前夕,我国的图书馆已基本完成由封建藏书楼向近代公共图书馆的过渡。

20世纪早期,我国图书馆学的著述活动,主要还是翻译介绍外国图书馆学论著。1910年,孙毓修的《图书馆》一书在《教育杂志》上陆续发表,将杜威的《杜威十进制图书分类法》介绍给国人,该书虽未最后完成,但却是第一部较系统地介绍图书馆学的著作。此外,还有谢荫昌翻译的《图书馆教育》(1910)、北京通俗教育研究会翻译的《图书馆小识》(1917)、顾实编写的《图书馆指南》(1918)等。1916年后,国内关于图书馆学的研究逐渐兴起,同年,《浙江公立图书馆年报》创刊,尽管当时研究的问题还很简单,但毕竟开始探讨图书馆的工作与理论了。1917年6月16日《交通日报》刊载的江中考的《图书馆学序论》一文,是"图书馆学"一词首现于中国的文献。

1917年到1927年间的"新图书馆运动",为中国近代图书馆学理论体系的形成奠定了基础,其倡导者主张学习西方的科学文化,提倡教育救国、图书救国。当时,中国正处于摆脱封建藏书楼的影响,建立近代图书馆学的历史时期,封建社会遗留下来的一套图书馆学理论与方法已经不适应当时的需要,学习西方的图书馆技术和外国的办馆方式,在当时无疑是一种进步,对我国近代图书馆学的形成起到了重要的促进作用。

20世纪20—40年代,是我国图书馆学形成过程中的"黄金时期"。20年代初,沈祖荣、胡庆生、戴志骞、李小缘、刘国钧、杜定友、洪有丰等一批在美国和菲律宾学习图书馆学的留学生相继回国,在国内学术界崭露头角,他们在全国讲演、放幻灯片,开展图书馆教育,宣传图书馆的作用与功能,倡导公众平等利用图书馆,推行新式分类法和卡片目录,规划全国图书馆事业。这些学者,多数人获得西方图书馆学文凭,回国后在图书馆工作,成为"新图书馆运动"的主角、早期图书馆组织的发起者与成员、图书馆教育的推动者、图书馆学理论的奠基人。他们推动了中国图书馆学发展的第一次高潮。

1920年3月,美国人韦棣华女士(Miss Mary Elizabeth Wood,1862—1931)与其学生沈祖荣(字绍期,1884—1977)创办武昌文华大学图书科,这标志着我国独立的图书馆学教育的兴起,也标志着近代图书馆学在中国的正式诞生。韦棣华女士在文华大学图书科任教期间,资助一批中国学生赴美攻读图书馆学,并帮助创办中华图书馆协会,对中国图书馆事业和图书馆学的发展起了积极作用。继武昌文华大学图书科成立后,图书馆学教育随着图书馆事业的发展开始兴起,一批图书馆学系相继建立。1925年,上海国民大学开设图书馆学系;1927年,金陵大学文学院开设图书馆学系;1941年,国立社会教育学院开设图书博物馆系;1947年,国立北京大学中文系开设图书馆专修科。

1923年,杨昭悊的《图书馆学》由商务印书馆出版,这是中国第一部以"图书馆学"为书名的著作,内容虽多取日、美两国之成法糅合贯通而成,但努力使理论与技术相结合、中外相结合、供馆员参考与供一般民众了解图书馆学相结合,用科学方法阐述了图书馆的定义、范围以及研究方法等,实开中国图书馆学通论之先河。《图书馆学》是中国图书馆学基础理论研究的开山之作。

1925年4月25日，中华图书馆协会在上海成立，梁启超为董事部部长，戴志骞为执行部部长。中华图书馆协会开展了卓有成效的工作，不仅出版期刊、丛书、调查报告，组织国际学术交流，还参加国际图书馆协会联合会活动。在协会的推动下，各地方图书馆协会也先后成立。中华图书馆协会的刊物《中华图书馆协会会报》（双月刊）、《图书馆学季刊》分别于1925年和1926年创刊。在中华图书馆协会的刊物带动下，《国立北平图书馆馆刊》（1927）、《中央大学国学图书馆年刊》（1928）、《文华图书馆学专科学校季刊》（1929）等一批有影响的刊物陆续创刊发行。图书馆协会组织的成立与图书馆学期刊的出现，促进了图书馆学理论研究与学术活动的繁荣。例如，《文华图书馆学专科学校季刊》1935年7卷2期发表了李景新的《图书馆学能成一独立的科学吗?》一文，该文系统论述了图书馆学研究对象、研究范围、体系结构，在当时引起了广泛的关注。

在图书馆学研究领域，此时期图书馆学界名家辈出，除上述提及的图书馆学家之外，还有桂质柏、裘开明、马宗荣、愈爽迷、皮高品、何日章、袁涌进、陈天鸿、周连宽、吕绍虞、张遵俭、严文郁、毛坤、查修、汪应文、汪长炳、钱亚新、柳诒徵、万国鼎、王云五、陈训慈、王重民、张秀民等一大批在图书馆学界有影响力的人物。他们广泛探讨图书馆学的基本问题，如什么是图书馆、图书馆的社会功能、什么是图书馆学、图书馆的要素、图书馆学的研究对象、图书馆学的学科性质、图书馆学的相关学科、图书馆学的学科体系、图书馆学的研究方法等。他们的学术观点和思想形成了不同的流派，建立了早期的图书馆学体系。其中，杜定友（1898—1967）和刘国钧（1899—1980）分别提出图书馆学“要素说”，使图书馆学研究对象的理论趋于完善，他们也成为此时期我国图书馆学的代表人物。

杜定友祖籍广东南海，出生于上海。1918年南洋公学派遣杜定友到菲律宾学习图书馆学，1921年获得文学、图书馆学、教育学三个学士学位回国。历任广东省立图书馆、复旦大学图书馆、南洋大学图书馆、中山大学图书馆馆长等职务，从事图书馆事业50年，著述达600余万字。他在图书馆学基础理论、图书分类学、图书目录学、汉字排检法、图书馆管理、图书馆建筑、地方文献等领域有突出的理论建树。主要著作有《图书馆通论》（1925）、《图书馆学概论》（1934）等。他提出的“三位一体”的图书馆理论，书（包括图与书文化记载）、人（阅览者）、法（图书馆设备及管理方法、管理人才），被概括为“三要素说”，对我国图书馆学发展影响至深。

刘国钧，字衡如，九三学社成员，江苏南京人。1920年他毕业于金陵大学哲学系，1922年在美国威斯康星大学学习，加修图书馆学，1925年获哲学博士学位。1925年刘国钧回国，先后任金陵大学图书馆馆长、金陵大学教授、北平图书馆编目部主任、《图书馆学季刊》主编、北京大学图书馆学系教授。刘国钧在图书分类、编目、图书馆学基础理论、书史、图书馆自动化技术方面很有研究。他的著作有《中国图书馆分类法》《图书馆要旨》《图书馆目录》《中国书史简编》等。他于 1934 年出版的《图书馆学要旨》一书中，提出了"四要素说"，即图书、人员、设备和方法，与杜定友的"三要素说"并驾齐驱。

综上所述，这个时期我国的图书馆学发展经历了"新图书馆运动"，图书馆学教育的出现，图书馆协会的产生，大批图书馆学专著、译著、刊物的出版和图书馆学者涌现等一系列重大事件。"要素说"的提出，可以看做是我国最早的图书馆学体系形成的标志。中国图书馆学伴随着新文化运动的兴起而产生，因而深受西方图书馆学的影响，产生之初侧重于对西方图书馆技术和工作方法的借鉴、模仿，图书馆学理论主要以图书馆工作所必需的知识和技术为基础。

第三节 图书馆学的发展

这是图书馆"术"的进步和图书馆"学"的飞跃时期。西方图书馆学的发展时期从第三次技术革命开始。中国图书馆学的发展时期则从新中国成立开始。在这一时期，伴随着以计算机技术尤其是网络技术为代表的信息技术的日新月异，图书馆学跨越了不同的发展阶段。图书馆学研究逐步深入，图书馆学理论体系逐步完善，图书馆学的面貌发生了根本性的变化。技术进步的推动与人文精神的回归成为图书馆学进一步发展的张力。

一、西方图书馆学的发展

第二次世界大战以后，系统科学、现代信息技术等新的理论和技术不断出现，为图书馆事业的发展创造了良好的环境，图书馆学基础理论实现了新的突破。科学技术发展的高度综合化要求人们从总体上认识图书馆学，许多适应当代图书馆和情报事业发展的新的思想涌现出来。这一时期可分为四个阶段：第一阶段是第三次技术革命到 20 世纪 60 年代，第二阶段是 20 世纪 70—80 年代，第三阶段是 20 世纪 90 年代，第四阶段是进入 21 世纪以后。

20 世纪 30 年代至 60 年代，"芝加哥学派"弘扬的理论图书馆学主张逐渐被人们接受，成为美国图书馆学主要理论范式。谢拉是继巴特勒之后"芝加哥学派"最著名的人物。谢拉的晚年正处于情报学兴起的时代，他对图书馆学最主要的贡献有二，一是吸收了情报学的成果，明确了图书馆作为社会交流系统组成部分的性质，丰富了图书馆学的内容；二是从图书馆学的角度提出了"社会认识论"的框架。他晚年写就的《图书馆学引论》(*Introduction to Library Science*)，引起图书馆学界的广泛重视，成为世界各国图书馆学基础课程的主要教学参考书之一。

20 世纪 50—60 年代，信息技术在图书馆中的应用，使图书馆发生了巨大变化，自动化、联机检索、电子资源等新型图书馆工作及新型业务的培训大量产生，促使图书馆学的研究力量开始向技术应用领域转移，情报学应运而生。与图书馆学相比，情报学更关注情报本身而不是情报的载体（如文献），更关注情报过程而不是这一过程的机构（如图书馆）。作为同源学科，情报学的产生引发学者对图书馆学做出重新定义，推动了图书馆学理论的发展。1958 年，世界科技情报大会在美国召开。从 20 世纪 60 年代开始，美国一些高校的图书馆学院相继改名为“图书馆和情报学院”（School of Library and Information Science），课程体系中开始加入计算机技术等情报科学的教学内容。1968 年，美国文献学会更名为美国情报学会，会刊更名为《美国情报学会会刊》。

作为图书馆技术进步的重要标志，机读目录（MARC）产生于 20 世纪 60 年代中后期。1965 年 1 月，美国提交机读目录报告。1966 年，美国国会图书馆研制了机读目录（MARC Ⅰ）格式。1969 年，美国在全国发行 MARC Ⅱ 格式机读目录磁带。机读目录研制成功及 MARC Ⅱ 的发行推动了图书馆技术的自动化和标准化。与此同时，计算机技术开始广泛用于处理二次文献，并直接用于检索。

20 世纪 70—80 年代，随着计算机技术的发展，光盘技术、联机目录、集成化的图书馆管理系统等新技术在图书馆领域得到广泛应用，彻底改变了图书馆的工作方式。20 世纪 70 年代初，大型的商业化二次文献数据库已相当普遍，很多图书馆开始向用户提供这种数据库的检索服务。1977 年国际图联发布《国际机读目录格式》（UNIMARC），作为机读目录格式国际上通用的标准，促进了机读目录在各国图书馆领域的应用。

在研究领域，随着计算机技术、情报学及研究方法的大辩论，图书馆与各种学科相互影响，交叉渗透，使图书馆学的发展出现学派纷呈的局面，不同国家、地区的图书馆学者提出了不同的观点，力图揭示出图书馆学的科学本质。继谢拉提出“社会认识论”后，苏联的米哈依洛夫提出广义的“交流系统论”（1976），英国的布鲁克斯提出“知识基础论”（1980），英国人马丁（W.J.Martin）提出“信息管理”（1988）等新的理论，这些理论将图书馆放到一个更大的范围、更大的系统中来考察、研究它的社会作用，揭示其本质，分析其功能。此外，此时期涌现了一批颇有影响的图书馆学家，例如，预言无纸时代即将到来的英国学者兰开斯特（F.W.Lancaster），提升了引文分析法在图书馆学、情报学中的方法论地位的加菲尔德（Garfield）等。

20 世纪 90 年代，信息技术的迅速发展和“信息社会”概念的普及，使“图书馆”从作为物理实体的单一存在向“电子图书馆”“虚拟图书馆”“数字图书馆”等复合型图书馆过渡,随之带来的是对已经建立的图书馆学基本概念及理论体系的重新认识。在“信息社会”的浪潮中,图书馆学既在一些社会普遍感兴趣的重大问题上表现出明显的学术惰性,一度失去图书馆学应有的“声音”,也在学科整合等方面表现出顽强的发展势头。此时期,图书馆学与计算机科学、情报学等学科之间的交流和渗透空前活跃,表现出强烈的交互性。随着计算机技术、网络技术在图书馆中的应用加强,计算机科学向图书馆学的渗透自不必说,图书馆学也开始向计算机专业输送知识,例如,很多大型的网络搜索引擎便是计算机技术与图书馆学相结合的产物。与此同时,图书馆学和情报学继续融合,图书馆学继续吸收情报学注重理论和技术创新的优势,同时也向情报学渗透注重服务和人文关爱的精神。图书情报一体化成为此时期人们关注的热点,从 20 世纪 80 年代起高校图书馆学院纷纷在院系名称中加上 information 一词,至 90 年代 90% 的图书馆学院改为图书情报学院。2002 年,英国图书馆协会与情报学会合并,称作“图书馆员和情报专业人员注册协会”,图书情报一体化尘埃落定,图书馆学研究与情报学研究自此交织在一起。

传统的图书馆向计算机化、网络化、数字化转型的过程中,文献载体面貌发生了变化,数字文献储存量日渐加大,数字图书馆正式对社会服务后,图书馆网络服务日渐增多,研究者热衷于 Windows 操作、编程、网络、存储、数据分析等的学习与研究,数字图书馆、元数据、本体、知识组织、自动标引、知识管理、搜索引擎、信息素养、语义网、数据挖掘等新的研究领域不断涌现,图书馆职业与图书馆学教育正在酝酿新的转型。

进入 21 世纪以来,随着数字图书馆技术全面攻克、Web2.0 概念的兴起、互联网技术和移动互联网技术的突飞猛进,图书馆事业开始朝着开放、共享、公平、公益等方向发展,出现了图书馆 2.0、My Library、自助式图书馆、手机图书馆等新观念或新形态图书馆。图书馆学开始表现出整合发展的趋向,一方面,新技术、新概念在研究中得到反映,原有的研究主题如各类图书馆研究、各类文献研究、用户服务研究、图书馆工作与服务技术研究、图书馆管理研究、图书馆联盟与知识共享研究、图书馆学教育研究等,与新技术更紧密地结合在一起,向纵深发展。人们深入探讨数字图书馆组织、数字图书馆技术系统化、数字图书馆服务多样化,重新定位图书馆员角色、馆藏资源、文献流通、图书馆建筑,研究搜索技术、跨库检索、智能化检索、隐形网络检索,研究自然语言处理、系统整合和互操作技术,研究一站式服务、智能化服务、个性化服务、新式图书馆员的素质等。同时,新的研究主题,如学术图书馆员、社会书签、规范控制、资源导航、政府信息服务、云计算、海量存储、开放存取、机构仓储、分众分类法、大数据、数字参考、数字阅读、立体阅读、手机阅读等不断涌现。伴随技术的进步,国际图书馆协会与美国等国家先后发布图书馆学教育标准。2000 年 12 月,IFLA 图书馆教育与培训专业委员会发布了《图书情报专业人员教育计划指南》。美国先后发布了《21 世纪图书情报专业人员能力》和《图书馆学硕士聘用要求》(*The M. L. S. Hiring Requirement*),还于 2002 年在《图书情报学硕士学位认可标准》(1992)的基础上制订了《认可过程政策与程序》。这些文件对于图书馆学教育有很强的指导作用。图书馆学教育呈现出标准化、国际化的趋势。

另一方面,人文科学、社会科学的理念贯穿于研究中,图书馆学的职业精神和推动知识共享、信息公平的取向较为明显。新技术带来进步的同时,由于不同人群知识获取与利用的条件和能力不同,不可避免地造成了人与人之间的信息鸿沟、数字鸿沟。为不同阶层的用户服务,缩小不同人群之间的信息鸿沟、数字鸿沟,成为新时期图书馆的重要使命。与此相关,图书馆学研究者更多地关注知识共享与信息公平问题,例如,关于推动不发达地区图书馆事业的研究、为弱势群体开展服务的研究、社区服务研究等,都是图书馆学在新形势下推进信息公平知识服务,弘扬人文主义职业精神的体现。

此时期,图书馆学在运用新的信息技术与倡导人文精神的过程中形成了发展张力,在继续整合学科和方法论的基础上构建了新时期图书馆学的理论体系与框架。

二、我国图书馆学的发展

中国图书馆学在新中国成立后的发展成果是最丰硕的,可分为四个阶段:第一阶段是新中国成立至改革开放前夕,第二阶段是改革开放后至 20 世纪 80 年代末,第三阶段是 20 世纪 90 年代,第四阶段是进入 21 世纪以后。

新中国成立初期,图书馆事业蓬勃发展,图书馆事业的发展需要专业人员从事管理与业务工作,因此图书馆学教育、图书馆学研究随之发展。1956 年,北京大学、武汉大学的图书馆学专修科改为图书馆学系四年制本科;同时,各地还办有图书馆学专科、函授教育、培训班、进修班,培养图书馆工作人员。1956 年中共中央提出"向科学进军"的号召后,基层图书馆掀起业务学习的热潮,推动图书馆学研究的兴起。到 20 世纪 60 年代初,图书馆学基础理论、图书分类学、目录学、藏书建设、读者工作、图书馆事业史等分支学科都有较大发展,出现"要素说""矛盾说""规律说",图书馆学体系由单级走向多级,除了依然活跃的刘国钧、杜定友等学者外,周文骏、黄宗忠、彭斐章等新一代学者成长起来。由于社会制度和意识形态与苏联一致,和大多数社会科学一样,此阶段我国图书馆学受苏联的影响较深,出现追随苏联、模仿苏联的倾向。

“十年动乱”期间,“四人帮”把图书馆视作阶级斗争的工具,图书馆大量减少,图书馆学教育被取消,图书馆学研究几乎陷于停滞。

实行改革开放后,随着拨乱反正的进行,图书馆学开始在新的历史条件下对以往的学术研究进行清理与总结,图书馆学教育、图书馆学研究、图书馆学会组织、图书情报刊物快速发展。

“文化大革命”结束后,图书馆学教育得到恢复并迅速发展,1977年北京大学、武汉大学招收图书馆学本科学生,1978年以后许多高校纷纷创办图书馆学专业。20世纪70年代末80年代初,为适应恢复图书馆学教育的需要,吉林图书馆学会编辑出版“图书馆业务自学大全”,北京大学、武汉大学图书馆学系合编《图书馆学基础》《目录学概论》,这对新时期图书馆学的研究起到了积极的推动作用。同时,一大批国外先进的图书馆学著作翻译出版,如苏联丘巴梁的《普通图书馆学》、美国谢拉的《图书馆学引论》、印度阮冈纳赞的《图书馆学五定律》等,美国的巴特勒、苏联的米哈依诺夫、英国的布鲁克斯等人的思想也相继引进国内。这些国外经典著作的引进,开阔了人们的研究视野,提高了研究层次,活跃了学术思想。至20世纪80年代末,不仅出现了一批新的图书馆学研究者,而且出现了诸如《图书馆学导论》《图书馆学原理》等一批图书馆学力作,图书馆学研究迎来了发展的又一个高峰。此外,图书馆学会组织与期刊也于此阶段开始兴起。1979年7月,中国图书馆学会在太原成立,同年,中国图书馆学会会刊《图书馆学通讯》出版。随后,全国各地成立地方学会,并创办图书馆学期刊。学会组织学术交流活动与图书情报学术刊物的繁荣,为图书馆学研究创造了良好的条件。伴随着改革开放的逐渐深入,图书馆学界的学术思维也从封闭转向开放,开始接触世界图书馆学以及其他学科,跟踪国际图书馆学研究成果,借鉴和移植其他学科研究方法,紧跟世界图书馆学发展的步伐。

20世纪90年代,信息技术的迅猛发展给图书馆学带来机遇的同时也带来挑战。与西方图书馆学相比,我国图书馆学不仅经历了信息技术和信息社会问题大讨论的冲击,而且经历了概念骤变的冲击。与国外图书情报一体化不同的是,中国图书馆学与情报学既并行发展,互相借鉴,又有明显不同的发展空间。20世纪90年代初期,正当我国图书馆学和情报学围绕文献、文献信息、情报、情报交流等概念体系,一边构建各自的研究领域,一边探索两个学科的融合之路时,一场以“信息”代替“情报”的更改系名、学科名、文献题名的浪潮席卷了我国图书馆界。1992年北京大学图书馆学情报学系改名信息管理系。武汉大学图书情报学院经历多次变更后最后也定名信息管理学院。很多学者把“信息管理”看成了我国图书馆职业地位提升的机遇,并开始以信息资源管理的概念体系取代原有的图书馆学概念体系,这种更新无疑会带来新的研究视界,扩大研究范围，但同时也使图书馆学、情报学的概念体系出现了极大的混乱，导致学科体系建设付出惨重的代价。1998 年教育部公布的《普通高等学校本科专业目录》对部分专业做了调整，“情报学”不再是独立的二级学科，被并入“信息管理与信息系统”。

尽管如此，此阶段图书馆学从整体上还是取得了较大发展。图书馆学教育达到前所未有的高峰，形成研究生、本科、专科等多层次、全日制教育和成人教育、专业教育并存的体系。全国共有 30 多个本科教育点，有多个硕士学位授予点和图书馆学博士授予点。图书馆学学术刊物继续成熟，并形成一批著名的刊物，如《中国图书馆学报》（即《图书馆学通讯》）、《图书情报工作》《大学图书馆学报》《图书情报知识》等。图书馆学在与社会学、管理学、数学、计算机科学、信息论、系统论、控制论、经济学、法学、传播学、哲学、史学、教育学等相关学科交叉融合的过程中得到发展壮大，出现了一批高质量的论著，论题涉及西方图书馆学史、学术评论、图书馆哲学、数字图书馆、知识组织、知识管理、比较图书馆学、知识产权与网络信息传播、图书馆学本土化、阅读文化、藏书文化、人文图书馆学等。同时，在图书馆学理论研究、图书分类研究、检索语言、图书馆计算机应用、电子文献、统计分析、宏观图书馆学、图书馆学评论、知识组织、知识管理等方面出现了一批卓有贡献的学者。

除此之外，该阶段我国图书馆与国外图书馆、我国图书馆学与国外图书馆学之间的交流更加密切，国际化程度日益加深。1996 年 8 月，第 62 届国际图联大会在北京成功举行，极大地促进了我国图书馆事业的宣传与对外学术交流，促使我国图书馆学与西方图书馆学接轨，进一步缩小了我国图书馆学与西方图书馆学之间的差距，我国图书馆事业与图书馆学迎来新的时代。

进入 21 世纪以来，图书馆事业和图书馆学均发生了重大变化，在全社会综合改革的大环境下，图书馆领域推行一系列改革举措，如工作人员聘任制、总分馆制、评估考核制、学科馆员制等，进一步推动了图书馆事业的发展。

此阶段，图书馆学技术取向与人文取向同时发展并形成一定规模。图书馆学吸收和应用新技术的步伐越来越快，基本达到了与国际同步。数字图书馆、图书馆 2.0 研究、智能检索、知识产权、数据加密、开源构件、海量存储、元数据、网络协议、管理与服务软件、云计算、开放存取、机构仓储、分众分类法、大数据、数字参考、数字阅读、立体阅读、手机阅读、移动图书馆、智慧图书馆、第三空间图书馆等新的研究热点层出不穷。同时，在人文取向方面，图书馆员的道德规范、图书馆精神、图书馆自由与图书馆权利、信息公平与图书馆制度、图书馆立法与法治环境、图书馆知识产权研究、图书馆学本土化、制度图书馆学、总分馆与图书馆服务体系、阅读推广等主题持续热议。图书馆学研究水平跨入新层次，图书馆学的亮点越来越多。随着社会科学核心期刊评定的常规化和标准化,图书馆学形成了较为稳定的核心期刊方阵,为图书馆学研究提供了丰厚的研究土壤。新人、新作层出不穷,图书馆学在不断发展壮大。

进入21世纪后,国家在加大对科研基金与科研项目投入的同时,以“本科教学改革质量工程”为抓手,持续加大教学和课程建设力度。每年的国家社会科学基金、教育部人文社会科学研究项目、国家自然科学基金等都有不少图书馆学项目获得资助。同时,图书馆学本科教学改革和课程建设取得丰硕成果。2002年7月,作为图书馆学本科教育的半官方组织,教育部图书馆学学科教学指导委员会(简称教指委)在南开大学正式成立。多年来,历届教指委开展了卓有成效的工作,取得了丰硕的成果:确定了7门图书馆学核心课程,组织编写并修订图书馆学“面向21世纪课程教材”,开展了图书馆学课程立体化建设,组织了国家级精品课程的建设、申报和推荐,完成了教育部“十一五”教材规划“图书馆学学科”指南的编写,完成图书馆学专业本科教学规范、图书馆学本科教学质量国家标准的编制,组织图书馆学国家精品开放课程建设,参与图书馆学国家级精品资源共享课的遴选,组织编写“信息管理与信息素养系列教材”,组织图书馆学大规模在线开放课程建设(Massive Open Online Course,MOOC,又译为慕课)。截至2015年底,出版“面向21世纪课程教材”9种,其中7种配有网络课程,5种纳入修订范畴;“信息管理与信息素养系列教材”出版1种;入选国家精品课程9门,入选国家级精品资源共享课8门,国家级视频公开课1门,MOOC建设已开课2门6期次。2016年3月15日,为集聚学界、业界资源优势,推动与图书馆业务相关和图书馆学专业系列在线开放课程(群)的建设与应用,提升图书馆、图书馆学在“互联网+”时代的影响力,教指委联合教育部高等学校图书情报工作指导委员会、“爱课程”网共同发起图书馆(学)在线课程联盟(lis. icourses. cn),合力打造一批图书馆学系列品牌课程。教指委在指导学科建设和规范引导教材建设、课程建设等方面做出了应有的贡献。

这一时期,以计算机和网络为代表的现代信息技术为图书馆学的发展增添了无穷的活力。随着新技术的产生与应用,“学”“术”并重,技术与人文并重,是发展时期中国图书馆学的显著特征,图书馆学的体系框架得到进一步丰富。同时,经过60多年的发展,中国图书馆学正在逐渐缩小同国外图书馆学的差距,应用技术、研究主题、关注热点等基本与国际同步,成为世界图书馆学的一部分。

思考题

1. 简述图书馆学史分期的依据。

2. 简述 20 世纪 20 年代中国图书馆学史的几件标志性的大事。

3. 分析西方图书馆学与我国图书馆学发展分期的异同。

4. 利用 CNKI、万方数据检索并分析近 5 年图书馆学研究有哪些热点和特点。

参考文献

[1] 吴慰慈,董焱.图书馆学概论(修订 2 版)[M].北京:国家图书馆出版社,2008.

[2] 于良芝.图书馆学导论[M].北京:科学出版社,2003.

[3] 范并思.20 世纪西方与中国的图书馆学[M].北京:北京图书馆出版社,2004.

[4] 张树华,张久珍.20 世纪以来中国的图书馆事业[M].北京:北京大学出版社,2008.

[5] 刘兹恒.20 世纪初我国图书馆学家在图书馆学本土化中的贡献[J].图书与情报,2009(3).

[6] 王友富.MOOC 背景下图书馆学课程建设的变化与因应[J].图书情报知识,2015(2).

第四章 图书馆学体系结构

图书馆学体系结构和图书馆学研究内容是图书馆学基础理论研究中最基本的问题。结构是指客观事物整体中各个部分的组成状况及其相互关系。研究图书馆学的体系结构就是研究图书馆学知识体系的构成。将图书馆学作为一个整体系统,研究它的内部结构,揭示各个组成部分之间的相互关系,明确各分支学科在图书馆学知识体系中的地位和作用,对于认识图书馆学具体研究内容有重要意义。

第一节 概 述

一、图书馆学体系结构的概念

一门成熟学科的体系结构是建立在一定理论研究和实践基础上的。图书馆学体系结构是图书馆学基础理论研究中最基本的问题之一。确立构建一个科学合理的图书馆学体系结构是图书馆学研究中的重要任务。

黄宗忠认为,图书馆学体系就是图书馆学内容分类、排列、组合而形成的一个相互联系、相互制约的整体。也就是由相互联系、相互制约的图书馆学各个门类、分支学科、低层次学科、知识单元、知识元素构成的整体,是理论(原理)与应用(技术)的有机结合。①

梅雪认为,作为一门科学的图书馆学,它的体系结构,与科学的体系结构一样,存在着知识结构、学科结构、门类结构。②

刘荣祈、李锡初认为,图书馆学体系结构反映图书馆学的研究对象、内容范围、发展趋势,同时揭示图书馆学的各个分支学科之间的相互关系及其在学科整

① 黄宗忠.图书馆学体系的沿革与重构[J].图书与情报,2003(3):2-9.

② 梅雪.图书馆学体系结构再探[J].图书馆,1992(2):20-23.

体化道路上的地位和作用。①

杨晓农认为,图书馆学的学科体系是指由组成图书馆学的知识元素按照一定的逻辑关系构成的相互联系、相互制约的有机整体。一般来说,图书馆学的学科体系是以图书馆学的研究对象为基础,是对研究对象的进一步细化。②

简单来说,图书馆学的体系结构就是由相互联系、相互制约的图书馆学理论、图书馆技术方法、图书馆史等知识元素构成的整体。图书馆学体系包括经验要素、理论要素和结构要素。经验要素是指图书馆工作者在长期图书馆实践中总结出来的图书馆知识和技术。这种知识和技术以感性知识为基础,属于经验的范畴,停留在对图书馆现象的描述阶段,未能揭示图书馆的本质和规律,但它是理论图书馆学的基础。理论要素是指从图书馆实践中概括出来的关于图书馆知识的系统的结论。它是经验的理论概括,是系统化的理性认识。它反映了图书馆的本质、特点、结构、功能和发展规律。结构要素是指揭示图书馆学体系内部各个组成部分、要素之间相互联系和制约的范畴。它反映客观事物整体状态超越个性而具有普遍意义的认识成分。图书馆学体系的构成三要素相互交融,促进了图书馆学体系的发展。其中,结构要素是经验要素和理论要素相互结合的中介,是随经验要素和理论要素同步增长的能动调节系统。

二、构建图书馆学体系结构的意义

19 世纪初期,图书馆学开始成为一门独立的学科,发展到今天已经形成了众多的研究方向和领域。对这些研究方向和领域进行符合逻辑的归纳和梳理,在此基础上构建科学合理的图书馆学体系结构,对于图书馆学的发展具有如下重大意义。

全面概括和反映图书馆学的主要研究内容。图书馆学体系结构是图书馆学基础理论中的一个重要组成部分。图书馆学体系是由相互联系、相互制约的图书馆学理论、图书馆技术方法、图书馆历史等知识元素构成的整体。为了深化对图书馆学研究内容的认识,为了全面把握图书馆学的本质属性,研究构建一个完整的图书馆学体系结构是十分必要的。

有利于把握图书馆学的发展规律。图书馆学体系结构与图书馆学的发展规律之间有密不可分的联系。只有了解了图书馆学的体系结构,熟悉了图书馆学的研究范畴,并明确各分支学科在图书馆学体系结构中的地位和作用,才能从总体上把握图书馆学的发展规律,才能促进图书馆学的发展和演化。由于图书馆

① 刘荣祈,李锡初.图书馆学体系结构新识[J].黑龙江图书馆,1987(3):10-14.

② 杨晓农.图书馆学学科体系构建思想的演变与发展[J].图书馆,2009(4):17-19.

学体系不断扩大,构建一个科学、合理的图书馆学体系结构是探索图书馆学发展规律的基础。

有力地推动图书馆学的整体发展。图书馆学作为一门独立的学科,不仅是一个整体,而且是一个有层次结构的学科体系。随着时代的进步,图书馆学的知识在不断积累,其体系结构也在不断充实和完善,只有弄清它的体系结构,才能从整体上促进这门学科的发展。

加速图书馆学教育的发展,培养适应时代需要的专业人才。图书馆专业人才的培养、图书馆学教育的发展、图书馆学教育课程体系的建立,是以图书馆学体系为依据的。图书馆学体系必须根据图书馆实际的发展与需要,不断调整自身的体系内容,使图书馆学体系既能反映时代的变化与发展,又能适应人才培养的需要,使图书馆学教学既有传统的内容,又有新理论与新技术。

三、图书馆学体系结构的形成

图书馆学体系的形成始于 19 世纪初期,至今有 200 多年的历史,它与许多新兴学科体系相比历史比较悠久,属于传统学科体系,也是一个比较成熟的学科体系,反映了图书馆与图书馆学研究的发展与变化。特别是在信息化、数字化、网络化时代,图书馆学体系更加充满活力,内容更加新鲜,也在进一步扩展与完善。

(一) 西方图书馆学体系结构的形成

19 世纪是图书馆学体系的形成时期,这个时期的图书馆学体系处于雏形阶段。其内容主要是图书馆学的技术方法,也就是图书馆学的应用部分,理论的成分很少,其理论大多也包含于技术或应用之中。图书馆学体系最早出现于欧洲,特别是德国的图书馆学者贡献最大,成果最多。德国是 19 世纪图书馆学体系的研究中心。

1807 年,施莱廷格首次提出了“图书馆学”这一名词。1808 年他又在《试用图书馆学教科书大全》一书中,第一次自觉设想建立图书馆学体系。他把图书馆学的研究对象确定为“图书馆整理”,其主体内容是图书馆的配备和目录的编制。他是以图书馆技术为中心开始建立图书馆学体系,从表层反映图书馆学的基本内容。1834 年,他在新著《图书馆学总览》一书中,又重申了 20 多年前自己创立的图书馆学理论体系。

1821 年,艾伯特在一篇匿名文章中批评了施莱廷格的以“图书馆整理”为研究对象的图书馆学体系范畴过于狭窄,图书馆学体系还应包括图书馆管理学,即图书馆学是图书整理研究与图书馆管理研究之和。早在 1820 年,艾伯特就在《图书馆员教育》一书中提出了自己的图书馆学体系。他认为,图书馆藏书涉及一切学科领域,处理这些藏书的图书馆员,也必须具有渊博的知识,深入掌握书志学、文学史、古文书、写本、外语等方面的知识,这些就构成艾伯特图书馆学体系的各个分支。他的体系即“图书馆员执行图书馆工作任务所需要的一切知识和技巧的总和”。

艾伯特的图书馆学体系得到了丹麦人莫尔贝希的支持,他在1829年出版《论公共图书馆》一书中,将艾伯特的图书馆学体系结构系统化,这就是后来西方图书馆学史家所称的艾伯特-莫尔贝希图书馆学体系。这个体系后为佐勒(E. Zoller,1822—1902)所继承,他在1846年所著《图书馆学概要》一书中,使这个体系趋于完善。

英国爱德华兹在1859年出版的《图书馆纪要》一书中,提出了一个以图书馆史、图书馆藏书、图书馆建筑、分类与目录、公共服务、图书馆内部结构等为分支学科的图书馆学体系。爱德华兹的图书馆学体系较之先前的图书馆学体系有了一些新的发展,除图书整理与图书馆管理等内容之外,公共服务、图书馆建筑也列为分支学科。把公共服务列为分支学科是图书馆学体系的重要发展,图书馆学从此由只研究物,发展到研究人,物与人有机结合,由纯粹研究图书整理发展到研究为人服务。

经19世纪近80年的研究与发展,应该说以图书馆为研究对象的图书馆学体系初步形成,这就为图书馆专业人才的培养和图书馆学教育的发展打下了初步基础。1886年卡尔·嘉茨科(K. F. Dziatzko,1842—1903)在德国哥廷根大学开设了图书馆学讲座,以书志学、文献学、图书馆管理法等课程为教学内容。1887年,美国麦维尔·杜威创办哥伦比亚大学图书馆管理学校,开设编目、分类、目录学、图书馆经营等课程,外加专题演讲。这个教学体系仍是以图书馆技术方法为主要内容,图书馆学理论没有成为教学体系的应有组成部分。这主要是由于从19世纪初至80年代,图书馆学体系基本上是以图书馆技术方法为主,图书馆学理论没有得到应有的重视。杜威就曾在1876年出版的《杜威十进制图书分类法》第一版序言中说:不追求什么理论上的完整体系,而只是从实用的观点出发,来设法解决一个实际问题。他还说:在图书馆学研究领域内,无论任何问题,哲学上理论的正确性都让位给实际的应用。

图书馆学体系的形成推动了图书馆学教育的出现,而图书馆学教育的出现又促进了图书馆学体系的发展。在此背景下,德国格雷塞尔(Arnim Graesel,1849—1917)对图书馆学体系结构进行了新的探索。在1890年出版的《图书馆学纲要》一书中,格雷赛尔在艾伯特-莫尔贝希的图书馆学体系的基础上增加了图书馆史、图书分类学等内容,从而形成了格雷塞尔的图书馆学新体系。其内容结构包括四个方面:图书整理学、图书馆管理学、图书分类学、图书馆史。

经过19世纪的探索,图书馆学体系基本形成,进入20世纪,图书馆学体系不断发展、完善、成熟。最显著的进步就是由单一的以技术方法为中心的图书馆学体系,进入到理论与技术、或原理与应用、或抽象与具体相结合的阶段。

20世纪的图书馆学体系建立在一个更加科学化、合理化的基础之上,但其发展也是渐进式的。20世纪初期的二三十年里,总体虽有所前进,但欧美国家仍没有跳出以技术方法为中心的图书馆学体系。如美国图书馆学家、纽约州立图书馆学校校长普拉莫提出图书馆学的课程体系包括管理、技术、目录学及批判(即书刊选择与评价)四个方面,并围绕这四个方面各开出了五六门课程。

(二)中国图书馆学体系结构的形成

20世纪20年代至90年代的几十年是图书馆学体系大发展时期,在这期间,中国的图书馆学者最为活跃,思想最开放,成果最多,贡献最大。首先提出理论与技术或原理与应用相结合的图书馆学体系的是中国人,他们突破了19世纪欧美以技术方法为中心的图书馆学体系框架,使图书馆学体系更科学化。

我国学者杨昭悊在1923年出版的《图书馆学》一书中说,外国图书馆学著作分类的多,通论的少,只适用于馆员参考,不足供一般人研究;外国图书馆学著作应用的多,原理的少,可只供应用。为此,他极力主张自编图书馆学著作,认为"为推广我国图书馆的学问起见,要使无论何人,一看就知道图书馆的原理和应用。"他在《图书馆学》一书中首次明确提出了图书馆学原理与应用相结合的图书馆学体系(见图4-1)。

我国著名学者刘国钧1934年出版了《图书馆学要旨》一书。他在"例言"中写道:写作本书的"目的在于说明图书馆学的原理,偏重理论阐发"。在书中他提出图书、人员、设备、方法是构成图书馆的四要素,分别研究这四种要素便成为各种专门学问。他以构成图书馆的四个要素为依据,提出了图书馆学体系(见图4-2)。

1935年6月,《文华图书馆学专科学校季刊》第7卷第2期发表李景新的《图书馆学能成一独立的科学吗?》一文,文章讨论了图书馆学的范围,认为图书馆学的学科体系主要由两部分构成,即"历史的图书馆学"和"系统的图书馆学"(见图4-3)。李景新的图书馆学体系与20世纪20年代以来的图书馆学体系比较,有了很大发展和进步,成为20世纪80年代图书馆学体系的基础。

20世纪20年代至30年代是图书馆学体系研究的高峰期,到70年代,随着情报科学的发展,缩微技术、视听技术、信息技术、网络技术引入图书馆,图书馆学体系的研究又进入一个新的发展阶段。

- 图书馆学
  - 纯正的
    - 具体的
      - 事实的
        - 历史的
          - 图书馆史
          - 印刷史
          - 图籍史
          - 造纸史
          - 其他
        - 统计的
          - 图书馆统计
          - 图书统计
          - 其他
      - 法规的
        - 图书馆法规、协会章程、馆员优待条例、其他
    - 抽象的——图书馆教育及其他
  - 应用的
    - 特殊的（广义管理法）
      - 编目法　簿记法　分类法
      - 广告法　装订法　建筑法
      - 评价法　查点法　登录法
      - 参考书使用法　索引法　书架整理法
      - 统计法　打字机使用法　打字法
      - 图书馆报告法　印刷法　阅读指导法
      - 选择法　其他
    - 一般的
      - 管理法(各种图书馆管理法)
      - 组织法(各种图书馆组织法)
      - 图书馆视察法
      - 图书馆经济学
      - 其他

图 4-1　杨昭悊的图书馆学体系

- 图书馆学
  - 图书的研究
    - 图书的实质
      - 形式——图书史
      - 制作——印刷术、装订术
      - 原料——纸、墨、颜料等
    - 图书的内容
      - 版本源流——版本学
      - 文字异同——校勘学
      - 辨真考伪——目录学
    - 图书的收藏
      - 藏书制度史
      - 专书流传史
  - 人员的研究
    - 图书馆人员养成法
      - 图书馆教育
      - 图书馆学
      - 图书馆课程编制
    - 图书馆人员资格
      - 人员选择标准
      - 人员等级区分
  - 设备的研究
    - 器具
    - 房屋
  - 管理方法的研究
    - 行政——组织、经典、方针、政策
    - 采访——选购、登录
    - 整理——分类、编目、典藏
    - 使用——参考、借阅、推广

图 4-2　刘国钧的图书馆学体系

- 图书馆学
  - 历史的图书馆学
    - 图书学史
      - 书写史 分类学史
      - 印刷史 编目学史
      - 装潢史 校雠学史
      - 收藏史 书影学史
      - 目录学史
    - 图书馆史
    - 图书馆学史
  - 系统的图书馆学
    - 理论的图书馆学
      - 图书馆学的原理
      - 图书馆学研究的方法
      - 图书馆学的目的价值
      - 图书馆学与其他学科的关系
    - 实际的图书馆学
      - 行政论
        - 组织、建筑、法规
        - 设备、管理、馆员训练
      - 经营论
        - 选购法 交换法 笔记法
        - 登记法 互借法 打字法
        - 分类法 广告法 标目法
        - 编目法 出纳法 修理法
        - 收藏法 索引法 装订法
        - 陈列法 编纂法 校雠法
        - 统计法 翻译法
        - 参考法 书写法
      - 形式论
        - 儿童图书馆
        - 学校图书馆
        - 专门图书馆
        - 特别图书馆
        - 机关图书馆
        - 团体图书馆
        - 公立图书馆
        - 私人图书馆
        - 个人图书馆
        - 流通图书馆
        - 巡回文库
        - 纪念图书馆
        - 其他

图 4-3 李景新的图书馆学体系

20 世纪中国图书馆学关于体系结构的研究出现了两次高潮:第一次是 20 年代至 30 年代,第二次是 80 年代至 90 年代。在这个过程中,中国图书馆学体系逐渐形成以下三种形式:

第一种形式是二分法,即把图书馆学分为理论图书馆学和应用图书馆学两部分。如倪波、荀昌荣主编的《理论图书馆学教程》就分为理论图书馆学、应用图书馆学。理论图书馆学又分为图书馆学原理、图书馆学史、图书馆事业研究、图书馆学方法论,图书馆未来学、比较图书馆学、专门图书馆学(各类型图书馆研究)。应用图书馆学又分为图书馆藏书、图书分类、图书编目、图书馆读者、图书馆管理、图书馆现代化(以上称为狭义),图书馆数学、图书馆经济学、图书馆教育学、读者心理学、图书馆统计学、图书馆建筑学、图书保护学(以上称为广义)。郭星寿著的《现代图书馆学教程》也把图书馆学分为理论图书馆学、应用图书馆学两部分。理论图书馆学分为图书馆原理、图书馆职业学、比较图书馆学、历史图书馆学、图书馆未来学、图书馆学文献学。应用图书馆学分为部门图书馆学(业务技术、管理等)、专门图书馆学(各类型图书馆)。二者比较,仍有所不同:《理论图书馆学教程》把"专门图书馆学"列入"理论图书馆学",《现代图书馆学教程》则列入"应用图书馆学"。

第二种形式是三分法,即把图书馆学分为理论图书馆学、专门图书馆学、应用图书馆学,或分为理论图书馆学、技术图书馆学、应用图书馆学。1983 年周文骏发表《概论图书馆学》一文,把图书馆学分为理论图书馆学、专门图书馆学、应用图书馆学。理论图书馆学包括图书馆学对象、任务、方法,图书馆性质、作用、发展,图书馆工作规律、原则、技术。专门图书馆学包括公共图书馆学、大学图书馆学、科学技术图书馆学、儿童图书馆学、特种图书馆学、其他。应用图书馆学包括图书馆政策、图书馆经济、图书馆事业组织、图书馆工作方法、图书馆技术、图书馆设备与建筑、图书馆计划、其他。

北京大学图书馆学情报学系、武汉大学图书情报学院合编的《图书馆学基础》一书,也把图书馆学分为理论图书馆学、应用图书馆学、专门图书馆学。这个体系从整体看是沿用周文骏的体系,但各个门类下的内容有所变化,符合 90 年代的实际情况。黄宗忠编著的《图书馆学导论》一书,则把图书馆学分为理论图书馆学、技术图书馆学、应用图书馆学三部分。

第三种形式是四分法,即把图书馆学分为普通图书馆学、专门图书馆学、应用图书馆学、比较图书馆学,或理论图书馆学、专门图书馆学、应用图书馆学、比较图书馆学。四分法与三分法相比,是把"比较图书馆学"独立出来,与二分法不同之处在于把"专门图书馆学"与"比较图书馆学"从"理论图书馆学"与"应用图书馆学"中分离出来,成为四个并列的部分。迄今为止,图书馆学体系结构四分法为学界较认可的划分方法,也是本书所认可的体系结构构建方法。

四、图书馆学的研究内容

中华人民共和国成立后,图书馆学虽然有较大的发展,但历次政治运动特别是“文化大革命”的影响，以及缺少与发达国家的学术交流，在20世纪50—70年代的20年间，中国的图书馆学在学术规范上受政治影响较大，科学的实证精神受到批判和怀疑，政治批判取代了科学讨论。在此期间，广大图书馆学研究者和从业人员忍辱负重，使我国的图书馆事业和图书馆学研究取得了不少成果。但从整体上看，学科进展的速度大大落后于西方发达国家，没有为世界图书馆学发展作出贡献。80年代确立了改革开放的政策，中国的图书馆学也开始走上健康发展的道路，确立新的科学的学术规范，不断汲取其他学科领域的理论与技术成果，与图书馆发达国家和地区的交流十分频繁，引入了大量新理论和新技术，图书馆学日益成为一门开放性的学科，中国图书馆学开始与世界图书馆学的发展接轨。但由于我们国家政治、经济、文化、科学发展还远远落后于发达国家，科学研究规范与先进国家相比还有一定的差距，加之语言的限制，中国的图书馆学要想对世界图书馆学研究作出应有的贡献，还有很长的路要走。

目前，我国图书馆学研究的具体任务主要包括以下几个方面：

（一）加强图书馆学基础理论的研究

目前，我国图书馆学整体发展速度较快，但学科研究各方面的发展不平衡。图书馆学主要由基础理论和应用技术两大部分组成。但是，从发表论文的数量来看，图书馆工作方法与应用技术方面的论文占绝大部分，而基础理论方面的论文数量较少，特别是近几年来，图书馆基础理论方面论文的数量有所减少。

基础理论是学科发展的基本动力，基础理论研究的深度如何，标志着学科的发展水平，决定着学科在整个科学体系中的地位，同时也影响着学科内部其他理论的发展，因此必须加强基础理论的研究。在当前，出现了一种技术至上，鄙薄理论研究的倾向，这是需要引起高度警惕的趋势。没有基础理论的指导，技术方面的发展也会受到一定程度的制约。

基础理论研究的主要课题包括：图书馆哲学、图书馆学研究对象、图书馆学体系结构、图书馆学的学科性质、图书馆学研究方法、图书馆学发展趋势研究、图书馆学的相关学科、图书馆性质与职能、图书馆学基础理论研究与进展、图书馆学思想史等。近年来，图书馆本土化、图书馆精神等成为基础理论的新课题。基础理论还应研究图书馆与社会政治、法律、经济、教育、科学、文化的关系，课题包括：市场经济中图书馆的历史定位、图书馆与信息资源共享、图书馆与知识管理、图书馆与知识服务、图书馆与法律、图书馆知识共享与公民权利、图书馆特色化发展等。

（二）大力开展图书馆应用理论与方法的研究

图书馆工作是面向用户服务的，要做好服务工作，必须认真研究图书馆工作各个环节的理论与方法,这属于应用理论与应用方法研究。在研究时,应注意从图书馆的工作实际出发,认真探究带有普遍指导意义的理论与方法,以期研究成果能对图书馆各项工作有所指导,并且有实用的操作方法。

主要研究课题包括:文献信息资源建设与协调、编目工作与书目信息服务、信息整序工作(包括分类标引和主题标引)、各类用户的信息需求与使用特点、文献信息开发利用、文献信息的检索与利用、图书馆建筑与设备、计算机在图书馆工作中的应用等。

(三)重视开展图书馆现代化的研究

以计算机技术、网络技术、微电子技术为核心的现代化技术从根本上改变了图书馆的工作模式、工作方法甚至体制形态。这不仅体现在图书馆工作的各个环节中广泛地采用了新技术,而且体现在新的图书馆形态可能会取代传统图书馆在信息交流中的地位。

这方面的研究课题很多,新的课题也在不断涌现,主要包括:

1. 电子信息资源的收集与利用;
2. 图书馆文献的数字化工作及数字资源的长期保存问题;
3. 网上信息资源的虚拟链接和利用;
4. 编目工作自动化;
5. 利用计算机进行各类信息(包括多媒体信息、流媒体信息等)的存储和检索;
6. 图书馆计算机管理集成系统;
7. 数字图书馆、复合图书馆等新形态图书馆的研究;
8. Web2.0 技术引入图书馆引起的图书馆及出版物的变革;
9. 移动信息处理技术进展形成的随身图书馆技术研究。

(四)开展图书馆技术工作标准化、规范化的研究

图书馆技术工作标准化、规范化,是实现图书馆工作现代化的必要前提,也是实现图书馆科学管理,提高图书馆服务质量的重要内容。没有各种与图书馆相关的标准,图书馆的信息工作,特别是利用网络传递利用信息就会遇到极大的障碍,甚至难以开展。

主要研究课题有:

1. 图书馆信息加工过程的标准化;
2. 文献数字化工作标准化;
3. 检索语言的标准化;
4. 机读目录格式的标准化及元数据标准体系的构建;
5. 名词术语的标准化;

6. 图书馆分类法的标准化；
7. 文献著录的标准化；
8. 数据库等数字化信息存储格式的标准化；
9. 网络通信协议的标准化。

（五）开展图书馆学教育的研究

各级图书馆学教育，是为图书馆培养专业人才的重要手段。图书馆学学生专业素质的高低，直接影响图书馆工作的质量，特别是在现代技术广泛应用的今天，培养图书馆学专业人才，特别是高层次人才，显得尤为重要。目前，我国已形成了包括本、专科，硕士研究生与博士研究生教育，以及成人教育在内的，层次相对比较齐全的图书馆学教育体系，在教育改革与课程设置方面都力求能够适应信息社会与图书馆工作现代化对人才素质的要求。

主要研究课题包括：

1. 新技术革命对图书馆学教育的影响；
2. 图书馆学教育体系研究；
3. 图书馆人才素质要求与课程设置；
4. 图书馆学人才教育与培养模式研究；
5. 图书馆学教育手段的研究；
6. 文献检索课程教学研究；
7. 图书馆学教育史研究。

（六）开展图书馆事业史和图书馆学发展史的研究

主要包括对中国及世界图书馆事业史、图书馆发展史的研究，特别是要认真梳理 20 世纪中国图书馆事业史和图书馆学发展史，全面总结中国图书馆事业与图书馆学发展的基本经验和教训，为我国图书馆事业的进一步发展提供理论依据和决策参考。

主要课题包括：

1. 研究世界和中国图书馆事业发展的基本经验和教训；
2. 研究世界与中国图书馆学史上的各种理论、学说、流派、史实、人物等；
3. 做好我国古代到近代图书馆事业史与学科史史料的搜集、整理和保存；
4. 系统总结 20 世纪中国图书馆事业史与学术史的经验和教训，得出对未来事业与学术发展具有指导意义的结论与原则，推进 21 世纪我国图书馆事业与图书馆学发展的研究。

第二节　图书馆学的分支学科

图书馆学体系是由相互联系、相互制约的图书馆学理论、图书馆技术方法、图书馆历史等知识元素构成的整体。随着人们对图书馆学研究对象和图书馆学研究内容的逐步深化，图书馆学已成为一门综合性很强的学科，要研究图书馆学，其体系结构是不可能回避的基本问题，一个明晰的体系结构是一门学科成熟的标志。只有了解图书馆学的体系结构，熟悉图书馆学的研究范畴，并明确各分支学科在图书馆学结构中的地位和作用，才能从总体上把握图书馆学的发展规律，促进图书馆学的发展和演化。虽然，由于研究问题的角度和方法的不同造成了人们对于图书馆学的体系结构认识上的差别，但是人们在这个问题上能够初步形成共识，即纵观人们对图书馆学体系结构的分析，大致形成了以下几个分支学科，即普通图书馆学、专门图书馆学、应用图书馆学、比较图书馆学。本节将对图书馆学各分支学科的概念、形成过程、研究内容等进行阐述。

一、普通图书馆学

普通图书馆学，是研究图书馆学基本问题和图书馆事业建设的基础理论以及图书馆工作原理、特点及其内在发展机制的图书馆学分支学科。普通图书馆学的内容基本包括：图书馆哲学、图书馆性质研究、图书馆结构研究、图书馆社会职能研究、图书馆事业建设原理、图书馆事业组织和管理机制、图书馆协作的理论与实践、图书馆工作流程及其特点、图书馆工作机制、图书馆在人类信息交流和科技文化发展中的地位和作用，以及图书馆学教育与培训、图书馆学研究规划、图书馆的未来与现代化问题等等。此外，普通图书馆学还包括图书馆事业史和图书馆学发展史的研究。可见普通图书馆学全面涉及了图书馆的基础理论和图书馆事业及其相关因素的发展规律的研究内容，这为从事普通图书馆学研究的人们明确了研究重点和发展方向。

普通图书馆学的核心是图书馆哲学。图书馆哲学为图书馆学理论与图书馆工作实践提供哲学指导，其核心是为图书馆学理论确定正确的逻辑起点、逻辑中介和逻辑终点，也就是为图书馆学建立正确的范畴体系提供哲学指导，即对图书馆学现象进行本质性认识的理论参照。

图书馆哲学来源于实践并从实践中高度抽象出来，它的任务就是指导实践并为图书馆学理论提供哲学依据。有学者指出，图书馆哲学就是图书馆人——图书馆工作者和研究者在茶余饭后，静静深思图书馆现象时获得的一种思维深处的感悟与理解。也有的学者指出，客观知识是图书馆学的逻辑起点，知识组织是图书馆学的逻辑中介,人是图书馆学的逻辑终点。

除图书馆哲学问题外,普通图书馆学所研究的内容在本书其他章节中均有呈现,故本章不再赘述。

二、应用图书馆学

应用图书馆学,是为图书馆工作实践和图书馆事业发展实践,以及为图书馆事业相关因素的应用实践提供理论支持和指导的图书馆学分支学科。主要包含微观和宏观两个层面:微观层面指的是以图书馆具体工作为研究对象,研究图书馆工作的环节、程序、方法和技术的图书馆学,也称作狭义图书馆学。如藏书组织学、图书分类学、图书编目学、图书馆读者学等。宏观层面指的是图书馆学的原理同有关学科结合起来,研究有关学科本身所涉及的实践与应用方面的问题的新学科,它们大多数是交叉性边缘学科,如图书馆经济学、图书馆数学、图书馆管理学、图书馆建筑学、图书馆现代化、图书馆教育学等。随着图书馆具体工作的发展和变化,以及图书馆事业的不断壮大,与图书馆学交叉和互相应用的学科也越来越多样化,从而使应用图书馆学的分支结构日益丰富并不断完善。

应用图书馆学包括的内容大致如下:

(一) 图书馆文献资源建设研究

图书馆文献资源建设,也称为馆藏建设、图书馆信息资源建设,传统的文献资源建设主要研究现代出版物的特征和类型,馆藏体系的结构与特点,补充的原则和方法,文献登记制度和方法,文献的划分、组织、排列、典藏、保护、清点等。传统的文献资源建设工作主要涉及文献分类学、文献编目学和文献计量学。文献分类学研究文献分类的理论和方法,分类法与主题法的特征,各种分类法、主题法的编制和使用,各种标记制度及主题标引方法等。文献编目学研究文献著录的一般原则和方法,不同类型、文种出版物著录原则与方法的特点,目录的种类、体系和组织,计算机编目等。文献计量学,是以各类文献为基础,采用数学的方法,对文献规律、文献科学管理及科学技术动态特征进行研究的科学。

随着网络环境和计算机技术的发展,馆藏文献资源的形态、数量以及所蕴含的信息量都发生了巨大变化,从而影响了图书馆的资源建设理念。作为现代文献信息资源建设中心和文献信息利用中心的图书馆,要发挥其应有的作用,就应该首先从信息资源建设入手,满足用户的一切信息资源需求,充分发挥信息资源的价值。信息资源的数字化和网络化建设使文献信息资源突破了信息载体的约束,能够真正实现跨时空存取,做到一方建设、多方利用,使信息资源得以共享。数字时代和网络环境的充分技术支持,为文献信息资源共建共享创造了全新的发展环境，最大限度地满足了用户对信息的需求，充分发挥出信息资源的效用。

（二）图书馆用户服务工作研究

图书馆用户就是读者和以读者为核心的文献信息需求者。图书馆用户服务的工作研究主要研究图书馆服务工作的社会作用及其在图书馆工作中的地位，读者服务工作原则，服务系统的设置，服务形式的组织管理，服务效果评价，读者特征、需求和心理的研究，各种服务方式，诸如图书流通、图书宣传、阅读辅导、参考咨询、书目报导、文献检索、情报服务的原则和方法，以及在现代网络环境下图书馆如何开发满足更多需求的服务形式和内容，如信息导航等。

（三）图书馆管理研究

图书馆管理研究主要指对包括微观上具体的图书馆管理工作和宏观上图书馆事业管理的研究。图书馆管理是指通过一系列的计划、组织、协调、控制等过程，依据各种管理原则、原理和方法，综合运用科学管理、行为管理、定额管理、目标管理、战略管理、系统管理以及现代化管理手段，实现对图书馆人力、物力、财力和信息资源的优化配置和组合，以发挥最大的社会效益。具体内容包括：图书馆的人事管理、设备管理、财务管理、行为组织管理、信息资源管理。随着时代的发展，将来还要研究和探索图书馆的市场化运作模式和资金筹措中的风险投资与收益问题。

（四）图书馆现代化研究

主要研究在以电子计算机和通信技术为核心的信息技术影响下的图书馆现代化进程中的相关问题。如信息的存储技术、信息的传输技术、信息处理技术等在图书馆中的应用。包括图书馆资源建设中的数字化问题、图书馆信息资源的网络化利用和传输问题、文献信息资源的共建共享问题、图书馆自动化问题、图书馆建筑和设备的现代化问题以及在图书馆现代化进程中所涉及的一系列标准问题等。

三、专门图书馆学

美国专门图书馆协会（Special Libraries Association）对专门图书馆下的定义为：“专门图书馆乃是私人、公司、会社、政府机关或其他任何团体所设置维护之图书馆或资料中心。一般图书馆内之分科部门或科系图书馆都可称为专门图书馆。其宗旨乃是整理组织并传播利用各种资料，同时通过各种媒体和方法为特定的读者提供服务。”

国际标准组织颁订的 ISO 2789 号图书馆统计标准中所下的定义较为明确：专门图书馆“系由政府机构、工商企业或其他专业团体所设立、支援或管理之图书馆。本类型图书馆可由母机构支援或为独立之机构。其主要目标为提供专门性的图书服务。以机构内的人员、特定群众或一般民众为主要服务对象。”

专门图书馆之所以称为“专门”,除了表示其为附属于某一专门机构之外,其馆藏之特殊性亦具有“专门”之意。正因为专门图书馆通常为母机构下的小单位,其馆藏发展的重点乃是为了配合母机构业务的推展或研究,因此往往是以某特殊学科的资料为收藏范围,如某一农业单位的图书馆,其馆藏内容必以农业相关资料为主。另外,也有少部分因其馆藏形态之特殊而被称为专门图书馆的,如专门以视听资料为搜集对象的视听图书馆。

我们这里所说的专门图书馆学是研究图书馆的各类型及其特点的图书馆学分支学科。内容包括:研究公共图书馆(包括国家图书馆、省市州等地方图书馆、社区图书馆等)、高等学校图书馆、科学专业图书馆、少年儿童图书馆、版本图书馆、军队图书馆、学校图书馆、工会图书馆、特种类型图书馆、音像图书馆、缩微图书馆、电子图书馆、期刊图书馆、企业图书馆、农村图书馆等各类型图书馆的工作原理、特点、任务、特性、职能、组织形式、管理体系、发展趋势等,从而为各类型图书馆的发展提供理论指导和发展依据。

专门图书馆学研究的重要任务是建立完整、独立的学科体系,主要是专门图书馆学各分支学科的学科体系。从系统论角度看,专门图书馆学是图书馆学体系中的一个子系统,它必须同一般图书馆学有内在联系。专门图书馆学各分支学科体系的建立,应从总体设计到各单独科目综合考虑,既有宏观研究,又有微观研究。宏观研究是以某一独特类型图书馆的整个活动为研究对象,研究学科的总体构架,对其发展规律作总体分析。微观研究是以某一独特类型图书馆活动中某一方面、某一单项内容为研究对象。

目前,专门图书馆学的研究内容主要体现在专门图书馆的服务与管理方面。专门图书馆所提供的服务包括如下内容:(1) 一次文献服务。为所属机构及服务对象提供一次文献服务是专门图书馆的基本任务之一。中国大陆每年出版的图书、期刊、报纸中的很大一部分,均为各专门图书馆所收藏。(2) 二次文献服务。很多专门图书馆在做好文献收藏、加工和提供借阅服务的同时,定期或不定期地提供新书报导、专题目录和题录服务,使用户能及时得到有关的文献信息。(3) 情报服务。各专门图书馆,尤其是一些情报机构,在满足用户对一次文献的需求,并做好二次文献服务的同时,还把情报服务作为拓展其服务范围的一项主要内容,很多有条件的专门图书馆,还专设了情报部门,以便更有效地开展情报服务工作。(4) 馆际互借和资源共享。由于受固有条件所限,加之服务范围、对象的不断扩展以及用户对文献服务的要求不断提高,各专门图书馆仅仅依靠自身的文献已无法满足用户的需求。因此,专门图书馆之间开展了广泛的馆际互借工作,并且已和高校图书馆系统、公共图书馆系统等建立了联系。(5)为课题查新及成果论证提供信息服务。课题查新及成果论证服务,是近年来新兴的服务项目。许多专门图书馆,尤其是省一级情报机构,在国内国际联机检索的基础上,设专门机构从事该项意义重大的工作。(6)技术中介服务。通过组织新产品与新技术新闻发布会、新产品展销会和出版发行介绍科技成果的书、刊或报纸及举办技术推广培训班等活动,搭起科研单位与生产厂家和企业之间的桥梁,进而达到把科技成果尽快投入实用的目的。有些专门图书馆还和生产厂家共同进行成果的实用化转换或共同从事产品的开发工作。

我国许多专门图书馆把人才培养作为其事业管理的重要内容。经过若干年的孕育和积累,我国专门图书馆系统已形成了一整套的人才培养制度。如培养博士生的单位有中国科学院文献情报中心,培养硕士生的单位有中国科技信息研究所、国防科工委情报研究所、中国农业科学院文献情报中心等。各行业院校或专业院校开设了常规的图书馆学情报学专业,培养了一大批本科或大专毕业生。其他的人才培养途径还有代培、进修、研究生班等。通过这些途径,一大批专门人才脱颖而出,推动图书馆事业继续发展。在培养高层次专门人才的同时,许多专门图书馆还把职工的在职教育作为人才培养的重要手段。通过举办培训班、开设专题讲座等方法,提高了在职职工的素质,尤其是在普及新技术等方面,发挥了积极作用。

四、比较图书馆学

比较图书馆学是从20世纪50年代起逐步形成的一门图书馆学分支学科。比较图书馆学的研究对象是世界各国的图书馆事业。它从社会经济、文化、科技、社会政治体制、思想和历史的角度出发,对两个或两个以上国家的图书馆、图书馆体制、图书馆事业发展中的经验或问题进行比较研究,其目的在于了解并掌握它们之间的共同点和差异点,并对这些差异做出科学的解释,从而得出有利于图书馆事业发展的准则。比较图书馆学的研究内容是相当广泛的。它综合了各种社会科学研究方法、数理统计方法,以探索各国、各地区图书馆事业发展的内在机制及图书馆事业的协作为主要目标,其研究模式主要有:影响研究、平行研究、跨学科研究。

(一)比较图书馆学的起源与发展

比较研究的方法始于16世纪的比较解剖学,自此,比较研究方法开始在许多领域得以应用,如医学、语言学、生物学、文学、艺术、教育、法律、政治等。国外关于比较图书馆学的研究首见于1954年芝加哥大学的蔡斯·戴恩(Chase Dane)发表的两篇题为《比较图书馆学》和《比较图书馆学的益处》的文章,文中提到了"Comparative librarianship"一词,他认为,对许多国家的图书馆发展情况进行研究,以发现哪些发展是成功的,可供别国模仿。它是以国际范围对图书馆原理和方针所作的考察,以确定长远的趋势,鉴定其缺陷,揭示实践与原理间的矛盾和脱节。而最重要的是对全世界图书馆发展原因和效果的研究。

柯林斯(Dorothy G. Collings)认为:比较图书馆学是对不同环境中(通常是不同国度中)的图书馆发展、实践或问题的系统分析,这种分析是与存在于那些环境中的历史的、地理的、政治的、经济的、社会的、文化的及其他决定性因素相联系的。从本质上说,它是探讨图书馆发展的原因和作用,了解图书馆问题的一个重要途径。①

丹顿在《比较图书馆学概论》(1973)一书中指出,比较图书馆学可以定义为对两个或两个以上的国家、文化或社会环境的图书馆、图书馆体系、图书馆学的某些方面或图书馆问题,与政治、经济、文化、意识形态和历史相联系所作的分析。这种分析旨在了解根本的异同性,确定差异产生的原因,最终的目标是得到有效归纳的原理。同时,他还提出比较图书馆学必须具备的三个条件:具体对照,多国度、多社会或多文化的因素,对已知差异的解释。丹顿认为"比较图书馆学"一词并不十分恰当,"图书馆学中的比较方法"更为合适。

其后,相继有福斯克特(D. J. Foskett)、迈斯·M.杰克逊(Miles M. Jackson)、路易斯·肖尔斯(Louis Shores)、哈里森(K. C. Harrison)、哈威(John F. Harvey)等人对比较图书馆学做了阐述和解释,虽然解释内容有所差别,但有一点是共同的,那就是运用比较的研究方法从不同侧面研究图书馆的异同。

我国对于比较图书馆学的研究,最早始于1935年程伯群所著的《比较图书馆学》。后来有南开大学钟守真的《比较图书馆学引论》,对比较图书馆学的发展史、学科任务和比较方法等做了比较全面和系统的阐述。

我们可以这样定义比较图书馆学:它是运用比较的研究方法对不同国别、地区,不同历史文化背景下的图书馆问题进行研究,确定它们的共同点和差异点,分析原因,做出解释,并从中得出能够揭示客观规律的结论,从而为图书馆的发展提供有益的借鉴和启示的图书馆学新的分支学科。

(二)比较图书馆学新的研究类型

1. 区域研究。研究某一特定的国家或区域的图书馆事业发展,并与有关决定性背景因素联系起来,给予描述性的综述和批评性的分析,以获取这一区域的图书馆事业发展信息。

2. 实例研究。这种研究深入地分析一种图书馆类型,或图书馆事业发展中

① 佟富.比较图书馆学综述[J].图书馆学通讯,1989(2):40-45.

的一种关键因素，如图书馆自动化比较研究、图书馆数字化比较研究等，都属于实例研究。

3. 跨国研究。这种研究是对两个国家或更多国家中的与图书馆相关的某一项技术性问题，从多国度或文化视角所作的研究。

（三）比较图书馆学的发展趋势

1. 研究走向综合化、合作化

由于科技综合化的力度不断增强，比较图书馆学在新世纪的学术研究也逐渐走向综合化。比较图书馆学从单打独斗，发展到作为社会科学的一个分支与其他多种学科（如心理学、教育学、管理学等）日趋结合；在理论研究中，开始注重实践的操作，应用比较图书馆学的研究逐渐提上日程；同时，与各个领域的结合必然要求不同领域的研究人员通力合作、共同研究，从而逐步形成了互助协作的局面。

2. 注重教育，充分利用研究资源

比较图书馆学研究的零散状况与缺乏系统性的局面应该得到改善，达到研究机构统一协调、合理分配，项目集中研究的效果，简言之，应将研究从粗放型转变为集约型，统一规划。利用各个知名高校研究资源的优势，注重比较图书馆学的基础教育，发挥以优择优的效应，促进比较图书馆学的研究均衡发展。

3. 研究向纵深发展

一门学科要想走得深、走得远，其研究效果必须具有层次性、整体性。随着现代科学的纵深发展，比较图书馆学的研究也从浅层个体的研究逐渐向集体、纵深发展，对比较图书馆学一直以来纠缠的老问题进行转变，大胆创新，跳出窠臼，寻找新的研究切入点，使其研究形成一个良好的体系结构，从而架构出深度理论体系。

4. 引进新方法，理论与实践结合

对于比较图书馆学的研究内容及方法，源头上我国主要引用西方理论著作，研究方法上也一直沿用图书馆学的一般方法，注重的是定性分析。由于科技的不断发展及科学方法的不断创新，今后的比较图书馆学可以有选择地引进新方法，注重定量与定性相结合，可以通过文献计量等新途径进行调研分析。再者，由于研究的实际需要，理论与实践相脱节的现象也将逐渐改进，将理论与实践相结合，以理论指导实践，以实践验证并更新完善理论的指导思路将在研究中贯穿始终。

根据以上我们对图书馆学体系结构的分析，大致可以得出如下的分支体系图（如图 4-4 所示）。

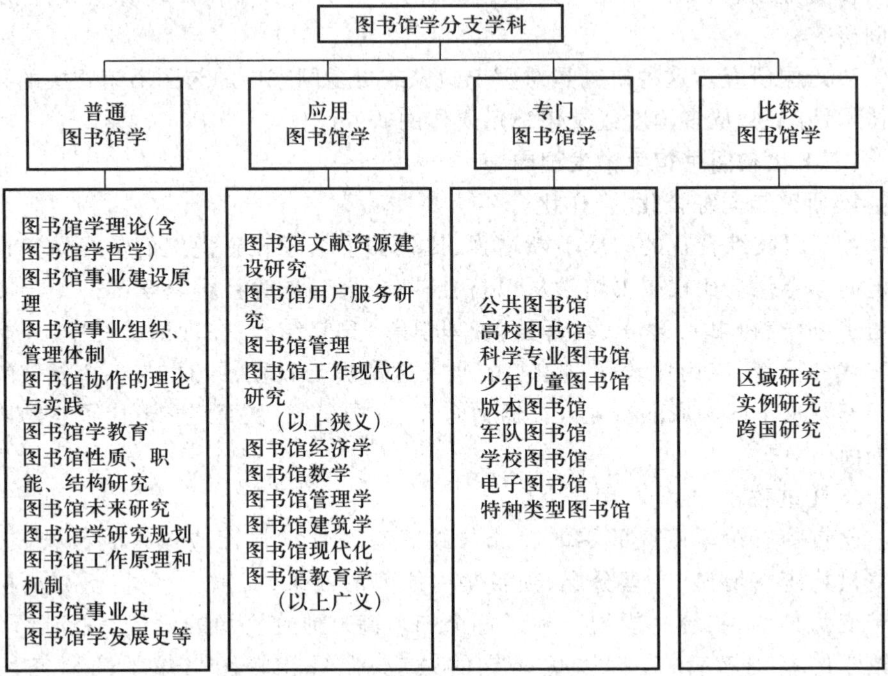

图 4-4 图书馆学分支学科

第三节 图书馆学体系结构的发展

随着人们认识水平的逐步提高,图书馆学的研究内容也在不断扩展。在构建其体系结构时体现出一定的发展变化是符合自然规律的,图书馆学体系结构随时代的发展而不断发生变化也是一种客观存在。

一、图书馆学的发展方向

在现代信息技术特别是在网络技术的强力推动下,信息经济不断深化,知识经济日益增长,人类社会经济全球化、信息化进程不断深入,我国社会转型日益加快,在这样的历史大背景下,图书馆学基础理论研究继续发展,不断深化。国内的图书馆学基础理论研究对未来图书馆的新环境、新格局、新功能十分关切,提出了一些有较大影响的观点,并开始考虑如何建设一个面向 21 世纪的图书馆学学科体系。

图书馆学的应用理论研究不断走向深入。由于图书馆学是一门综合性、应用性的交叉学科，在应用理论层面建立专门图书馆学具有十分重要的理论意义。信息服务研究、现代目录学研究的深入发展为文献信息服务领域研究的深化奠定了坚实的科学基础。文献信息资源建设与共享、文献信息资源社会保障的研究不断深化。因特网的发展，推动了我国信息资源建设不断深入和发展，图书馆学在这一领域的研究，从传统的藏书建设到文献资源建设再发展到信息资源建设，反映出研究领域不断拓展，研究内容不断深化的趋势。结合数字图书馆的建设，关于数字图书馆的理论研究不断深化，为数字图书馆的建设实践与技术开发奠定了科学基础，发挥了理论的指导作用。

在学界自我要求和外界环境的共同作用下，图书馆事业建设蓬勃发展，各项实践活动都取得了巨大进步，图书馆学国际交流也日益扩大，图书馆学逐渐体现出如下的发展趋势：

（一）图书馆学与其他学科之间的交叉渗透更为突出

图书馆学的发展涉及哲学、文化学、历史学、经济学、政治学等多个学科。从哲学范畴来看，哲学历来是人们认识自然、社会和思维现象本质的思想武器，图书馆现象是一种社会现象，对图书馆现象本质的把握自然也离不开哲学思维。一方面图书馆学要受到哲学的浸润，另一方面，哲学的研究又要取得图书馆工作实践的支撑。从历史学的范畴来看，图书馆学是历史形成的，研究图书馆学必须从历史的视角研究其发展，既可以丰富历史学的知识体系，而且可以更直接地开发历史文化资源。从信息学的范畴来看，信息革命从根本上推动了图书馆的发展进程，促进了图书馆管理工作的网络化、信息化、智能化和社会化，使图书馆工作更加便利和高效。

图书馆学自产生发展到逐步深化的过程中，图书馆学理论的探索和研究无不渗透着其他各学科的影响。图书馆学不仅是一门独立的科学，而且是在融合其他学科理论的基础上形成的学科。

图书馆的发展在一段时期内处于不被重视的状态，发展环境不开阔，发展速度较缓慢，虽然也与其他学科之间有着联系，但相对较弱。特别是在图书馆学与其他学科之间的互动上，其他学科对图书馆的影响较大，而图书馆学很少对其他学科产生较大的作用，对其他学科提供的研究方法也很少。20 世纪末，信息技术迅猛发展，图书馆学中滋生出许多新的生长点，比如信息资源建设、知识信息的组织开发、电子文献的开发利用及智能检索的有效利用等，在这个开放式的发展环境中，图书馆学内容逐渐完善，领域更加宽广。图书馆工作水平的提高，图书馆信息资源的综合管理、开发、利用及资源共享都需要融合其他学科的理论和研究方法，这一状况促使图书馆学加强与其他学科间的相互交叉渗透，它不仅应该吸收其他学科的理论和方法来促进自身的发展，也应不断地向其他学科领域提供研究方法。

肖希明、卢娅认为,从图书馆学情报学的历史渊源、网络环境下图书情报工作一体化的实践以及增强学生职业竞争力的角度来看,图书馆学情报学教育整合是必然的发展趋势。① 欧朝静、许洪军认为网络化和知识化环境下,图书馆学与情报学、档案学和文献学之间的联系更加紧密,基础理论、应用技术手段相互借鉴、互相影响,研究内容互相重叠,界限模糊不清,很难划分,逐渐形成密不可分的图书情报学科群。② 何南洋认为目前图书情报学对图书馆、信息资源和信息理论等的研究已形成一定规模,学科的未来发展倾向于数字技术化和功能服务细致化,因此,图书情报学的研究必将向学科融合的方向发展,形成更加细分而完整的大系统。③

(二)研究中心向知识领域转移

古代图书馆学知识体系是产生于文献整理、文献积累活动的,而文献的本质就是知识。因此,可以说图书馆学最初是以人类知识活动为基础而逐步形成的,其原始基因来源于"知识域"(对知识进行存储、排序、加工、整理、提炼、传递等活动范畴)。只不过早期社会的知识生产、知识使用的范围太小,仅局限于社会上层,因而,由皇室建立起来的藏书楼也仅仅为一小部分人使用,在图书整理基础上形成的图书馆学知识体系也不可能扩大并渗入民间。近代以来,知识积累与传承的效率越来越高,科学技术在社会实践中不断物化,知识已经成为社会发展的巨大推进器,并且开始向日常生活、向社会大众靠近。到了后现代社会,知识全面、直接地干预人类生活,与社会个体的生存相关联。受知识规划的作用,人必须与知识权力交往,并被知识本身所统治,不能生产知识就意味着权力与价值的丢失。随着知识价值、知识作用的不断扩大、提高,图书馆学的原有"知识域"也在不断地变化。图书馆学的研究中心一度从图书整理时代的"图书"转向了图书馆经营管理时代的"图书馆",又从经营管理时代的"图书馆"转向了信息技术时代的"信息",在未来知识社会中,它必将会向"知识"进行转移。

有的研究者认为,在知识经济时代,生产力的发展不再主要依赖于资本、自然资源和劳动力等传统资源,而是更多地依赖于知识,依赖于信息和信息的传播与利用。创造和传播知识已经成为发展生产力的极其重要的因素。随着知识管理概念的深化和信息技术的发展,选择有效的知识管理策略,优化数字图书馆资源的配置,已经成为图书馆持续发展的关键。

---

① 肖希明,卢娅.论图书馆学情报学教育的整合[J].图书情报工作,2009(5):7-10.

② 欧朝静,许洪军.我国图书馆学情报学与文献学发展热点分析——基于国家人文社会科学基金项目的统计分析[J].情报科学,2011(10):1555-1558.

③ 何南洋.图书情报学知识图谱的构建及解读[D].上海:上海交通大学,2011.

李广立认为未来的图书馆学情报学将融入知识管理,其理论核心是通过促进知识流来实现知识的增值,理论研究的关注点主要包括知识生命周期问题,知识管理流程的规范化、精细化、科学化、定制化、自动化和简洁化,知识管理流程与业务流程的协同,知识管理流程的信息技术支持和网络化运营,知识应用指导和知识价值实现等问题。图书馆学情报学作为一个跨学科的研究领域,仍将是一门处于发展变化中的学科,不管这门学科将来如何命名,它终将成为一门综合性的大学科,将越来越趋向于知识管理。①

刘良璧认为在今后的一段时间内,知识管理一定会成为图书情报文献学领域的研究热点,并将以知识管理应用研究、基于知识管理的图书情报文献学的变革和创新研究、知识管理系统、知识服务等为中心展开。② 柯平认为图书馆知识管理研究的继续深化是非常有必要的,而且也是未来研究亟须重点关注的。③

(三)数字图书馆成为研究重点

网络技术的飞速发展,为图书馆的发展引入了新的元素,在图书馆领域内出现了新的图书馆形式——数字图书馆。随着网络技术应用于图书馆领域,图书馆以计算机网络作为基础设施,以数字信息资源的整理、开发、利用作为主要工作内容,通过利用图书馆的现代化设备、先进的网络技术和丰富的数字化信息资源为读者用户提供高效便捷的信息服务。研究者认为,数字图书馆服务的主要类型和内容有:信息检索服务、互动式信息服务、网上定题服务、辅助性用户服务等。

李娜认为信息技术的发展和网络技术的不断升级都会对图书情报学的研究主题产生巨大影响,有关信息资源、信息检索、信息服务的研究一直是本领域的研究重点,而且其相关研究内容将随着信息技术和网络技术的进步不断进入新的探索空间。自20世纪末以来有关数字图书馆的研究一直是图书馆研究与实践的最热门的课题,数字图书馆仍将是图情领域未来的研究热点。④

刘良璧认为数字图书馆研究将继续成为图书情报文献学领域的研究热点,研究的重心将放在数字图书馆基础研究、数字图书馆技术研究、数字图书馆资源整合研究、数字图书馆模型与多媒体资源库建设等方面。⑤

---

① 李广立.《网络环境下图书情报学科与实践的发展趋势》简介[J].情报资料工作,2010(6):107.

② 刘良璧.从国家社会科学基金项目看图书情报文献学领域研究热点及发展趋势[J].图书馆,2011(4):96-97,105.

③ 柯平.图书馆学科发展趋势及未来重点领域[J].现代情报,2013(8):3-8.

④ 李娜.2004—2009年我国图书情报学研究热点及发展趋势分析[J].情报科学,2011(4):583-587,637.

⑤ 刘良璧.从国家社会科学基金项目看图书情报文献学领域研究热点及发展趋势[J].图书馆,2011(4):96-97,105.

（四）信息组织成为图书馆学的核心研究领域

施莱廷格在1808年出版的《试用图书馆学教科书大全》一书中写道："图书馆学是符合图书馆目的整理方面所必要的一切命题的总和"。这位"图书馆学之父"认为图书馆学的研究对象是"图书馆整理"，其主体内容是图书的配备和目录的编制。随后图书馆学的研究对象经过了杜威的"技术说"，帕尼兹和爱德华兹的"管理说"，巴特勒的"社会说"，我国学者杜定友、刘国钧的"要素说"，以及现在被广泛接受的"图书馆学的研究对象是图书馆事业及其相关因素"。此外还有"交流说""事业说""信息资源说""知识集合论""可获得性论""知识资源说"等图书馆学研究对象主要观点和流派。虽然讨论呈现出"百家争鸣""百花齐放"的态势，但总之都离不开对信息的组织。

随着时代的变迁，在图书馆学发展至今的200多年中，有太多研究内容，时间证明了那些没有生命力的研究内容终究会昙花一现，消失在图书馆学研究的视野中。而信息组织将成为图书馆学的核心研究领域，图书馆学将会伴随着人类社会的需要，沿着面向信息检索的信息组织道路不断前进。

二、图书馆学体系构建原则

图书馆学体系结构的传统构建方法大多采用逻辑划分的方法，但由于图书馆学体系结构自身的复杂性、划分标准的多维性，图书馆学体系结构的各个分支学科之间交叉重复严重，往往会违背逻辑划分的规则和要求，出现"划分根据不统一""子项相容"等逻辑错误。因此在图书馆学体系构建中，摆脱"划分"的束缚，采用较为灵活的构建方法，才能全面客观地呈现图书馆学体系的全貌。

一个学科的各分支学科间应该是并列关系，而概念的并列关系是相对于概念的从属关系而言的。它是指同一个属概念下两个以上的诸种概念之间的关系，并列关系又可以分为相容的并列关系和不相容的并列关系。相容的并列关系是一个属概念之下的几个种概念的外延相互交叉，这些并列的种概念之间的关系是相容的。并列概念间的外延，没有重合的部分，这种关系又叫不相容关系，处于这种关系的概念互为不相容概念。按照传统的体系结构构建原则，图书馆学各分支学科之间是不相容并列关系。但满足严格的划分标准是很难做到的，我们无法保障图书馆学各个分支体系的研究内容没有交叉。而如果不再遵循严格意义上的逻辑划分，那么各分支学科之间就可以呈现为相容的并列关系，研究内容即使出现交叉重复，也不会违背其构建原则。因此，我们可以适当改变原有的构建原则，使其能够为体系结构的发展预留空间。构建图书馆学体系应遵循以下原则：

首先,分支体系的形成应该围绕图书馆学的研究对象,并且反映图书馆学的研究内容。图书馆学体系包含的领域有很多,如图书馆经济、图书馆建筑、图书馆管理等。但是在构建图书馆学体系时一定要抓住图书馆学研究内容中最核心的东西,也就是图书馆学的研究对象。“图书馆学”从诞生至今的200多年中,其研究对象一直是图书馆学界所关心的核心问题。图书馆学的研究对象就是图书馆事业及其相关因素,倘若研究者不以围绕研究对象这一标准对分支体系进行构建,那么其所构成的体系结构就不是图书馆学的体系结构。

更值得注意的是,构建分支体系时要明确研究对象与研究内容的区别。在日常研究中,研究者往往把研究对象与研究内容混为一谈。研究对象是科学得以成立的学术内核,它是抽象的而非具体的;而研究内容往往是由研究对象派生出来的。在构建图书馆学体系结构的过程中,各分支体系的研究对象不能有交叉,而研究内容是可以交叉的。只有将图书馆学的研究对象和研究内容区分开来,明确反映出图书馆学的研究内容,构建出的体系结构才能更加科学合理。

其次,分支体系名称的确立应围绕一个成熟的核心概念。分支体系名称的提出必须得到学界的公认,并且能够反映一个成熟稳定的概念。很多研究者都致力于图书馆学体系结构的研究,据统计,迄今为止,我国对图书馆学体系结构的研究共提出了近40种观点。研究者的热情固然值得赞赏,但观点众多难免形成混乱的局面。分支体系名称的确立虽然可以超前,然而如果没有得到学界的认可,无法形成一个成熟的核心概念,那么所形成的分支学科也就不稳固。近年来,“制度图书馆学”逐渐成为图书馆学界理论研究的热点之一,并引起广泛讨论,从而促使这一研究领域得到不断发展。可见,分支体系名称的确立在体系结构形成过程中所占据的重要地位。

最后,分支体系的形成应该建立在一定研究规模的基础上。在图书馆学发展的初期,由于构建图书馆学体系结构的知识和经验都处于积累阶段,其体系结构直接反映了图书馆工作的具体内容。随着图书馆学理论基础的日渐完善、科学技术的不断发展,图书馆学的体系结构逐渐融入更多新的内容。面对图书馆学生存与发展的新环境,图书馆学体系结构的研究需要形成一定的研究规模,以推动这一学科的发展。以比较图书馆学为例,从20世纪50年代起,“比较图书馆学”一词的出现逐渐受到学界的关注。80年代以来,我国学者对比较图书馆学的研究热情空前高涨,对比较图书馆学的定义、研究对象、学科性质、研究模式、研究方法等展开热烈的讨论。虽然学界对比较图书馆学能否作为图书馆学的分支学科存在很大的争议,但这也促进了比较图书馆学在这一领域研究规模的扩大。

三、图书馆学的未来分支学科

随着图书馆学的研究内容不断扩展,其体系结构也体现出一定的发展变化。近年来,数字图书馆学、制度图书馆学以及循证图书馆学逐渐成为学界的研究热点。

(一) 数字图书馆学

数字图书馆(Digital Library)是伴随互联网出现的一个新的事物。20 世纪 90 年代以来,各国政府纷纷加大信息化、网络化建设,网络基础设施发展迅速,网络信息资源和服务的数量迅速增长。1995 年起,中国国家图书馆开始跟踪国际数字图书馆的研发进展。1998 年 8 月由文化部牵头,联合中国国家图书馆、中国电信总公司、中国科学院等多家单位,在众多专家学者共同参与下,成立了中国数字图书馆工程筹备小组并列入我国“863 计划”。同年 10 月,由国家图书馆注册的中国数字图书馆有限责任公司正式投入运营,标志着中国数字图书馆工程进入实质性操作阶段。此后,数字图书馆在我国逐渐升温,数字图书馆的研究和开发建设成为国内图书馆研究的热门领域。

纵观数字图书馆的研究历程,可以将对数字图书馆的认识、研究和开发分成三个阶段(或者称为三种类型):(1) 数字化图书馆,(2) 以网络信息资源发现与开发为主的数字图书馆,(3) 以知识网络为核心的数字图书馆。这种阶段划分体现了数字图书馆研究重点的变化:第一阶段,强调信息资源的数字化,以便利用网络进行传递,利用计算机进行组织、检索等处理;第二阶段,侧重于网络环境中由不同机构创建和维护的分布式信息资源之间的互操作研究,强调网络信息资源的发现与开发;第三阶段,将互联网作为数字图书馆的基础平台,在网络信息资源开发的基础上,强调知识发现与交流,构筑以数字图书馆为核心的知识网络。

随着人们对数字图书馆的认识不断深化,图书馆学界及其相关领域已经对其展开了广泛而深入的研究,也不乏学者对数字图书馆的基础理论进行研究,进而提出“数字图书馆学”这一概念。数字图书馆学就是研究人类社会数字资源整理、存储和提供社会利用的一门科学。肖大成认为,引入数字图书馆学这一概念不仅符合科学的基本条件,而且有助于解决数字图书馆学的学科属性问题。数字图书馆学研究的就是“数字资源的有序流动”这一基本规律。①

数字图书馆学研究的主要内容为以下几个方面:(1) 数字资源的组织建设,(2) 数字资源系统的集成研究,(3) 数字资源检索语言的研究,(4) 数据资源的

① 肖大成.在数字图书馆理论研究中引入数字图书馆学概念初探[J].情报科学,2004(6):675-678.

共享问题研究,(5) 数字图书馆共性与个性的研究,(6) 数字资源存储与剔除研究,(7) 数据资源的评价标准研究,(8) 用户教育问题。数字图书馆学在图书馆学界中早已形成成熟、稳定的研究态势,其研究阵容庞大,成果丰硕,可以作为未来图书馆学体系结构中的一个分支学科。

(二) 制度图书馆学

在我国图书馆学界,"制度图书馆学"一词,最早出现在 2005 年 1 月。所谓"制度图书馆学",顾名思义,就是研究图书馆制度对图书馆发展的影响问题的一种理论范式。从研究范式的演化而言,制度图书馆学旨在建立一种新的范式——制度范式。这种研究范式是对原有的机构范式的进一步深化、提升和超越,是面向宏观现实问题的宏观理论思维。

制度图书馆学理论的提出,意味着图书馆从个体角度来说是一种机构,而从整体意义上来说则是一种社会性的制度安排——为了保障公众的知识信息福利(即满足公众的知识信息需求)而做出的一种制度安排。社会上每一个公立(即政府设立)的图书馆机构,都是这种制度安排的产物。这就形成了这样一种事实逻辑关系:作为制度安排意义上的图书馆制度,决定着作为机构意义上的图书馆个体的存在与发展。反过来说,作为机构的图书馆个体的存在和发展,受制于国家和政府层面的图书馆制度安排的状态。所以,每一个图书馆机构的发展状态如何,不仅仅取决于该图书馆自身的管理水平如何,更具决定性地取决于国家和政府层面的图书馆制度安排如何。

制度图书馆学的研究内容比较单一,它主要涉及"图书馆制度"这个范畴。也就是说,"图书馆制度"是制度图书馆学研究的核心范畴。制度图书馆学的研究内容,重点在于研究图书馆制度对图书馆发展的影响问题,即主要研究什么样的制度安排有利于或不利于图书馆的发展。换个角度说,制度图书馆学主要研究图书馆发展需要什么样的制度安排及其实施机制。

基于制度图书馆学理论体系结构系统、代表人物突出以及在学界所占据的重要地位,它可以作为未来图书馆学的分支学科。将制度图书馆学作为一种新的研究视角,能够有力地促进图书馆事业的发展,充实图书馆学的体系结构。

(三) 循证图书馆学

循证图书馆学是图书馆学的一个新生领域,它是由循证医学衍生出来的一门学科。循证医学(Evidence Based Medicine, EBM)是遵循科学证据的临床医学。它提倡将临床医师个人的临床实践和经验与客观的科学研究证据结合起来,将最正确的诊断、最安全有效的治疗和最精确的预后估计服务于每位具体患者。近年来,循证医学带动的循证图书馆学(Evidence-based Librarianship,

EBL)逐渐成为国外图书馆学的研究热点。英国谢菲尔德(Sheffield)大学布斯(Booth)教授称“循证图书馆学将成为21世纪医学图书馆界发起的第一个重要运动”。2005年在挪威奥斯陆召开的第71届IFLA大会上,布莱斯(Brice)作了“循证图书馆学:社会科学中的案例学习”的专题报告,强调了循证图书馆学借鉴循证医学而确立的图书馆学实证研究范式。2001—2007年共召开了四次循证图书馆学(EBL)国际专题会议,一些发达国家还开展了针对循证图书馆学的教育课程。

王先林在《循证医学与循证图书馆事业》一文中首次将EBL引入我国图书情报界,将Evidence-based Librarianship(EBL)译为“循证图书馆事业”,另有台湾学者将其译为“实证图书馆学”。①

北京大学信息管理系的刘璇在《循证图书馆学(EBL)的发展及对图书馆学的启示》一文中,通过考察专业词典和王子舟教授提出的判断图书馆学分支学科的标准后认为EBL符合上述标准,将EBL译为“循证图书馆学”。②

循证图书馆学受循证医学的影响,后者是循证实践(Evidence-based Practice,EBP)在医学中的应用,是最为重视科学证据的临床医学。在信息科学领域,医学图书馆员的职责之一就是帮助医生查找需要的医学文献,以保障EBM顺利实施,这种早期的信息服务促进了循证图书馆学的产生。但循证图书馆学并非只是循证医学在信息科学领域的简单移植,循证医学是使用最好的证据来决定病人的治疗方案,而循证图书馆学是使用最好的证据来指导图书馆以及其他领域的实践。另外,也有国家称循证图书馆学(EBL)为EBP(Evidence Based Practice,循证实践)或EBIP(Evidence Based Information Practice,信息循证实践),由此可见,循证图书馆学本质上是对信息检索进行的信息组织,循证图书馆学的应用不单单局限于寻找出最佳证据服务于图书馆的用户,协助图书馆制定决策和指导实践,只要是需要获取证据的科学实践,循证图书馆学都能组织信息,获取最佳证据为用户提供高效的信息服务。

循证图书馆学的提出为图书馆学研究开辟了新的视角。其试图建立一种实用方法,用于收集和综合研究所获得的最佳证据以指导制定决策、解决图书馆工作中的实际问题。循证图书馆学的提出有可能为图书馆学研究开辟新的实践领域,提供新的研究方法。当前,循证图书馆学在图书馆学中的应用主要集中在六大领域:(1)参考/咨询领域,通过获取信息和提供服务来满足图书馆用户需求;

① 王先林.循证医学与循证图书馆事业[J].中华医学图书情报杂志,2002(1):47-52.

② 刘璇.循证图书馆学(EBL)的发展及对图书馆学的启示[J].图书馆杂志,2009(1):22-25.

(2) 教育领域,研究教学方法和策略以帮助用户掌握图书馆资源的使用及提高研究质量;(3) 信息收集领域,收集高质量的印刷版和电子版资源以满足用户的有效需求;(4) 管理领域,管理组织中的人和资源;(5) 信息检索领域,为信息的检索和获取研究好的系统和方法;(6) 市场/营销领域,将图书馆及其提供的服务营销提供给其现有用户和潜在用户。

虽然目前循证的思想仅应用于医学领域,但是,在将来它可广泛应用于其他学科,进而衍生出诸如循证法学、循证史学等分支,这些分支共同构成循证图书馆学,为图书馆学开拓巨大的发展空间。未来,循证图书馆学可能会成为图书馆学体系结构中的一个重要组成部分,从而丰富图书馆学的研究内容、促进图书馆学的发展。

思考题

1. 如何理解图书馆学体系结构?
2. 请叙述图书馆学体系结构的形成过程。
3. 我国图书馆学研究的具体任务包括哪些方面?
4. 请概述图书馆学各分支学科的研究内容。
5. 请概括图书馆学的发展趋势。

参考文献

[1] 丹顿.比较图书馆学概论[M].龚厚泽,译.北京:书目文献出版社,1980.

[2] 黄宗忠.图书馆学导论[M].武汉:武汉大学出版社,1988.

[3] 钟守真.比较图书馆学引论[M].天津:南开大学出版社,1993.

[4] 王子舟.图书馆学是什么[M].北京:北京大学出版社,2008.

[5] 蒋永福.制度图书馆学:概念、内容、特点与意义[J].图书馆,2009(6):11-16.

第五章　图书馆事业

事业，通常指人们所从事的，具有一定目标、规模和系统而对社会发展有影响的经营活动。图书馆事业（Librarianship），则是指国家为了满足社会的信息需要和阅读需要而组织各类图书馆从事文献搜集、加工、存储和利用的，对社会发展有一定影响的，具有一定规模的社会活动。一个国家的图书馆事业在经历一定的发展时期以后会取得一定的成就，当我们说“图书馆事业”一词时，往往意味着图书馆这项整体社会活动已经形成一定的规模与影响。

第一节　图书馆事业的组织结构

一个国家的图书馆事业是一个体系化、结构化的整体。在这个整体的内部，又包含了若干个分系统。每一个分系统都有着自己独特的使命、性质、功能、馆藏范围与服务对象。所有的子系统在整体上反映了全国图书馆事业的全貌。

一、公共图书馆分系统

这个分系统由全国各省、市、县、街道（乡镇）、社区（村）的所有行政层级上的公共图书馆构成，其基本特征是自上而下的层级制（见图 5-1）。

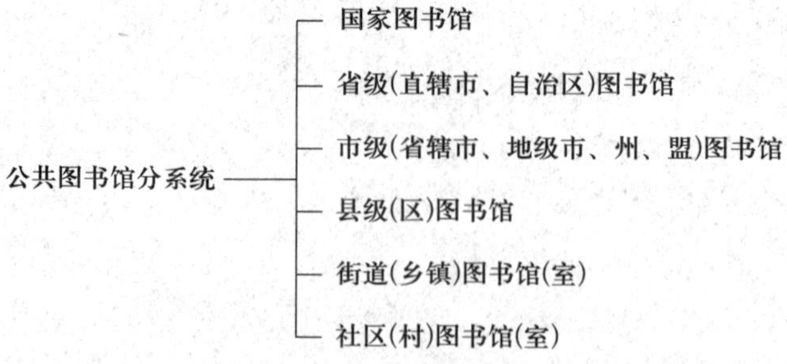

图 5-1　公共图书馆分系统

整个分系统借助政府的行政管理部门实施管理,在我国,就是政府的文化管理部门。最高层级的行政管理部门是文化部,它负有对国家的公共图书馆事业进行战略规划、整体推动、现状评估等责任。在其他行政层级上,则分别由对应的省文化厅、市和县文广局及街道(乡镇)的文化站进行管理。需要说明的是,虽然国家图书馆定位于"研究型图书馆",其功能有别于公共图书馆,但在我国,由于国家图书馆隶属于文化部,再加上在服务模式上基本与公共图书馆类似,因而我国的国家图书馆被划分在公共图书馆系统里。在这个分系统中,从上至下具有相应的业务联系,一般而言,高层级图书馆对低层级图书馆负有业务指导、文献支持、人员培训等方面的责任,比如,国家图书馆对全国的公共图书馆负有业务指导、人员培训等方面的责任,其他以此类推。

我国公共图书馆的设置主体是地方政府,从中华人民共和国成立以后一直实行一级政府设置一个公共图书馆,省市两级公共图书馆的设置在新中国成立初期大多实现,而县级图书馆的设置则经历了一个较长的时期,直到2007年底,才基本上实现了县县有图书馆。① 尽管如此,一级政府设置一个图书馆对于民众的需求保障是远远不够的,在城市里,一座城市只有一个图书馆,对于不能就近使用的居民而言,远距离的图书馆对他们几乎没有意义;在乡村,无论是居住在镇里还是居住在村里的居民,几乎都无法享受到图书馆服务,因为这些地方往往没有图书馆。

乡村图书馆建设一直是个难题,按照一级政府设置一个图书馆的体制,乡镇图书馆建设与维护就应该由镇政府承担,但我国绝大多数乡镇政府都没有这个财力和人力;到了村一级,因为仅有村民自治组织,大多数村都没有集体收入或收入很少,根本无法建设和维持一个小型图书馆。直到2007年前后,在中国政府的倡导下,图书馆界开始积极探索建立"普遍均等、惠及全民"的公共图书馆服务体系的途径。目前,公共图书馆服务体系通过如下方式来实现:

(1)"一卡通"模式。在一个区域内的所有公共图书馆,打破行政层级的限制,实行"一卡通借通还"服务。居民可以凭通用的借书卡在该区域内的任何图书馆,无论是市、县一级的中心图书馆,还是街道(乡镇)、社区(村)的图书馆(室)通借通还。

(2)总分馆模式。所谓总分馆模式,是指由同一个建设主体资助、同一个主管机构管理的公共图书馆群,其中一个图书馆处于核心地位作为总馆,其他图书馆处于从属地位作为分馆;分馆在行政上隶属于总馆,在业务上接受总馆的管

① 新华网.我国基本实现县县有文化馆、图书馆[N/OL].[2007-12-21].http://news.xinhuanet.com/newscenter/2007-12/21/content_7286727.htm.

理。总分馆之间采用同一个管理系统和馆藏系统，实行统一的业务管理和考评，对读者实行通借通还。通常，充当总馆的是县（区）级图书馆，而分馆则是街道（乡镇）图书馆，社区（村）则作为总分馆体系的末端，共享该体系的管理系统与馆藏系统，通常由街道（乡镇）分馆进行业务管理。①

（3）藏书大流通模式。一个地区的高层级图书馆向街道（乡镇）和社区（村），以及军营、监狱等地的图书馆（室）定期或不定期流转文献，或者使用流动书车将图书馆服务送到城乡交通不便的地方。这种模式，仅仅是地区的中心图书馆将自己的馆藏资源以流转的方式支援基层图书馆或直接将自己的资源送到读者的身边，以弥补基层图书馆资源与服务的不足。中心图书馆与接受文献流转服务的基层图书馆之间不存在业务上的管理关系，流转的资源不改变所有权。

在上述几种模式中，能最有效地建立公共图书馆服务体系的方式是总分馆模式。

在我国公共图书馆分系统中，有一类特别的图书馆——少年儿童图书馆，这类图书馆大多数设置在省辖市和地级市这一行政层级，如深圳少年儿童图书馆等；少数也设在省（直辖市）这一行政级别，如首都少年儿童图书馆等。少年儿童图书馆并没有在我国普遍设置，到 2009 年，我国独立建制的少儿图书馆有 91 家。② 在没有专门设置少年儿童图书馆的地区，通常在当地的公共图书馆内设置专门为未成年人服务的区域。按照国际图联/联合国教科文组织的《公共图书馆宣言》，任何公共图书馆应该无差别地向所有人提供服务，当然也包括少年儿童在内。

二、院校图书馆分系统

这个分系统由全国所有的高等院校、中等专业学校和中小学等机构所设置的校内图书馆构成（见图 5-2）。

院校图书馆分系统
- 高等学校图书馆
- 中等专业学校图书馆
- 中小学图书馆

图 5-2 院校图书馆分系统

① 邱冠华，于良芝，许晓霞.覆盖全社会的公共图书馆服务体系：模式、技术支撑与方案[M]北京：北京图书馆出版社，2008：6-7.

② 中新网.全国独立建制少儿图书馆仅 91 家[N/OL].[2014-08-21].http://www.chinanews.com/cul/2010/10-21/2603577.shtml.

在这个分系统内,实际上又分成了三个子系统,这三个子系统基本上是相互独立的,在业务上不发生联系。每一个子系统都归属于设置母体和政府的行政管理部门,设置母体决定图书馆应该达成的目标和任务,并对其实施考核。政府主管部门则从行业的角度提出要求并进行管理。就归属政府主管部门的管理而言,一般来说,高等学校图书馆按学校自身的归属接受同等级的教育管理部门管理,如教育部直属高校的图书馆接受教育部主管部门和省教育厅主管部门的管理,而省属高校图书馆只接受省教育厅主管部门的管理;中等专业学校图书馆同理也按照学校归属接受同等级的教育管理部门的管理;有些专业性的院校、中等专业学校的图书馆则隶属于相应的行业主管部门管理;中小学图书馆也是按照学校的归属接受相应的行政主管部门的管理。而在每一个子系统内,所有的图书馆之间也没有直接的或层级隶属的业务联系,而是通过馆际合作开展业务交流和资源共享等活动。

三、科学技术图书馆分系统

这个分系统由设置在科学技术研究机构内的图书馆所构成(见图 5-3)。

- 科学技术图书馆分系统
  - 中国科学院系统文献情报中心(国家科学图书馆)
  - 中国社会科学院系统图书馆
  - 中国农业科学院系统图书馆
  - 中国医学科学院系统图书馆
  - 中国地质科学院系统图书馆
  - 中医研究院系统图书馆
  - 其他研究院所图书馆

图 5-3　科学技术图书馆分系统

实际上,分系统中的每一个组成部分都自成体系,比如,中国科学院系统的文献情报中心是由中国科学院在全国的所有机构的文献信息中心构成,其中,中国科学院文献情报中心是总馆,下设兰州、成都、武汉三个二级法人分馆,以及若干非法人分馆。分馆在业务上接受总馆的领导,但每个分馆又各自有自己的任务、馆藏范围和特色。再如中国社科院系统的图书馆,由于各省都有省市级社科院(所),所以,在社会科学院系统内形成了一个相对独立的、内部又相互合作的子系统,在这个子系统内有业务上的联系,包括资源共建共享、业务培训、学术研讨等。其他各子系统的情况也大致如此。

四、其他图书馆分系统

其他如军事系统的图书馆、企业图书馆等,实际上也是颇具规模的图书馆分系统。比如军事系统的图书馆包括军事院校图书馆、军事科学院图书馆和各军兵种的各级图书馆(室)。在军事系统内部,这些图书馆根据各自的性质、馆藏范围和服务对象与相关的图书馆开展馆际合作。军事系统的图书馆通常不对公众提供服务,与其他图书馆系统的合作也受到一定的限制。企业图书馆通常由设置母体根据需要来决定是否设置和设置规模,由企业工会等组织来管理。近几年,随着公共图书馆服务体系的延伸,许多地方的公共图书馆与企业图书馆(室)开展合作,甚至将企业图书馆作为自己的流通服务点,以加强对企业职工的服务力度。

第二节 图书馆的类型

现代图书馆由于设置的机制和服务对象的不同,导致不同的图书馆在馆藏资源和服务方式上存在差异,这些不同与差异的存在,似乎可以使图书馆被划分成不同的类型,但实际上,这种划分并不严格。通常的做法是,首先把一些特征明显的图书馆划分成类,其次把一些特征不明显或数量相对不多、难以归类的图书馆归为一个特别类别。特征明显的图书馆是指那些按照各自的管理体制、服务对象与馆藏特征等自然形成类别的图书馆,如公共图书馆、高等院校图书馆、学校图书馆、学术图书馆、军事系统图书馆等;而特征不明显的图书馆则是指那些在馆藏与服务上有其专门性的图书馆。值得注意的是,国家图书馆是一个特例,它的数量不大,照理说是难以成类的,加之在管理体制上,各国的国家图书馆也不尽相同,有些国家图书馆更接近于公共图书馆的管理体制,有些图书馆则接近于学术图书馆的管理体制,有少数国家用大学图书馆充当国家图书馆。但由于国家图书馆在馆藏与服务功能上有一些共同的特征,所以,按照传统,把国家图书馆单独列为一类。

本章所讨论的图书馆类别并不包括所有类别,根据我国图书馆事业的现状,将讨论部分影响面较广的图书馆类型:国家图书馆、公共图书馆、高校图书馆和学校图书馆。

一、国家图书馆

ISO 2789(2013)对国家图书馆的定义是:国家图书馆的主要职责是负责收集和保存本国所有文献的副本,并编制国家总书目。在此基础上,国家图书馆还应具有下列全部或部分功能：尽可能多地采集和保存各国有代表性的、最新的文献和文件，承担国家书目信息中心的责任，编制联合目录，指导其他图书馆的管理并促进馆际合作，促进学术研究和服务发展。① 特别要说明的是，一个国家内，国家图书馆可以不止一个，只要具备上述功能的都可以称为国家图书馆，如美国的国家图书馆有三个：美国国会图书馆、国家医学图书馆和国家农业图书馆；德国有两个国家图书馆：德国国家图书馆和德国柏林国立普鲁士文化基金会图书馆；俄罗斯也有两个国家图书馆：俄罗斯国家图书馆和俄罗斯国立图书馆；埃及有埃及国家图书馆与档案馆以及埃及亚历山大图书馆两个国家图书馆。

由于国情和历史的不同，不同国家的国家图书馆在历史沿革、名称方面都各有不同。有些国家的国家图书馆由皇家图书馆演变而来，如法国国家图书馆、瑞典皇家图书馆、西班牙国家图书馆等；有些国家图书馆的前身是国会图书馆，在成为国家图书馆后仍然保留原名称，如美国国会图书馆和日本国会图书馆；有些国家则指定一个大学图书馆作为国家图书馆，如芬兰的赫尔辛基大学图书馆—国家图书馆、斯洛文尼亚国家与大学图书馆、以色列犹太国家与大学图书馆等。有些国家的国家图书馆由公共图书馆发展而来，如格鲁吉亚国立公共图书馆，印度国家图书馆的前身是加尔各答公共图书馆和帝国图书馆，阿根廷国家图书馆的前身是布宜诺斯艾利斯公共图书馆；还有些国家的国家图书馆在名称上完全不能体现是国家图书馆，如朝鲜人民大学习堂等。

大多数国家图书馆都定位于保存本国文献和搜集外国文献、充当国家的总书库的职能，为此，其服务定位也大都是面向科学研究和国家决策，但也有部分国家的国家图书馆将满足公众的一般阅读作为自己的服务目标之一。如菲律宾国家图书馆承担着国家图书馆和公共图书馆的双重职能，印度国家图书馆同时也是加尔各答市的公共图书馆，丹麦皇家图书馆从 2007 年开始除了作为研究和教育图书馆之外也承担公共图书馆的职能，韩国国立中央图书馆具有国家图书馆和公共图书馆的双重职能。我国的国家图书馆虽然声称属于研究型图书馆，为国家机关、重点科研单位、重点教育单位和重要生产单位等提供服务，但事实上也一直承担着支持公众一般性阅读的任务。

综上所述，我们将国家图书馆有别于一般图书馆的功能概括为：

（1）保存文献。在一个国家的所有图书馆中，国家图书馆的保存功能是最为重要的。国家图书馆应该完整系统地搜集本国文献和重要文件，充当国家的总书库；采集和收藏别国有代表性的文献，成为全国的外国文献收藏中心。保障

---

① ISO 2789:2013(en)[OL].[2014-08-03].https://www.iso.org/obp/ui/#iso:std:iso:2789:ed-5:v1:en.

国家图书馆全面系统收藏本国文献的重要机制是呈缴本制度。所谓呈缴本制度，是指按照有关法律法规的规定，由出版机构无偿向指定的图书馆呈缴其出版物若干复本的制度。按照国际图联（IFLA）/联合国教科文组织（UNESCO）的《法定保藏立法指导方针》，以呈缴本制度来保障国家图书馆对本国文献的收藏以期实现五个目标：① 留存、传播和发展一个国家的文化；② 编撰、出版国家书目；③ 进行国家出版统计；④ 为国家保存出版物，并为本国的其他图书馆提供储备；⑤ 实现出版交换。世界上最早的呈缴本制度发端于法国，在弗朗索瓦一世时期颁布的《蒙彼利埃敕令》中规定，国内所有出版物都必须向皇家图书馆缴纳一册，否则将悉数没收出版物并课以重金①。这一制度有效地保障了早期的皇家图书馆的藏书，因而受到推崇，后被世界各国仿效。中国国家图书馆的前身京师图书馆从 1916 年开始接受国内出版物呈缴本。新中国成立后，文化部于 1955 年颁布了《关于征集图书、杂志样本办法》，使呈缴本制度得以继续。1991 年新闻出版署又发布了两个文件，对缴送方式、种类、数量等均做了明确规定。

（2）编制总书目。由于国家图书馆对本国文献的收藏是最为齐全的，所以国家图书馆应该充当全国的书目中心。除了编制国家总书目，还应该编制联合目录、回溯性目录等。

（3）推动全国图书馆事业。国家图书馆的特殊地位，使其成为推动全国图书馆事业发展的中坚力量，在图书馆协作、古籍保护、联合编目、服务联盟等方面发挥着重要的作用。此外，还代表本国图书馆界和读者的利益参加国际图书馆组织，并发出符合本国利益的声音。

二、公共图书馆

国际图联/联合国教科文组织对公共图书馆的定义是：“公共图书馆是由社区，如地方、地区或国家政府，或者一些其他社区组织支持和资助的机构，它通过提供一系列资源和服务来满足人们对知识、信息和形象思维作品的需求，社区所有成员都享有其服务的权利，而不受种族、国籍、年龄、性别、宗教信仰、语言、能力、经济和就业状况和教育程度的限制。”②

根据这一定义，公共图书馆有几个特点：（1）由地方政府或国家政府主办，以公共财政拨款的方式建设和维持运行；（2）面向所有人服务，是所有人的图书馆；（3）给予任何人平等的服务。

---

① 中国国家图书馆.出版物缴送历史沿革[EB/OL].[2014-08-03].http://www.nlc.gov.cn/newzcwm/#.

② IFLA，UNESCO.公共图书馆服务发展指南[M].上海：上海科学技术文献出版社，2002：1-2.

（一）公共图书馆的目标

公共图书馆作为一个社会机构，必定有其社会使命。在实际运作中，人们通常把对公共图书馆社会使命的理解具体表述为公共图书馆的目标（The purposes of the public library）。根据国际图联/联合国教科文组织发布的《公共图书馆服务发展指南》，公共图书馆的基本作用是通过提供各种形式的资源与服务来支持民众的信息获取与阅读行为，以满足其在教育、个人发展、休闲与娱乐方面的需要，故此，公共图书馆的目标是：

（1）支持教育。既支持各级正规教育（包括小学、中学、专科、大学教育等），也支持个人的终身自学（非正规教育）。公共图书馆以资料、空间和服务等方式提供协助，帮助人们顺利完成学业和终身教育。

（2）满足个人信息需求。尽管信息技术的快速发展已经极大地改变了人们获取信息的方式，但公共图书馆作为地区信息中心的功能并没有消失，对于相当一部分公民，公共图书馆是唯一没有门槛的信息中心，它不仅以传统资料的方式提供信息，也提供互联网信息服务，从这个意义上说，公共图书馆有助于消除数字鸿沟。

（3）提供个人发展的机会。通过公共图书馆提供的富有想象力的作品，以及公共图书馆开展的激发个人创造力的活动，有助于提升个人的发展能力。

（4）培养个人的阅读习惯。公共图书馆对儿童提供服务，使他们从小获得阅读的机会和训练，这对于培养孩子们的阅读习惯十分重要。

（5）构建地区/社区的公共文化空间。公共图书馆是地区/社区的文化艺术活动中心，作为一个公共空间，它通过提供场地、组织活动等方式为地区/社区成员创造参与文化艺术活动的机会。

（6）满足人们休闲娱乐需求。公共图书馆通过提供休闲读物、多媒体资料、文娱活动、休闲场地等方式满足人们对高品质休闲娱乐服务的需求。

（二）公共图书馆的经费

公共图书馆的经费主要来自公共财政，这是公共图书馆的基础体制，这一体制保证了公共图书馆经费来源的稳定性和服务的公益性。公共图书馆的这一体制形成于19世纪中叶：

> 1852年，在曼彻斯特，一个当时居住着大量下层社会人士的英国小城市，出现了一所非常普通的图书馆。该图书馆没有什么丰富的藏书，但它却是世界上第一个依据法令建立的公共图书馆。1850年，英国下议院通过了一个法案，授权地方议会为提供免费图书馆的设备征税。这也就是人们常说的世界第一部公共图书馆法。……这部法案中表达的理念，就是建立一种由地方当局授权管理，由地方税收支出支持，因而对所有纳税人（实际也

就是所有社会公众)免费开放的真正的公共图书馆。历史表明,在当时,只有这样一种机构/制度才能使社会真正摆脱知识被少数人或某一阶级、某一集团垄断的局面,使社会最底层人士真正有了读书的场所。①

公共图书馆按地域设置,因此,在经费的保障体制上,尽管各国具体做法略有不同,但总的规律是以地方公共财政拨款为主。比如在美国,公共图书馆的经费主要来自地方政府、少量来自州政府和联邦政府,另有少量来自其他渠道。以2010年为例,全美公共图书馆总数为8 591家,总经费为11 300 660美元,其中地方政府、州政府和联邦政府拨付的经费分别占84.8%、7.1%、0.5%,其他渠道(包括捐款、罚金、有偿服务收入等)为7.6%。② 英国公共图书馆从形成初始就确立了以地方财政为主的支持体制,但国家也有少量资金的补贴,另外也通过慈善捐助获得部分支持。③ 在中国,公共图书馆的经费主要来自相同层级的地方政府,如省级政府负责省级公共图书馆的经费,市级政府负责市级公共图书馆的经费,县级政府负责县级公共图书馆的经费。此外,基层公共图书馆往往有机会获得来自垂直关系的专项拨款,既可能来自中央政府的专项经费,也可能来自省市政府的专项经费。由于体制的原因,中国的公共图书馆很少获得民间捐赠。

(三)公共图书馆的服务对象

公共图书馆面向所有人服务,这是由公共图书馆的基础体制决定的。一个由纳税人的税收维持运行的公共图书馆,理所当然应该面向所有纳税人开放,由于所有公民都是纳税人,包括任何年龄和任何身份的人,所以,公共图书馆实际上是面向所有人开放的场所。

联合国教科文组织和国际图联共同发布的《公共图书馆宣言》开宗明义地指出:“公共图书馆应该不分年龄、种族、性别、宗教、国籍、语言或社会地位,向所有的人提供平等的服务。”④公共图书馆面向所有人开放,其意义在于保障所有人的信息获取权利。即使在信息技术高度发达的今天,公共图书馆的这一作用并没有过时,仍然发挥着它独特的作用。2013年IFLA发布了《国际图联关于图书馆与发展的宣言》,对公共图书馆在保障民众的信息权利方面的作用做了如下阐述:“信息获取是人的一项基本权利,可以打破贫穷的恶性循环,并支持可持续发展。在许多社区,图书馆是唯一一个可以让人们获取信息的地方,这些

① 范并思.维护公共图书馆的基础体制与核心能力[J].图书馆杂志,2002(11):3-7.

② TAB E D.Public libraries in the United States: fiscal year 2010[EB/OA].[2014-06-28].http://www.imls.gov/research/public_libraries_in_the_us_fy_2010_tables.aspx.

③ 段洁滨.英国公共图书馆的资金来源[J].江苏图书馆学报,1999(6):43-44.

④ IFLA,UNESCO.公共图书馆宣言[EB/OL].[2014-07-03].http://www.unesco.org/webworld/libraries/manifestos/libraman_ch.pdf.

信息有助于改善他们的教育状况、开发新技能、寻找工作机会、建立企业、做出有关农业和健康的明智决策和洞察环境问题。”①基于公共图书馆这样的作用，公共图书馆面向所有人开放不仅具有法理上的必然性，还具有巨大的社会意义。

（四）公共图书馆的馆藏资源

公共图书馆的馆藏资源是其充分履行职责的前提，馆藏资源的形成需经由一个选择、购买、典藏的过程，这是一个动态的累积过程，这个过程通常称为“馆藏建设”。公共图书馆馆藏建设的基本原则是：（1）包容性。由于公共图书馆面向所有人服务，这就决定了它的资源体系必须具有包容性，以适应不同人群在教育、信息、休闲和个人发展方面的需求。正如《公共图书馆宣言》所告诫的那样：“馆藏资料必须反映当前的各种潮流和社会的演变情况以及有关人类的成就和幻想的记录。”②馆藏资源的包容性要从几个方面来看，一是内容的包容性，公共图书馆的服务对象决定了它的馆藏资源不可能在内容方面有所偏好，比如偏重于某些领域，或形成所谓特色馆藏等，这种偏好不利于公共图书馆面向所有人服务；二是对各种人群的适用性，比如让那些在语言上处于少数的人群能够得到基本的满足，以及让不同年龄段的人群能够找到适合自己阅读的资料；三是资源类型的包容性，除了人们习以为常的传统资源外，还应该顺应时代的发展，兼顾各种媒体形式的资源，以满足公众多元化的需求。（2）持续性。一个持续发展的资源体系才能确保人们源源不断地获取资源，满足不断产生的信息需求与阅读需求。持续的财政拨款是保证馆藏资源可持续发展的基础，此外，一个相对稳定且具备一定灵活性的馆藏建设政策也是必不可少的。也就是说，在资金保障的前提下，怎么选择入藏资源也很关键，选择的标准以图书馆的职业标准为基础，“由专业人员根据当地居民的需求和利益而制定，并能反映社会的多样化”。③

三、高等院校图书馆

与公共图书馆不同，高等院校图书馆（以下简称“高校图书馆”）是一个内部机构，只面向其母体机构的所有内部成员服务。高等院校的校内成员包括：各种层次的学生（本科生、硕士研究生、博士研究生等）、教师、研究人员、管理人员及其他。

---

① IFLA.国际图联关于图书馆与发展的宣言[OL].[2014-07-03].http://www.ifla.org/node/8500[EB/OA].

② IFLA，UNESCO.公共图书馆宣言[EB/OL].[2014-07-03].http://www.unesco.org/webworld/libraries/manifestos/libraman_ch.pdf.

③ IFLA，UNESCO.公共图书馆服务发展指南[M].上海：上海科学技术文献出版社，2002：56-61.

（一）高校图书馆的目标

我国教育部高等学校图书情报工作委员会（简称高校图工委）对高校图书馆的定义是：图书馆是学校的文献信息中心，是为教学和科学研究服务的学术性机构。根据这一定义，就很容易制订高校图书馆的目标：

1. 支持教学。这一目标也经常被表述为高校图书馆具有教育职能。传统意义上的支持教育主要体现在文献服务上，即以文献提供方式满足教学对扩展阅读等的需要。随着信息技术的发展，图书馆教育职能的一个重要体现方式是通过对学生信息素养的提升来支持教学，实际上是将自身的工作纳入到整个教学体系之中。

2. 支持科学研究。高校中的教师、研究人员、管理人员及学生等在从事科学研究的过程中所需要的知识、信息、文献等都主要由图书馆来保障。除此之外，图书馆还应该是学校的学术社区，他们可以在图书馆进行讨论与交流，这是科学研究活动必不可少的组成部分。

3. 支持个人发展。图书馆应该是一个支持想象、激发灵感的场所，图书馆广博的收藏使人们在这里可以获得智力上的支持，同时能够拓展兴趣，开阔视野，这对于成长中的学生尤为重要。

（二）高校图书馆的服务

对于高校图书馆而言，它的服务对象是确定的，它的经费来自其母体机构，只要这个母体机构希望成为一所优秀的高等教育机构，一般而言，就会重视对图书馆经费的保障。因此，高校图书馆的工作重心更多的是放在它所能提供的服务方面。

高校图书馆的业务活动大体上跟公共图书馆是相通的，内部工作同样是采购与典藏，对外同样是服务活动，而服务通常也是分为文献提供与读者活动两大块。但由于服务对象有一定的特殊性，因此高校图书馆在服务上也表现出其特殊性。

1. 文献提供方面更强调情报职能。高校图书馆提供的文献，在内容上偏重于学术性、知识性，对休闲读物的保障相对较弱。在类型上，更重视对连续出版物的采购与提供。在数字化环境下，数据库的采购与提供服务成为高校图书馆文献服务的重点。在服务的方式上，高校图书馆通过馆际合作来扩大文献提供的范围，对于读者需要而本馆未收藏的文献，可以通过“文献传递”服务来获得。所谓文献传递服务，就是针对本馆未收藏的而读者有需求的文献，向协作图书馆提出请求，通过在线传递、邮件快递等方式，远程获取文献全文的服务。

2. 服务上更重视参考咨询服务。参考咨询服务的内容包括：（1）图书馆利用方面的咨询解答，如馆藏文献咨询、查找咨询、读者权益咨询等；（2）知识、数据、事实咨询解答,如读者在某些统计数据、特殊文献(如国际专利、技术标准等)、某个历史事件、人物等的查询方面碰到困难,由图书馆专业人员利用自己娴熟的技能,快速为读者查询;(3) 学科服务,即图书馆员参与到科学研究的过程中,协助科研人员搜集专题信息、跟踪最新动态等。

3. 更重视用户教育。高校作为教育机构,无疑会更加重视对人的能力的培养,这是国内外高校图书馆普遍重视用户教育的根本原因。高校图书馆的用户教育经历了从文献检索方法的教育向综合性的信息素养教育转换的过程,之所以出现这样的转变,正如美国图书馆协会(ALA)在一份关于信息素养教育进展报告中指出的,更重要的是让学生获得一种能力,一种通过信息资源利用最终解决问题的能力,这种能力将伴随人的终身。什么是信息素养? 在 ALA 信息素养委员会的这份报告里,对信息素养的界定是:

- 知道自己什么时候需要信息;
- 当面对问题时能够知道需要的信息是什么;
- 能够找到所需的信息并对信息进行评价;
- 能够对信息进行组织;
- 有效地利用信息解决问题。①

以信息素养教育为核心的用户教育,不再局限于信息的查找,而是全面地设计信息利用全过程,并把这一过程融合于自主学习之中,由此形成的信息能力将伴随学生的终身教育,使信息能力成为一种终身的能力。

(三) 高校图书馆与社会

高校图书馆作为一个校内机构,通常不对社会公众开放,但世界各国的具体做法并不统一。在美国,相当一部分高校图书馆对所在社区开放,包括馆藏资源和部分场馆及服务,也为社区成员提供参考咨询服务等。我国高校图书馆过去很少对社会开放,近年来这个问题常被讨论,各种观点不一而足。总的趋势是,高校图书馆应该承担一份对社会的责任,在保障校内用户使用的前提下,适当向社会公众开放,这一方面是履行了社会责任,另一方面也提高了图书馆资源的利用率。

四、学校图书馆

学校图书馆的性质跟高校图书馆相仿,所不同的只是母体机构的不同。一般把设置在中、小学内的图书馆称作学校图书馆(school library)。学校图书馆的

---

① Presidential committee on information literacy: final report [EB/OL]. [2014 - 08 - 01]. http://www.ala.org/acrl/publications/whitepapers/presidential.

服务对象主要是校内的师生员工,包括教师、各年级学生、管理人员等,更宽泛地说,也可以包括学生家长。

(一)学校图书馆的使命与目标

1980年,国际图联在马尼拉举行的学校图书馆会议上通过了一项关于学校图书馆的声明(Declaration on School Libraries),同年12月该声明由联合国教科文组织颁布。1999年11月,国际图联和联合国教科文组织又共同发布了《学校图书馆宣言:在教与学中为所有人服务的学校图书馆》(*School Library Manifesto:The School Library in Teaching and Learning for All*)。该宣言强调了学校图书馆应该为教学活动中所有相关者提供服务——提供信息和思想,这是在当今这个以信息和知识为主要推动力的时代取得成功的基础。学生,无疑是学校图书馆最重要的服务对象,通过图书馆所提供的各项服务,不仅培养学生终身学习的能力,还使他们更富于想象力,这将有利于他们对社会有更大的担当。①

《学校图书馆宣言》作为IFLA/UNESCO在《公共图书馆宣言》之后针对中小学图书馆发布的宣言,毫无疑问应该与《公共图书馆宣言》保持一致的价值观。比如,除了"学校图书馆必须向所有教与学相关的人员提供平等的服务,而不论其年龄、种族、性别、宗教、民族、语言、职业或社会地位的差别"之外,学校图书馆的使命与公共图书馆的使命也是相通的,即"作为连接图书馆世界和网络世界的桥梁,学校图书馆能够向所有成员提供他们在学习中所需要的书籍与其他信息资源,通过这样的服务使用户成为有见地的思考者和各种载体信息的有效使用者"。②

与其他任何类型的图书馆一样,学校图书馆也应该有明确的目标,学校图书馆的目标规定了学校图书馆所承担的核心任务:

(1)支持和拓展学校的使命和课程设置中所制订的教育目标;

(2)培养和保持孩子们的读书、学习的习惯和乐趣,并教他们使用图书馆,这将使他们受益终身;

(3)在为增加知识、理解力、想象力和娱乐身心而创造和使用信息上,为学生提供体验的机会;

(4)帮助所有学生提高评估和使用各种形式、各种格式或载体的信息的学习和实践技能(包括对社区内沟通模式的灵敏度);

① UNESCO,IFLA. School library manifesto [EB/OL]. [2014-08-10]. http://www.unesco.org/webworld/libraries/manifestos/school_manifesto.html#1.

② UNESCO,IFLA. School library manifesto [EB/OL]. [2014-08-10]. http://www.unesco.org/webworld/libraries/manifestos/school_manifesto.html#1.

(5) 提供地方、地区、国家和全球的资源，同时提供机会使学习者接触多元化的思想、经验和观点；

(6) 组织各种活动，提高对文化与社会的自觉认识和感受能力；

(7) 与学生、教师、管理人员和学生家长共同合作，完成学校的使命；

(8) 宣扬这样一种观念，即知识自由和信息使用对有效率地和有责任感地行使公民权利与义务以及参与民主是必不可少的；

(9) 向整个校园以及校园之外的社区推广读书活动并提供学校图书馆的资源与服务。①

(二) 学校图书馆的业务活动

学校图书馆的业务活动与一般图书馆的业务活动大体上是一致的，即包括馆藏建设、文献加工与典藏、服务（流通服务、参考咨询服务）、图书馆推广与阅读推广活动等几个部分。

1. 馆藏建设

学校图书馆的馆藏建设的方针应该涵盖两个方面：一是收藏与教学相关的文献，以帮助教师和学生完成教与学的任务为目标；二是收藏以阅读拓展为目的的文献，包括知识性文献与文学类读物等。与其他任何图书馆一样，学校图书馆的馆藏建设应该最大限度地符合其服务对象的需求，并与学校的教育使命保持一致。因此，建立在广泛征询意见基础上的藏书计划更容易受到推崇。尽管国际图联一直大力提倡学校图书馆的藏书建设应以知识自由、信息自由为核心价值观，但因为服务对象以未成年人为主，所以各国和各具体学校会根据实际情况制订藏书计划。

充足的馆藏资源是吸引学生利用图书馆的根本原因，但这取决于经费保障。国际图联/联合国教科文组织推荐的馆藏标准是：每名学生 10 本书，最小规模的学校至少应该有 2 500 种相关和最新的图书。之所以强调藏书规模，这是考虑到在任何一所学校内，读者总是存在年龄、个人能力与家庭背景等方面的差异，只有广泛的藏书，才能让读者获得基本的满足。此外，学校图书馆的使命决定了其藏书必须包含一定比例的与课程相关的非小说类图书，国际图联/联合国教科文组织推荐这个比例不低于 60%。由于青少年正值养成阅读习惯的时期，以拓展性阅读为目的的馆藏十分重要。拓展性阅读除了知识类的图书之外，也包括以消遣为目的的资源，如畅销书、绘本、动漫、杂志等，这类文献有助于培养青少年的阅读习惯；多媒体资源更容易受到青少年的喜爱，适当的音乐、绘画、计算机

① UNESCO，IFLA.学校图书馆指南[M].孙利平，郑步芸，译.北京：北京图书馆出版社，2003：38-40.

游戏等有利于提高青少年利用图书馆的兴趣。①

2. 文献加工与典藏

学校图书馆的文献典藏与加工采用与其他图书馆相同的标准,即按照国家统一的规范与标准进行文献的加工与典藏。小学图书馆根据儿童的特点,在馆藏陈列方面采用形象化的标识,有助于儿童获取他们喜爱的图书。

3. 服务

学校图书馆的服务对象包括学生、教师及其他管理人员,甚至还可以包括学生家长。图书馆的流通服务与参考咨询服务在内容和方式上与其他图书馆类似。在学校图书馆的日常服务中,学生是最大的群体,也是最重要的群体,所以,建立平等服务的观念是十分重要的,有利于让学生在接受图书馆服务的过程中建立"知识面前,人人平等"的意识。即使面对未成年的读者,在提供服务的过程中也应该充分地尊重读者个人的意愿,图书馆员可以向他们提供帮助与建议而不宜扮演传统意义上的指导者的角色。

4. 图书馆推广与阅读推广活动

吸引学生利用图书馆并养成习惯是学校图书馆的一项重要且艰难的任务。学生之间存在差异,学校图书馆应该采取各种办法来提高学生对图书馆的兴趣,使他们学会使用图书馆。推广图书馆的方式很多,通常包括:

(1) 建立图书馆网页,鼓励和吸引学生来访问网页;

(2) 印制活泼、有趣的宣传单,及时传递图书馆的资源与服务的信息;

(3) 举办讲座,介绍图书馆的资源与活动;

(4) 向家长推介学校图书馆;

(5) 组织各种能吸引学生的活动,包括各种读书会、文献检索活动等;

(6) 与任课教师加强联系,配合课堂教学引导学生使用图书馆。

第三节 行业组织与合作机构

图书馆行业组织是指基于图书馆行业权益的、民间性和非营利性的社会团体。图书馆作为一种世界性的职业,按惯例会有一个为世界各国图书馆服务的、以维护图书馆职业权利和利益为宗旨的国际组织;有一些民间机构,以促进图书馆之间的合作为宗旨,在世界图书馆发展中也发挥着不可忽视的作用。在各个国家,也相应有以维护本国图书馆职业的利益与权益、组织行业学术和经验交流等为宗旨的行业组织。在一个国家内部,除了全国性的图书馆行业组织,通常各

① UNESCO,IFLA.学校图书馆指南[M].孙利平,郑步芸,译.北京:北京图书馆出版社,2003:11-12.

个区域也有相应的行业组织。全国性的行业组织与区域性的行业组织之间往往有层级关系。

一、联合国教科文组织

联合国教科文组织的全称是联合国教育、科学和文化组织(United Nations Educational,Scientific and Cultural Organization,UNESCO),是联合国的一个专门机构。该组织于1946年11月正式成立,总部设在巴黎。联合国教科文组织的使命是:“通过教育、科学、文化、沟通与信息,促进和平建设、消除贫困、可持续发展和文化间的对话。”①在它的几十个工作目标里,排在首位的是“实现高质量的全民教育和终身学习”,由此,这个组织对图书馆职业的关注就可想而知了。数十年来它有力地支持了图书馆界在扫盲、消除信息鸿沟、促进信息的自由获取等方面的种种努力,其中最著名的是以它的名义发布了图书馆界的三个宣言:《公共图书馆宣言》《学校图书馆宣言》和《多元文化图书馆宣言》,此外,它还与国际图联共同发布了对各国公共图书馆的运作产生深远影响的《公共图书馆服务发展指南》。

二、国际图书馆协会和机构联合会

(一)历史沿革

国际图书馆协会和机构联合会,简称“国际图联”(International Federation of Library Associations and Institutions,IFLA),是联合世界各国图书馆行业组织及机构的国际性组织,也是一个独立的、非政府性的国际组织,其宗旨是促进国际图书馆界之间的交流与合作,研讨有关图书馆学与信息科学领域中的相关问题,同时也代表全球图书馆界争取权利与利益,是图书馆和信息行业的全球代言人。

1927年9月30日,时值英国图书馆协会诞生50周年,庆典在苏格兰爱丁堡举行。前来参加庆典的包括中国在内的14个国家的图书馆协会代表通过了一项决议——成立国际图联,瑞典国家图书馆馆长伊萨克·科林(Isak Collijn)被推举为第一任主席。75年以后,国际图联又回到苏格兰,在格拉斯哥召开了第68届会议,到此时,国际图联已经发展成为一个全世界图书馆、图书馆员和图书情报组织的大家庭——拥有150个国家的1 500个成员,包括:图书馆协会(学会)会员、机构会员、个人会员和学生会员。1971年,国际图联在荷兰海牙正式注册,将总部设在荷兰皇家图书馆(国家图书馆)内。②

---

① UNESCO. Introducing UNESCO[OL].[2014-08-12].http://en. unesco. org/about-us/introducing-unesco.

② IFLA.About IFLA—Who We Are[OL].[2014-08-21].http://www. ifla. org/about/more.

(二) 工作框架

从2004年起,国际图联推出了以“社会支柱、会员支柱、专业支柱”为重心的三足鼎立的工作框架,国际图联的全部工作在此框架下展开。

国际图联的机构设置如下:国际图联管理委员会(Governing Board),负责国际图联各项政策的制定;国际图联总部(Headquarter),下设三个分部:非洲区域(Africa)办公室、亚太区域(Asian and Oceania)办公室及拉美区域(Latin America)办公室;专业委员会负责国际图联的各项学术活动,其下设有8个专业部(Division)和45个专业组(Section),围绕不同主题展开研究活动;另外还设有6个核心活动委员会(Core Activity),就版权保护、信息自由获取、文献保存、图书馆发展、机读目录、数字图书馆等方面开展活动。

国际图联自成立以来,于每年8月中下旬轮流在世界各地召开大会,为期约一周,只有第二次世界大战期间例外。到2014年,国际图联年度大会已经举行了80届。每年大会上,来自世界各国的图书馆人士就彼此关心的话题开展交流,包括经验分享、研讨学术、讨论热点问题、建立合作等。

(三) 三个著名的图书馆宣言

在国际图联诞生以来的数十年里,最精彩的篇章莫过于三个图书馆宣言,即:

(1)《公共图书馆宣言》(*Public Library Manifesto*),1949年与联合国教科文组织共同发布,分别于1972年与1994年两次修订,目前通行的为1994年版本。①

(2)《学校图书馆宣言》,1999年与联合国教科文组织共同发布。

(3)《多元文化图书馆宣言》(*Multicultural Library Manifesto*),2006年8月国际图联管理委员会通过了由图书馆多元文化专业委员会(IFLA Library Services to Multicultural Populations Section)起草的这一宣言,2009年10月在巴黎举行的联合国教科文组织大会上,通过了国际图联的《多元文化图书馆宣言》。②

(四) 中国与国际图联

中国是国际图联的创始会员国,但由于历史原因,在很长一段时间内,中国图书馆界与国际图联中断了关系。直至1981年,国际图联承认中国图书馆学会为唯一代表中国的协会会员,中国才重返国际图联。1996年,在北京举办了第

---

① UNESCO.Public library manifesto[EB/OL].[2014-08-20].http://www.unesco.org/webworld/libraries/manifestos/libraman.html.

② IFLA.UNESCO endorses the IFLA multicultural library manifesto[OL].[2014-08-22].http://www.ifla.org/news/unesco-endorses-the-ifla-multicultural-library-manifesto.

62 届国际图联大会。①

三、联机计算机图书馆中心(OCLC)

OCLC,全称是 Online Computer Library Center,即联机计算机图书馆中心,总部设在美国的俄亥俄州,根据官方介绍,它是一个面向图书馆的、非营利性质的、成员关系的组织。"1967 年,美国俄亥俄州的 54 所大学的馆长意识到,通过合作可以为图书馆所面临的最紧迫的日常问题找到解决方案,他们将计算机技术与图书馆合作,通过分享和在线编目以降低成本,改善服务质量。"②经过数十年的发展,如今 OCLC 已经成长为一个全球性合作机构,在 170 个国家/地区拥有 16 737 家会员图书馆。③

OCLC 主要提供以计算机为基础的联合编目、参考咨询、资源共享和保存服务等。OCLC 系统包括如下子系统:联机编目系统、期刊管理系统、馆际互借系统、期刊联合目录系统和文献采集系统。除上述服务外,OCLC 几乎每年发布一个研究报告,内容涉及图书馆现状及未来趋势等。

四、中国图书馆学会

(一) 历史沿革与体制

中国图书馆学会是中国图书馆界的全国性行业组织,它的前身是中华图书馆协会,成立于 1925 年,于 1927 年成为国际图联的发起单位之一。新中国的图书馆行业组织直到 1979 年才成立,中国图书馆学会成立大会暨第一次会员代表大会于 1979 年 7 月 9 日—16 日在山西太原召开,1981 年 5 月中国图书馆学会恢复了在国际图联的合法席位。

在绝大多数国家,图书馆行业组织都是协会性质的,但中国图书馆界的行业组织却是以"学会"的性质注册的,这意味着,这个组织以学术性为其主要特征,所以它也是中国科协的成员单位。另外,虽然中国图书馆学会在性质上属于社会组织,但它挂靠在国家图书馆,其秘书处在行政上隶属于国家图书馆。这一体制在全国各地被复制,即各省图书馆学会通常都挂靠在省图书馆,市图书馆学会则挂靠在市图书馆,相应的常设机构——秘书处在行政上隶属于挂靠单位。

---

① 新华网.国际图书馆协会联合会[OL].[2014-08-22].http://news.xinhuanet.com/newmedia/2006-11/11/content_5317158.htm.

② OCLC 简介[OL].[2014-08-23].http://www.oclc.org/

③ 这是截至 2014 年 8 月 23 日 OCLC 官方网站上的数据。

（二）学术会议及学术研究

学术活动无疑是中国图书馆学会的重要活动，通常以学术会议和资助学术研究两种形式开展学术活动。中国图书馆学会已经形成固定模式的会议有：

1. 学术年会。在 2011 年以前，中国图书馆学会每年举办一次学术年会，围绕特定的主题展开交流。2011 年以后，由文化部主办、地方政府承办的“中国图书馆年会”取代了以中国图书馆学会的学术年会为主要内容的年度大会，其会议形式更加接近国际图联的年度大会——除了学术交流，还包括工作交流、工作会议、展览等，而原来的中国图书馆学会的学术会议作为图书馆年会的会中会同期举行。

2. 青年学术论坛。每两年召开一次，参与对象为 40 岁以下的青年图书馆员和青年学者，到 2014 年已经举办了 5 届会议。

3. 百县馆长论坛。专门就县级图书馆的问题与发展开展交流与研讨，每两年举办一次，到 2012 年已经举办了 4 届会议。

此外，还有全国图书馆未成年人阅读推广论坛，这是一个正在着力打造的会议，计划每两年举行一次。

除学术会议外，中国图书馆学会针对实践中突出的问题开展了相应的学术活动，依托学者与馆长完成了一批学术研究，如“图书馆核心价值研究”“公共图书馆服务体系研究”“图书馆立法支撑研究”“公共图书馆建设标准研究”“乡镇综合文化站建设标准研究”等，取得了《图书馆服务宣言》《覆盖全社会的公共图书馆服务体系：模式、技术支撑与方案》、“《公共图书馆法》立法支撑研究丛书”以及《公共图书馆建设标准》等一批产生了广泛影响并对实践起到推动作用的成果。

（三）重点活动

中国图书馆学会针对重要实践领域开展了一系列活动，这些活动或者是持续数年进行的，或者是刚刚起步准备持续开展下去的，它们都有相对固定的模式，都对实践领域具有重大的意义，如：全国基层图书馆馆长培训志愿者行动（2006—2011），始于 2012 年的未成年人服务提升计划，古籍保护宣传推广活动，民族文献保护宣传推广活动等。

思考题

1. 如何理解图书馆事业的组织结构？
2. 图书馆的类型主要有哪些？各自的功能目标是什么？
3. 高校图书馆服务上的特殊性表现在哪些方面？
4. 简要介绍国际上主要的图书馆行业组织。

5. 请概述中国图书馆学会的组织方式及重要活动。

参考文献

[1] IFLA,UNESCO.公共图书馆服务发展指南[M].上海:上海科学技术文献出版社,2002.

[2] 范并思.维护公共图书馆的基础体制与核心能力[J].图书馆杂志,2002(11).

[3] UNESCO,IFLA.学校图书馆指南[M].孙利平,郑步芸,译.北京:北京图书馆出版社,2003.

[4] 邱冠华,于良芝,许晓霞.覆盖全社会的公共图书馆服务体系:模式、技术支撑与方案[M].北京:北京图书馆出版社,2008.

[5] 新华网.国际图书馆协会联合会[OL].[2014-08-22].http://news.xinhuanet.com/newmedia/2006-11/11/content_5317158.htm.

[6] OCLC 简介[OL].[2014-08-23].http://www.oclc.org/.

第六章　图书馆与社会

第一节　图书馆的起源与发展

一、文献与人类记忆

人类保存记忆的方式在经历了早期的口头传说、结绳记事、刻契记事、绘画记事等过程后进入到文字记事时期,文字记事方式一直延续到今天。文字的起源是一个难以明确界定的问题,略去对这个问题的考证,可以肯定的是,文字的出现与文献的形成几乎是同时的,即人类用文字对发生的事情进行记录的结果就形成了文献。

按照今天对文献的理解,文献包含四个要素:文字、载体、记录方式和内容。

世界各地的文字差别很大,文字的演变也不尽相同。就汉字而言,经历了甲骨文、金文、小篆、隶书、楷书的发展过程。尽管如此,世界各地文献载体的演变也有一些相似的规律,即早期的载体都采用当地天然材质。这个过程可以看做是人类的一个漫长的试验过程,比如人类尝试过使用龟甲、兽骨、木片、竹片、兽皮、石片、植物、布匹、金属片等做记录的载体,如两河流域的泥板文献、尼罗河下游和地中海沿岸的纸莎草文献、古希腊和古罗马时代的羊皮文献、我国的甲骨文献和竹木简牍文献等。直到纸张问世后才取代了天然材质作为文献载体,这意味着人类经过漫长的试验终于找到了最佳的文献载体。此后,以纸张作为文献载体在相当漫长的时期里保持不变,直到磁性介质、光介质等现代载体问世才形成了一个载体多样性的世界。

记录方式的演变看似很简单,仅仅经历了从手抄方式到印刷术的发展,但印刷术的发展历史却复杂而漫长,从雕版印刷到活字印刷再到现代印刷术,期间经历 1 400 余年。

文献是对社会生活的记录,因而也是社会生活的写照。从横向来看,社会生活的多样性促使文献内容丰富多彩；从纵向来看，社会的演变与发展过程由于有文献的记录而得以流传。文献的产生与发展主要集中以下几个方面：

第一，宗教是人类社会生活中一个非常重要的方面，围绕宗教活动而产生的文献也是社会文献一个十分重要的组成部分，在有些历史时期甚至是主要构成部分。在宗教活动中，诸如祈祷、诵经等宗教仪式需要将经文、教义等记录下来以便于学习与诵读，这就是宗教文献产生的原始动因。随着时间的推移，宗教文献的内容逐渐增多，除了核心文献外，逐渐产生了记录各种传说与神话、诸神的谱系、对经文的注释与阐释、教派的繁衍等广义的宗教文献。宗教活动分布于世界不同的区域，宗教文献也随之出现在不同的地方，如两河流域、希腊与罗马、印度与中国、中东等地。

第二，政府是产生文献的另一个重要场所，政府的责任是维持社会稳定、推动经济与文化发展，而政府会收取税收与贡赋，由此就产生了各种记录与文献，包括税收记录、财产登记、协定与条约、法律与政令等。此外，关于皇室/王室世系、君王生平、朝代更替、战争与灾难等重大史实和重要人物的记录也是政府文献的重要部分，在这些记录中，往往是纪实与虚构混杂，逐渐就衍生出了文学作品。

第三，商业活动也会促使文献产生，当商业超越了以物易物的阶段后，就有了货币、交易记录、商品记录、税收记录等商业档案，这也是社会文献的一种类型。

第四，个人与家庭的活动涉及财产、契约、遗产、记事等记录，也包括家族谱系等，最后以文献存留的往往是族谱。

第五，随着社会的发展，文学创作活动逐渐增多，诗歌、戏剧、小说、民间传说等文学作品大量问世，这种虚构作品的问世，意味着文献对社会生活的反映更加全面与深入。

二、西方图书馆的起源与发展

（一）古代图书馆

图书馆起源于西方，能够称为图书馆的机构通常具有几个基本的特征：有一定规模的藏书、藏书有专人管理、藏书经过组织而排列有序便于查找、藏书向藏书主人以外的社会民众开放。西方图书馆起源于何时，这是一个难以准确查证的问题，能够肯定的是，图书馆起源于史前时代结束之后，当时因文字的兴起而产生了文字记录，又因收藏文字记录而逐渐形成了图书馆的雏形。早期图书馆大多起源于宫廷与寺院的文献收藏活动，从它们文献收藏的范围来看，实际上也兼有档案馆的功能。一般而言，追溯西方图书馆的起源，通常从三个国家入手：

古巴比伦、古埃及和古希腊。

世界上最早的图书馆到底出现于古巴比伦还是古埃及已经难以查证，比较倾向性的看法是古巴比伦在前。① 古巴比伦时期图书馆发端于宫廷与寺院的文献收藏活动，所藏泥板书的内容涉及编年史、帝王世系、法典、宗教的教律、圣歌、诸神身世等。当亚述人统治美索不达米亚地区后，位于首都的尼尼微图书馆享誉世界，不仅藏书规模宏大，且编排有序，并对公众开放。而古埃及这个古老国家的文明前后经历了2 000多年，他们维持相同的社会形态与政治、宗教制度，以及相同的文字和书写材料。古埃及的图书馆与古巴比伦的图书馆在差不多的时期形成，可惜早期的古埃及图书馆留存的资料不多，但在公元前1350年左右的图书馆遗址中发现了大量泥板书，由此能推知当年图书馆的辉煌。

尽管古希腊的文字可能起源于公元前1400—前1100之间，但一般认为古希腊图书馆的历史始于古典时期，即公元前6世纪以后。这一时期的图书馆并没有留下什么具体的证据，只能根据文献中的信息推知古希腊图书馆的存在。能够证明这一时期希腊图书馆存在的信息莫过于哲学家亚里士多德所拥有的私人图书馆，其藏书多达数百卷。亚里士多德死后，该图书馆由他的教学承袭人继承，后来图书馆被扩建。据传，该图书馆的藏书后来入藏著名的亚历山大图书馆。② 说到古希腊图书馆，不能不提及亚历山大图书馆，实际上古希腊时期最著名的图书馆并不在希腊而在埃及。当亚历山大大帝统一希腊，横扫中亚和波斯帝国，最后占领埃及全境后，公元前323年，这位征服者开始为当时世界上领土面积最大的国家规划一座伟大的城市——亚历山大城，但亚历山大大帝生前没能看到这座城市变成现实，他的继任者索特尔将军（即托勒密一世）把这个规划变成了现实并将其作为首都，托勒密一世为这座城市规划并设计了亚历山大图书馆。亚历山大大帝与托勒密一世都是亚里士多德的学生，这就能解释为什么托勒密一世会有这样一个伟大的梦想——收集全世界的书籍。这个图书馆在托勒密二世时终于建成，到托勒密三世时又修建了分馆。这个被誉为“古代世界的光荣”的图书馆即使没有收藏当时全世界所有的文献，至少也收藏了大部分文献。丰富的馆藏无疑对学者和科学家产生了极大的吸引力，其中一些人还作为馆员在这座图书馆任职。亚历山大图书馆的辉煌持续了200多年，随着托勒密王朝的衰落而逐渐走下坡路，在前后延续了数百年之后终于被毁。在人类历史上有无数摧毁文明的暴行，而亚历山大图书馆的毁灭恐怕算得上是最为巨大和影响深远的损失，以至于后人无比痛心地形容为“历史失去了记忆”。③

① Harris M H.西方图书馆史[M].吴晞，靳萍，译.北京：书目文献出版社，1989：14-23.

② Harris M H.西方图书馆史[M].吴晞，靳萍，译.北京：书目文献出版社，1989：30-41.

③ 乔尔·利维.不为人知的历史[M].天津：天津教育出版社，2009：21-32.

（二）发展时期的西方图书馆

公元前37年，罗马的第一座公共图书馆对外开放，这是西方图书馆进入到一个新的发展时期的标志性事件，此后，兴建公共图书馆的传统一直伴随着罗马帝国从兴盛到衰亡的全过程。这一时期，罗马的私人图书馆也极为盛行，这些私人图书馆大多对外人开放借阅，所以不同于一般意义上的私人藏书而具有一定的图书馆功能。到罗马帝国后期，寺院图书馆开始兴起，随后西方进入中世纪，寺院图书馆几乎成为中世纪欧洲唯一的图书馆类型。值得一提的是，同时期位于东欧的君士坦丁堡的图书馆发展迅速，尤以建于4世纪的帝国图书馆闻名于世。直到拜占庭帝国灭亡，那些图书馆的收藏大部分被损毁，另一部分被卖往意大利等国。此外，当西欧在黑暗的中世纪徘徊时，伊斯兰世界却是另外一种风光，750—1050年是穆斯林文学和学术的辉煌时期，图书馆也随之获得大发展，在巴格达、开罗等城市，不仅宫廷图书馆、公共图书馆盛行，随着大学的兴办，大学图书馆也开始涌现。

纵观人类历史，尽管天灾人祸不止，但文明的脉络从未断绝过。即使在中世纪寺院藏书一家独存的时候，那些修道院和大教堂图书馆在保存人类文化遗产中的作用也是不可抹杀的。这些主要为宗教活动服务的图书馆在经过了缓慢的发展后逐渐走向辉煌。当时流行这样一句话："修道院没有图书馆，就如同城堡没有墙壁"①。此外，大教堂对图书馆的重视程度更是超过修道院，因为大教堂不仅仅是主教的中心教堂，也具有学校的职能。无论是修道院还是大教堂，它们的藏书大多来自神职人员的抄写，书籍的内容通常包括神学类、学校教学用书类与世俗书籍类。具有一定规模的寺院图书馆大体上按照学科对书籍进行分类，有馆藏目录，图书馆之间还可以馆际互借。这些业务活动表明这一时期的寺院图书馆的发展已经达到相当高的程度。

世界范围内大学图书馆的全面兴起大约始于中世纪末期（12—13世纪），以巴黎大学和牛津大学图书馆为代表的运行模式引发了欧洲大学图书馆的建设。这种模式指一所大学的图书馆由中心图书馆和各学院图书馆组成。与寺院图书馆不同的是，大学图书馆的藏书主要来源于捐赠。在印刷书籍问世以前，大学图书馆的藏书量都比较少，正因为书籍稀缺所以弥足珍贵，一般都不允许外借。著名的巴黎大学图书馆和牛津大学图书馆的藏书用长长的铁链子拴住，可以从书架上取下来阅读，但无法外借。尽管如此，这些大学图书馆藏书的利用率也远远超过寺院图书馆。如果说寺院图书馆历经一千多年保存了人类的文化遗产，那么，大学图书馆则使得书籍中的知识发挥了作用。

① Harris M H.西方图书馆史[M].吴晞，靳萍，译.北京：书目文献出版社，1989：92-93.

西方的图书馆事业历经跌宕却从未停止过前行的步伐,进入19世纪,世界图书馆事业最大的飞跃莫过于现代意义的公共图书馆几乎同时在英国和美国出现。我们说现代意义的公共图书馆是从公共图书馆的经费保障机制的角度来说的,如果从服务对象主要面向普通民众的角度,那么早在16世纪法国就有了市镇图书馆。18世纪美国人本杰明·富兰克林创办了美国第一所会员图书馆①;在英国,这种植根于普通民众的公共图书馆也曾以教会图书馆、商业性的流通图书馆和会员图书馆的方式出现。上述面向公众开放的图书馆都不是现代意义的公共图书馆。所谓现代意义的公共图书馆,是指以公共财税的方式维持图书馆的运行,并且免费向全体纳税人服务的图书馆。

19世纪初,美国的城市吸引了大批移民,既有外国移民,也有本土的乡村居民。为了使这些人受到教育,美国兴起了扫盲和强制教育运动。普遍的共识是,民主需要受过教育且见多识广的公民来推动。现代意义的公共图书馆正是在这一背景下诞生,1833年4月,新罕布什尔州的彼得堡镇成立了由税收维持的、免费向所有人开放的公共图书馆,由此奠定了美国现代公共图书馆的基本体制②。在英国,经过国会议员埃德沃特(Willian Edwart)和图书馆活动家爱德华兹(Edward Edwards)的不断游说,1850年英国国会通过了《公共图书馆法案》,这项法案授权人口在10万以上的城市征税以修建公共图书馆,允许地方政府为修建图书馆征税的比例是:每1英镑固定资产征收半便士图书馆税。从此,这种以税收支持的公共图书馆在英国各地迅速增长。与此同时,美国各州也开始授权市政府征税建图书馆,1854年波士顿图书馆向公众开放,成为美国现代公共图书馆的典范。③

三、中国古代藏书与现代图书馆

(一) 中国古代藏书

一般的文献都把中国古代藏书史上溯到周代,可谓源远流长。中国古代藏书以官藏为最早,逐渐形成四大藏书体系,即:官府藏书、私人藏书、寺院藏书与书院藏书。

1. 官府藏书

俗称"官藏"。官藏一词有两层意思,一是指国家藏书,其开放使用的程度

---

① 本杰明·富兰克林.人性的光辉:富兰克林传[M].张伟,译.呼和浩特:内蒙古人民出版社,2003:106-110.

② 斯图亚特·A.P.默里.图书馆:不落幕的智慧盛宴[M].胡炜,译.广州:南方日报出版社,2012:208-210.

③ 斯图亚特·A.P.默里.图书馆:不落幕的智慧盛宴[M].胡炜,译.广州:南方日报出版社,2012:208-210.

相对较高；二是指内府藏书，即仅供皇帝及部分内府官员使用。关于我国官藏始于何时，按《史记·老庄列传》记载，老子曾任周王室的"守藏室之史"，这意味着官藏始于周朝，通常认为，藏室即藏书的地方，守史则是管理书籍的官吏。秦朝焚书致使官藏大量被毁；汉朝时又广开献书之路，大量收集图书；魏晋南北朝时期各朝都较为重视藏书，官藏总量呈现增长之势。隋朝统一后官藏有较大的增长，隋文帝重视藏书，不仅整理和完善陈朝藏书，还通过抄书和求书的方式增加官藏，且其求书的力度极大(赏格)。唐朝之初藏书量不大①，经过几代皇帝的征书活动，藏书增长较快，到玄宗时藏书已达 8 万多卷。唐朝是我国图书制作与装潢技术发展比较快的时期，官藏增长较快与这一社会环境不无关系。唐朝在官藏发展的同时，也逐渐形成了专门的管理机构即秘书省，由秘书监领导，下设秘书郎职位。到了宋代，其官藏形成了四个中心，即昭文馆、集贤院、史馆与秘阁。宋太祖时史馆是藏书中心，宋太宗以后便转移到秘阁。宋朝官藏的藏书机制更加完善，通过四种途径增加藏书：继承旧朝官藏、民间献书、民间征书、新撰书所呈缴样本。元朝统治者虽为蒙古人，但重视汉朝文化，故官藏仍然得以发展。明朝建立以后，官藏更是达到新的水平，除了官府重视藏书之外，社会图书总量增加也是重要原因。明朝除了接收宋辽金元的旧藏，向民间征书、求书也是重要途径，但明宣宗以后的历朝皇帝对藏书的重视程度下降，致使官藏损毁严重，并渐渐削弱官藏管理机构的职能，最终取消了国家藏书机构，从而形成明清两代只有内府藏书而没有国家藏书的现象。② 清代官藏沿袭明朝体制，继续走内府藏书之路，将藏书分内阁、翰林院和国子监三处收藏与管理，没有专门的、统一的国家藏书机构。由于明清政权更替导致内府官藏损毁严重，从顺治皇帝开始，清朝皇帝采取经常性征书的方式增加官藏，尤以乾隆征书收益最大，并以编撰《四库全书》时的征书政策使得官藏大幅增长。

中国古代官府藏书史上，以编撰《永乐大典》和《四库全书》为两件盛事，对促进官府藏书、保存文化遗产作用巨大。

明成祖朱棣于永乐元年(公元 1403 年)组织人手编撰一部卷帙浩繁的大型类书，责成大学士解缙和高僧姚广孝负责，全部工作人员多达 2 100 多人，到永乐六年(公元 1408 年)完成，朱棣赐名《永乐大典》。作为一部大型类书，采录上古至明初的重要典籍近 8 000 种，成书后共 22 877 卷，另有凡例、目录 60 卷，总装订成 11 095 册，约 3 亿 7 000 万字。这部中国历史上规模最大、内容最丰富的大型类书，在世界文化史上占据重要的地位。

---

① 据记载，唐朝建国时曾把隋朝官藏运到洛阳，但不幸在三门峡附近沉船，只打捞到少量书籍。

② 来新夏.书之传承——时间里的图书史[M].天津：天津教育出版社，2013：66-68.

清乾隆年间组织编撰了一部大型丛书《四库全书》，它创议于乾隆三十七年，于第二年着手成立“四库全书馆”，招募编撰人员，在全国范围内征书，从《永乐大典》中辑佚已不存世的文献。《四库全书》的工作分编撰、缮写、建阁等几个方面进行。《四库全书》共收书 3 461 种，成书达 79 409 卷，分装 36 300 册。先缮写四套分藏于紫禁城内文渊阁、圆明园文源阁、承德避暑山庄文津阁和沈阳故宫文溯阁。后乾隆又下令缮写三套分藏于镇江金山寺文宗阁、扬州大官堂的文汇阁和杭州孤山路的文澜阁。《四库全书》作为一部大型丛书，一方面从《永乐大典》中辑佚了大量遗书，另一方面从民间征集了大量稀世珍本，使得这些珍贵文献得以重现于世，对文化保存起到了不可替代的作用。

2. 私人藏书

中国古代私人藏书的历史可以追溯到春秋战国时期，各国纷争增大了对人才（即“士”）的需求从而促使私学兴起，由私学的兴起进而刺激了民间藏书。由于私人藏书在民间，所以秦朝焚书时许多民间藏书得以幸存，正如司马迁在《史记》中分析汉初许多书籍重新出现的原因是：“诗书所以复现，多藏人家”，对于因秦朝的焚书而致官藏遭厄运，私人藏书则显现了对保存中国文化的独特作用。从汉到魏晋南北朝，民间私人藏书一直存在，尤其是南北朝时期由于纸质书的出现，私人藏书的数量发展较快，一些“多书之家”的藏书少则数千卷多则数万卷。至唐朝，图书制作技术的进一步发展使私人藏书走向兴盛，藏书上万者不乏其人。到宋代，私人藏书的地域范围大大扩大，一些边远地区也出现了藏书家。宋代的藏书家多数绵延几代不衰，许多藏书家不仅悉心藏书，还专注于文献的校订整理及学术研究，出现了许多著名学者。经历元代再到明朝，私人藏书进入一个新的高潮，尤以江浙闽广一带为甚，出现了许多私人藏书名楼，如天一阁、澹生堂等。天一阁最鼎盛时藏书达 7 万余卷，澹生堂达 10 万余卷。清代的私人藏书达到鼎盛，著名藏书家先后有近 500 人，占历代著名藏书家总和的一半。藏书和学术发展总是相辅相成，清代的藏书家中出现了一批学问家，如黄宗羲、阮元、黄丕烈、卢文弨等。

私人藏书活动有几个特点：(1) 藏书活动有一定的继承性，往往代代相传，许多藏书楼是经过几代人的努力才成就为藏书名楼的。(2) 藏书是一项综合性的活动。包括书的访求、典藏、校勘、注释、编制目录等内容，具有一定的学术性。有些藏书楼在精选精校的基础上还刻印图书。(3) 藏书是一种文化。从藏书处所的设计、美化与命名，到藏书印章，无不充满文化意境。

3. 寺院藏书

寺院藏书是一种总称，盖因佛教与道教的宗教活动而产生了大量宗教典籍及相关文献，由此而形成的藏书活动统称为寺院藏书。

佛教是外来宗教,大约在两汉之交由印度传入中国,而佛经的大量译介始于东汉时期。[①] 随着佛经的译介和佛教的传播,中国开始出现佛学著作,此外经序、目录、史传等也相继出现,致使佛教书籍增多从而出现藏书活动。佛教的藏书活动无疑是在寺院里进行,从晋朝开始中国大量出现寺院,佛教藏书也随之兴盛。隋唐时期佛教进入全盛阶段,教派形成,译经活动更是到达顶峰;译经活动不仅规模浩大且制度完善,并有专门的翻经馆、翻经院等。同时,中国僧人的佛教著述也增长较快,包括佛教诗文、经序、佛经注疏等作品。隋唐时期的佛教藏书除了收藏佛教内容的书籍,也收藏其他内容的书籍,如文学作品、文集、道书、俗经史、医方、图符等,由此,隋唐时期佛教藏书的兴盛状况可见一斑。一般把佛教典籍的综合叫做佛藏,也叫大藏经。

道教是本土宗教,由古代巫术、神仙方术演化而来,形成时期大约在东汉后期,随后产生了道书并逐渐丰富,道教的宫观是道教藏书的主要处所。道书的内容早期多为炼丹服食及符图之说,后来为了与佛教竞争,道家藏书力求宽泛,除了道教典籍,还广纳诸子百家的著作。与佛教对应,道教典籍的总和称作道藏,也叫道藏经。隋唐时期,由于受到皇帝的崇信,道教发展迅速,道教典籍也发展较快,许多宫观都藏有道藏经,并且开展道书的整理与传写活动,大大提升了道书的质量。

4. 书院藏书

书院,是中国古代的一种教育机构。起源于唐代,到宋代进入兴盛,明、清两代则进一步发展。书院这一名称最早来源于唐代,唐玄宗开元十一年(723)、开元十二年,先后在长安和洛阳开设丽正书院,到开元十三年均改称集贤书院。集贤书院是一个以文献整理、研究为主要任务的机构,即"掌刊辑古今之经籍,以辨明邦国之大典,而备顾问应对"。后来更常见的书院则是一种民间机构,是一种聚徒讲学、研究学问的地方。到宋代,这类民间书院已达数百所,其中最著名的书院有:江西庐山的白鹿洞书院、湖南长沙的岳麓书院、河南商丘的睢阳书院(即应天府书院)、河南登封的嵩阳书院、湖南衡阳的石鼓书院和江苏金坛的茅山书院。书院作为讲学、研究、著述的场所,自然会聚集书籍从而形成书院藏书。书院藏书一是来自朝廷和地方官府的赐书与赠书,二是来自民间捐赠,三是来自自行刊刻,四是书院教师及学生的讲义和读书心得。由于书院的山长往往是学问大家,教师也都是极富学问之人,故书院的刻印书籍往往讲求质量。

(二)从藏书楼到现代图书馆

藏书楼是中国古代对藏书处所的称谓,泛指古代官方、私人及民间机构收藏

---

① 谢灼华主编.中国图书和图书史[M].武汉:武汉大学出版社,2005:93-98.

文献的建筑物，同时也是藏书主人和学者、读书人研读、考订、校勘文献的场所。古代藏书楼无论官私都不对一般民众开放，一些私人藏书楼出于藏书安全的考虑更是加强其封闭性。最能说明古代藏书楼封闭性的莫过于唐朝杜暹的家训“清俸买来手自校，子孙读之知圣道，鬻及借人为不孝”。鬻，即售卖，把藏书售卖或外借于人都归于不孝之行为，可见藏书之封闭性达到何种程度。到明清时期，藏书家们对藏书楼封闭性管理有增无减。

能否将藏书楼视为古代的图书馆是一个颇有争议的问题，部分文献的确是这样描述二者之间的关系的，即藏书楼就是古代的图书馆，把近代出现的文献收藏与服务机构则称为近代图书馆与现代图书馆。但吴晞的《从藏书楼到图书馆》一书认为，藏书楼不可能自然进化到现代图书馆，这是两种完全不同的事物。“古代的藏书和藏书楼至多可以看做是中国图书馆的历史渊源，但绝不是它的母体和前身”，“中国的旧式藏书楼中缺乏进化演变成为近代图书馆的基本机制，缺乏面向社会开放的因素”，因而即使“再发展若干世纪，也没有可能自行演变成为西式近代图书馆的基本机制”。①

的确，古代藏书楼，无论官方藏书楼还是私人藏书楼，都以其封闭性著称，其最显著的特征为“以藏为主”；而近现代图书馆的特征则是“藏用结合”，故二者之间的区别并非“先进与落后”的区别，而是具有本质上的区别。

近代图书馆在中国的兴起是“西学东渐”的结果，这意味着，中国近代图书馆是按照西方图书馆的体制建立的，是一个全新的开始，其与旧式藏书楼的关系是一种替代关系而非继承关系，尽管在文献收藏上有一定的继承性，比如许多旧式藏书楼的藏书被近代图书馆收藏，但就机构属性而言，近代图书馆在中国的形成是在接受西方图书馆的思想方法的基础上本土化的结果。

近代图书馆在中国形成的几个标志性事件如下：

1. 基督教图书馆的传入

随着西方基督教传入中国，教会图书馆也应运而生。尽管最早传入中国的基督教图书馆是在明万历年间由著名传教士金尼阁（Nicolas Trigavlt）所创立的“教廷图书馆”，但基督教图书馆在中国的真正兴起是在明末清初之际，北京的“四堂”图书馆②、上海的徐家汇天主教堂藏书楼、圣约翰大学图书馆、武汉的文华公书林等相继建立。基督教图书馆是近代图书馆进入中国的先驱，它们起到了近代图书馆思想在中国启蒙的作用，也起到了近代图书馆服务与管理的示范作用。

---

① 吴晞.从藏书楼到图书馆[M].北京：北京图书馆出版社，1996：1-5.

② 所谓“四堂”图书馆指南堂、东堂、北堂、西堂四所图书馆。

2. 京师大学堂藏书楼成立

光绪二十四年(1898)七月,京师大学堂创建,作为中国最早的国立综合性大学,它是戊戌变法中"新政"的产物。庚子年间(1900),义和团和八国联军先后进京,京师大学堂被迫关门。光绪二十八年(1902)京师大学堂复校,与此同时,设立了京师大学堂藏书楼。1903 年,清政府颁布全国高等教育纲领《奏定大学堂章程》,规定将全国大学堂的藏书机构统称为图书馆。尽管在京师大学堂人们仍沿用藏书楼之名,但它按照新型图书馆的模式运行,不仅很好地支持了大学的教学与人才培养,并且对全国的学校图书馆起到了指导与示范作用。京师大学堂藏书楼的建立与发展在我国近代图书馆史上的意义是巨大的,一方面它昭示着图书馆对于一所大学的价值与意义,另一方面,它极大地促进了我国新式图书馆的成熟与完善。

3. 古越藏书楼

1900 年,浙江绍兴乡绅徐树兰着手创办一座新式图书馆——古越藏书楼。这座于 1903 年建成的新式藏书楼,由徐氏独家出资 8 600 余银两建成。古越藏书楼虽然起了一个旧式名称,但它实际上是一座对全体乡民开放的公共图书馆,它的"现代性"表现在三个方面:一是藏书涉及的内容十分广泛,除了经史子集旧籍之外,还收藏许多时务、实业类书籍,外国文献也占了一定比例;二是其服务与管理都借鉴了西方图书馆的方法,读者事先登记,按次序入馆借阅文献,每个人都是平等的;三是人性化服务,如读者可以订购早、中、晚餐,为其安心读书提供了极大的方便。古越藏书楼是一座以私人之力创办的新型公共图书馆,它以西方图书馆为模板,打出了"存古、开新"的旗帜,面向普通民众开放,在全国产生了极大的影响。

4. 各省图书馆及京师图书馆的建立

从 1903 年开始,以浙江藏书楼为标志,全国各地的官办大型图书馆兴办热潮拉开帷幕。到辛亥革命以前,全国各地省级公共图书馆已达到 20 家,其中以南京的江南图书馆和北京的京师图书馆最为著名,这与它们的创始人都是近代著名图书馆学家缪荃孙不无关系。

京师图书馆的创建在我国近代图书馆事业发展史上具有划时代的意义。这个从 1910 年 9 月开始筹建、1912 年(民国元年)正式对外开放的全国性图书馆,尽管在创办的时间上落后于省级图书馆,但它的地位决定了它的影响与价值。京师图书馆于 1912 年 8 月开馆,馆址设在北京方家胡同,1926 年改名为国立京师图书馆,1928 年 7 月改名为国立北平图书馆,搬迁到中南海居仁堂,1929 年 9 月,与北海图书馆合并,1931 年迁入文津街新馆舍,名称仍为国立北平图书馆。

京师图书馆的诞生,意味着近代图书馆体系中的三种重要的图书馆类型即国家图书馆、公共图书馆和大学图书馆在我国已经基本健全。

在京师图书馆创建的第二年(宣统二年,1910),由清政府学部拟定的《京师图书馆及各省图书馆通行章程》正式颁布,这是我国历史上第一个图书馆法规。这部法规将图书馆的宗旨表述为:"保存国粹,造就通才,以备硕学专家研究学艺,学生士人检阅考证之用,以广征博采、供人浏览为宗旨。"①这一宗旨正是对源自西方的新式图书馆的社会使命的准确阐释,为我国图书馆事业的发展奠定了良好的基础。

第二节 图书馆与信息公平

一、信息公平的概念

(一)什么是信息公平

信息公平是指每一个社会成员,无论社会地位、受教育程度、经济状况、民族、国籍、年龄等如何不同,都应该能够获取参与社会事务、满足基本生活所需的信息。②

关于信息公平的保障问题,有几个关键点需要厘清。其一,信息公平的基本前提是信息的自由获取,即"人人有权享有主张和发表意见的自由;此项权利包括持有主张而不受干涉的自由,和通过任何媒介和不论国界寻求、接受和传递信息和思想的自由。"③其二,保障信息公平只针对人的基本信息需求,所谓基本信息需求,是指人们因自我发展和参与社会管理而产生的信息需求,这类信息一般处于公有领域,即公共域信息(Public Domain Information)④。其三,信息公平是使每个社会成员能够无障碍地获取基本信息而非将信息进行平均分配。由于人们的生存状态差别很大,在相同信息源面前,弱势群体在获取信息方面存在诸多由于他们自身的原因而形成的障碍,所以,信息公平的体现方式往往是向弱势群体更多地倾斜。

(二)信息公平是社会公平的组成部分

社会公平是指所有社会成员拥有平等的政治与社会机会,也可以说是一种机会公平。社会公平所包含的内容是多方面的,其中就包含信息公平。信息公

① 张雪峰.我国第一部图书馆法规的产生及其影响[J].图书馆杂志,2000(9):56-57.

② 范并思.图书馆资源公平利用[M].北京:国家图书馆出版社,2011:52-55.

③ 联合国.世界人权宣言[OL].[2014-10-22].http://www.un.org/zh/documents/udhr/.

④ UNSECO.Public Domain Information[OL].[2014-10-23].http://portal.unesco.org/ci/en/ev.php-URL_ID=1535&URL_DO=DO_TOPIC&URL_SECTION=201.html.

平之于社会公平的意义有以下两方面：

1. 信息公平是民主社会的基石

民主社会的基本特征是人民可以参与到社会事务中来，这是由制度设计来实现的。但是，不管制度设计如何，人民对任何社会事务的发言权都需要有信息保障，否则人民就难以真正有效地行使其权利。为了保障人民的这一权利，首先就要保障他们的知情权，要为他们对社会事务的认知、分析与判断提供足够的知识与信息。所以，信息公平尤其对于弱势群体最为重要，必须通过制度设计，尽可能地扫除他们获取信息的障碍，如身份障碍、经济障碍、知识障碍等，以便他们能够无障碍地获取基本信息。

2. 信息公平有利于促进社会的良性发展

在一个美好的社会，人人都有提升自己、改变生活境遇的机会。信息公平制度是一种机会平衡机制，因为信息的充分获取可以改变人的眼界、目标和行为方式，进而可能改变他们的人生道路。实现了信息公平，就可以保障人们获取信息的权利，使每个人在社会体系中与其他社会成员一样拥有平等发展的机会。

许多社会矛盾的滋生往往与人们的信息不对称有关。由于人的理性与其见识是正向相关的，在信息量不足的情况下，就会出现所谓以一己之见来揣度他人或事实的情况，往往表现为个人观点的偏颇，这是产生社会矛盾的一个重要原因。通过增大信息获取的机会来提升人们对问题的分析与判断能力，有助于减少误会，提升理性，改善人们参与社会事务的品质，从而促进社会的融合。

（三）信息公平的实现

对信息公平的保障并非没有边界，不可能也没有必要在一切社会信息方面都提供公平获取的保障，国际社会的共识是，信息公平限定于公共域信息。联合国教科文组织将公共域信息定义为两类信息：一类是原本属于私人和民营组织的信息，但权利人对信息的所有权失效或权利人自愿放弃权利，这意味着这类信息已经进入公有领域；另一类是公办组织所产生与拥有的信息，这里所指的公办组织主要是政府，从法理上讲，政府信息应该向所有纳税人公开。UNESCO 强调，人人拥有获取上述信息的权利，只要不违反保密信息的管理规则、不侵犯他人隐私、不危害国家安全。①

公民对公共域信息的获取通过哪些制度来实现呢？一般来说，保障信息公平的制度有：以宪法为基础的电信与网络普遍服务制度、知识产权保护

---

① UNSECO.Public Domain Information［OL］.［2014－10－23］.http://portal.unesco.org/ci/en/ev.php－URL_ID＝1535&URL_DO＝DO_TOPIC&URL_SECTION＝201.html.

制度、政府信息公开制度、新闻传播制度、公共图书馆制度等。随着互联网进入社会生活，网络越来越成为人们获取信息的主要渠道，世界各国都针对信息的网络传播与获取而制定了相应的法律法规，如我国的《信息网络传播权保护条例》等。

二、图书馆在信息公平维护中的地位与作用

（一）图书馆在维护社会信息公平中的地位

说到图书馆对于保障信息公平的地位与作用，仅针对公共图书馆才有意义。其他类型的图书馆，如大学图书馆、学校图书馆、科研机构图书馆等，它们作为机构内设置的图书馆，其主要功能是为机构内部成员提供信息服务，因而不强求它们为维护社会信息公平发挥作用。国家图书馆从法理上是所有国民的图书馆，对于保障信息公平是可以发挥作用的，但国家图书馆数量少，不是人民“身边的图书馆”，而且国家图书馆作为国家的保存本图书馆，对其资源应该采取限制性使用；只有公共图书馆，一方面，它们的存在机制就决定了它们是所有人的图书馆，应该为所有人服务；另一方面，它们分布的广泛性，使它们作为人民“身边的图书馆”具有可到达性，因而不仅从法理上具有保障信息公平的必然性，从操作上也具有可能性。

诚然，公民获取信息的途径有很多，包括实体性渠道和网络渠道。在实体性渠道中，有公益性和商业性渠道，公益性渠道除了公共图书馆外，其他就是政府机构。政府在提供信息服务方面也是面向所有人且免费的，但政府提供的信息是单一信息，它通常按照自己的职能掌握与职能相关的信息。商业性渠道在提供信息服务方面虽然有优势，如高效与专业，但这类机构的营利性决定了它们只能为有能力购买服务的人提供服务。除了实体性的渠道外，互联网是人们获取信息最常用的渠道，很容易产生的误解是，互联网就是一种免费渠道。网上的确有很多免费信息，但这只是表象，实际上互联网渠道是一种有门槛的渠道，一是经济门槛，即终端设备购买与互联网接入等都需要费用；二是知识与技能性门槛，即必须先行学习有关计算机技术与网络技术的知识，掌握各种终端设备的使用技能，才能通过互联网获取信息。

我们已经知道公共图书馆是一种零门槛的信息服务机构，除此之外，公共图书馆的使命是促进人们获取信息，为此，公共图书馆会想方设法帮助有困难的人群克服信息获取的障碍，所以，与其他渠道相比，公共图书馆既是对公民信息获取权利的制度性保障，又是人们获取信息的帮助者与促进者。

（二）图书馆在维护信息公平中的作用

公共图书馆在维护社会信息公平中如何发挥作用呢？实际上，图书馆的作

用是在人们的利用过程中体现出来的，人们利用图书馆越多，图书馆所发挥的作用就越大。概括地说，图书馆要更好地在维护信息公平中发挥作用，就是要尽可能地促进人们对图书馆的利用。为此，图书馆应该做到：

1. 通过广泛的馆藏政策，满足公民多元化的信息需求。通过提供文献借阅来满足人们对知识与信息的需求是图书馆的核心功能之一，由于公共图书馆是面向全体社会成员服务的，只有广泛的馆藏政策才能满足多元化的需求。公共图书馆应该杜绝所谓特色馆藏的做法。特色馆藏，意味着偏向某些特定领域的文献收藏，这类文献往往只有部分人群甚至是少数人群需要，这显然不利于满足所有人的需求。

2. 降低进入门槛，包括经济门槛与身份门槛等，让全体公民可以无障碍地利用图书馆。所谓经济门槛是指由收费而形成的门槛，不管收费多少，只要收费就必定阻挡了部分人群的进入；身份门槛是指通过设定具有某些资格的人才能进入图书馆而形成的门槛。这类门槛包括社会身份（职位、行政级别等）、年龄门槛（如××岁以下不得进入等）等。

3. 让服务更加人性化，使人们愿意使用图书馆。图书馆对信息公平的维护是通过它的服务来实现的。所谓人性化服务，就是以读者利益为最高利益，为读者提供方便、快捷的服务，并使服务和服务设施让每个人都愿意使用。人性化的服务包括延长开放时间、借阅更加便捷、馆内环境更加舒适等。

4. 为有使用障碍和阅读障碍的公民提供帮助。有使用障碍和阅读障碍的人，往往属于社会的弱势人群，如低收入者、受教育程度低的人、低龄者、高龄者、残障人士等，如果不为他们提供帮助，不能满足他们的阅读需要，这部分人获取信息的权利就是一句空话。

5. 不断丰富服务形式，吸引更多的人利用图书馆。如果图书馆提供的服务形式单一，就会导致部分人群不愿意利用图书馆。图书馆应该不断开拓服务形式，以创新的服务来吸引人。

6. 宣传与推广，让更多的人了解图书馆。不是所有人都知晓图书馆的存在，也不是所有人都了解图书馆的功能，有些人或许因长时间没有利用图书馆而淡忘了它的存在，凡此种种，都需要通过一定的宣传与推广工作去改变现状。

（三）中国公共图书馆公平服务的历程

尽管公共图书馆面向所有人开放是国际惯例，但我国的公共图书馆曾经经历过一个有限度开放的时期。这个时期的有限度开放，是指对公众进入公共图书馆设置了一定的准入门槛，这些门槛随着年代的不同而变化，包括：(1) 身份属性门槛，通常办图书馆借阅证需要出具工作单位证明，有些地方的公共图书馆甚至还要求一定的职位或职称;(2) 地域属性门槛,通常办图书馆借阅证需要出具当地户口;(3) 生理属性门槛,很多公共图书馆设置了年龄门槛,限制未成年人进入等;(4) 经济门槛,即办理借阅证需要缴纳一定的费用,包括押金和年费。这些门槛中,身份属性门槛最为严苛,因为一个不具备"干部"身份的人,几乎永远不可能获得一定行政级别的职位,这就意味着他们不可能获得办理借阅证的机会;其次是地域属性门槛,由于我国的户籍管理较为严格,绝大多数流动人口很难获得当地户籍,这导致他们不能与当地居民一样使用公共图书馆的资源;经济门槛是上述门槛中相对公平的门槛,任何人,只要按规定缴纳费用和出示身份证明(可以不受户籍所在地限制)即可办理借阅证,即便如此,对于不愿意出钱办证或无力出钱办证的人而言这仍然是一道门槛。

上述门槛很难厘清它们存在的时间界限,各个地方的情况差异较大。总的规律是,身份属性门槛逐渐被经济门槛取代,到 20 世纪 90 年代以后,几乎全部被经济门槛取代。此外,地域属性门槛趋于松动,在绝大多数地方,在缴纳一定的押金和年费后,不具备当地户籍的公民也可以使用公共图书馆的资源与服务。进入 21 世纪以后,中国公共图书馆界的观念开始发生改变,在服务中体现公平与平等逐渐成为共识。由于彼时我国公共图书馆最普遍的"门槛"已经转变为收费门槛,所以矛盾集中在如何打破收费这道门槛上。2005 年前后,珠三角、长三角地区的公共图书馆率先打破收费门槛,即在保留押金的基础上不再收取年费,而押金是可以退还的,不收取年费就意味着公共图书馆基本上实现了免费服务,使得绝大多数公民可以基本无障碍进入公共图书馆。大约从 2009 年开始,少数图书馆开始免除押金,凭身份证明可以办理借阅卡,至此,真正意义上的免费公共图书馆在中国出现。至于年龄门槛,这个在我国比较特殊,因为从 20 世纪 50 年代开始,中国公共图书馆按照苏联模式兴办,很多地方将公共图书馆划分为面向成年人服务的公共图书馆和面向未成年人服务的少年儿童图书馆两种类型,这是许多面向成年人服务的公共图书馆设置年龄门槛的原因。但由于设置年龄门槛不符合国际惯例,也经常遭到公众的质疑,于是,公共图书馆拆除年龄门槛逐渐成为趋势。2010 年 5 月 31 日,中国国家图书馆少儿分馆正式对外开放,①这无疑起到一个很好的示范作用。到 2012 年为止,大多数公共图书馆,包括省级公共图书馆都已经面向未成年人开放,年龄门槛最终被彻底拆除是大势所趋。

---

① 中国新闻网.国家图书馆少儿馆开馆 9 点至 17 点免费接待小读者[EB/OL].[2014-07-26].http://www.chinanews.com/cul/news/2010/05-31/2314703.shtml.

第三节 图书馆与社会阅读

一、阅读与社会阅读

什么是阅读？阅读是人类特有的一种活动，它通过从文字符号中获取信息，再调动思维与想象等大脑活动，获取文字所要表达的意义，并由此获得情感体验以及新的认知。阅读的过程包含四个方面：文字识读，语义理解，思想感应，以及综合归纳。可见，阅读是由一系列的过程与行为构成的总和。

人为什么需要阅读？这个问题关涉阅读的价值。所谓阅读的价值，就是指阅读对人所产生的有利于其生存与发展的正面影响，这种影响包括"修身养性"与"经世致用"两个方面。从人的全面发展来看，阅读的价值体现为：获取知识、开发智力、修心养性。

从个人阅读到社会阅读，这之间并不存在某种直接的逻辑关系，如果说，个人的阅读是一种行为过程，那么社会阅读则是一种现象。如当我们说应该倡导社会阅读，是指形成一种人人崇尚阅读的社会风气；当我们说某个区域的社会阅读风气好，是指在这个地区人们普遍以阅读为乐，反之亦然。倡导社会阅读的意义在于：其一，提升社会成员的阅读兴趣。由于个体的行为容易受到环境的影响，因而营造一个崇尚阅读的社会环境是必要的。其二，保持一个国家的国民与国际社会的同步发展。阅读有助于开拓视野、增长见识、提升智力水平，这是保持与国际社会同步发展的必由之路。其三，提升民族竞争力。阅读可以使人获得精神力量，有助于形成正向的核心价值，这是提升民族竞争力必不可少的条件。

二、图书馆的阅读推广

（一）图书馆阅读推广的历史

在参与促进全民阅读的过程中，图书馆职业历来是一种重要的力量，这个职业是为着社会的阅读需求而产生的。由于只有公共图书馆的服务是面向全社会的，所以直接参与推动全民阅读活动的主要是公共图书馆。

从 19 世纪英美公共图书馆诞生伊始，就形成了一种传统，即以阅读来完成扫盲与教化，这种传统一直持续到 20 世纪初。在这种理念的支配下，当时的公共图书馆自认为有责任把好书提供给读者，甚至试图用好书去影响读者并不高雅的阅读趣味。美国图书馆学家杜威提出的"以最小的成本将最好的图书提供给最多的读者"正是那个时代图书馆职业价值观的精确概括。① 但过多地关注所谓"好书",专注于去干预读者的阅读选择,其结果是忽视了对读者阅读兴趣的培养,最终也影响了图书馆的利用率。差不多与此同时,另一种思潮也在悄然出现,即图书馆职业开始关注借阅率,图书馆员不得不正视一个现实,即消遣性读物更受到读者的青睐,逐渐地,图书馆员开始容忍格调不那么高雅的读物进入馆藏。在很长一个时期,高雅读物与通俗读物之争一直在图书馆职业内部持续,这个问题也可以变换为:是要馆藏质量还是要流通率。直到"二战"以后,关注并尊重大众的阅读需求的理念逐渐占了上风,既然通俗读物的借阅量始终处于图书馆借阅量的前列,那么图书馆职业有什么理由不尊重这样的现实呢?于是,消遣性阅读的正当性逐渐得到确认,同时,图书馆职业也认识到消遣性阅读对于培养人们的阅读兴趣、扫盲等具有不可替代的作用。20 世纪 70 年代以后,对消遣性阅读的接纳又进入到一个新的认识高度,即读者对读物的选择是他们的权利,这种权利被图书馆职业表述为"阅读自由","读什么书"代表着个人的自由意志,图书馆员无权干预。② 职业立场的转变以及学术研究的导向作用显然也在影响着决策机构的管理理念,以英国为例,在 20 世纪 90 年代发布的几个官方文件中,基本上都对大众的休闲阅读持肯定、支持与保护的立场。③

(二)图书馆阅读推广的宗旨与实现途径

尽管任何图书馆都应该肩负阅读推广的使命,但本节的问题域限定于社会阅读,因而以下的讨论主要立足于公共图书馆的阅读推广。

IFLA 对公共图书馆宗旨的陈述是:支持教育、支持人们获取信息以及支持个人发展。④ 这里并没有直接提及阅读,但实际上给出了理解公共图书馆与社会阅读之间关系的一种角度。"支持教育、支持信息获取和支持个人发展",都需要通过"阅读"这一途径来实现,而公共图书馆正是通过促进社会阅读来实现上述"三个支持"的。

图书馆阅读推广的实现途径如下:

1. 通过向社会公众提供丰富且免费的阅读资源,以降低阅读成本的方式来推广阅读。对于成年人来说,阅读并不是日常生活中必不可少的内容,尽管他们或许知晓阅读的意义与作用,但繁重的生活负担往往挤压阅读的开支,如果图书

---

① Gray W S.How well do adults read? [M]//Henry N.Adult reading.Chicago:The University of Chicago Press,1956:29-56.

② 李超平.公共图书馆宣传推广与阅读促进[M].北京:北京师范大学出版社,2012:240-252.

③ 于良芝,许晓霞,张广钦.公共图书馆基本原理[M].北京:北京师范大学出版社出版社,2012:51-66.

④ IFLA.公共图书馆服务发展指南[M].北京:北京图书馆出版社,2002:1-2.

馆能够为他们提供免费的阅读资源,对于促进阅读必定是有帮助的。

2. 让阅读资源的获取方便而快捷,使人们不至于因为怕麻烦而远离阅读。情报学有一个摩尔斯定律,即“一个情报检索系统,如果让用户在获取情报时,比不获取情报时更费事更麻烦,这个系统将不会得到利用”。① 这一定律所总结的社会现象同样适用于阅读过程。我国近几年的公共图书馆服务体系建设,首先就是解决人们就近利用图书馆的问题。此外,图书馆通过简化办证和借阅手续、网上预约与续借、“一卡通”服务、24 小时还书箱、24 小时自助借阅机、提供数字资源等方式,不断降低人们的阅读门槛,以此来推广社会阅读。

3. 将优质和最新的阅读资源向公众揭示与推介,以此激发其阅读欲望。优质馆藏资源的推介和新书推介是阅读推广中的重要形式,图书馆通过网站、社交媒体、陈列、专家讲座、读者书评、读者沙龙等形式向读者推送、宣传优质馆藏和新书,调动读者的阅读兴趣。

4. 对不具备阅读能力与阅读习惯的人给予帮助,设法让他们体验阅读的乐趣与益处,以帮助他们培养阅读习惯,提升阅读能力。大多数图书馆往往从未成年人入手,因为未成年时期是培养阅读习惯的关键时期,这也是国际图书馆界历来高度重视儿童阅读推广的原因。

5. 对阅读困难群体提供帮助,帮他们克服阅读障碍,满足其阅读愿望。这里所指的阅读障碍,一是生理上的障碍,二是行动受限障碍,前者如儿童、老年人、残障人、病人等,后者指服刑人员等。每一种类型的人群,障碍的表现形式都不一样,如儿童的阅读障碍主要是不识字或识字少、理解能力不足、阅读习惯尚未形成等,老年人的阅读障碍主要是行为不便、视力下降等。图书馆就应该针对不同人群的实际情况开展服务,如儿童故事会、盲人“看”电影、送书上门、朗读、送书到监狱等等。

思考题

1. 简要概括西方公共图书馆的起源与发展历史。
2. 简述中国古代的藏书方式。
3. 图书馆应如何发挥其维护信息公平的作用?
4. 图书馆阅读推广的实现途径主要有哪些?

① 王崇德.情报科学原理[M].台北:农业科学咨询服务中心,1991:143-144.

参考文献

[1] 吴晞.从藏书楼到图书馆[M].北京:北京图书馆出版社,1996.

[2] 谢灼华主编.中国图书和图书馆史[M].武汉:武汉大学出版社,2005.

[3] 范并思.图书馆资源公平利用[M].北京:国家图书馆出版社,2011.

[4] 斯图亚特·A.P.默里.图书馆:不落幕的智慧盛宴[M].胡炜,译.广州:南方日报出版社,2012.

[5] 李超平.公共图书馆宣传推广与阅读促进[M].北京:北京师范大学出版社,2012.

第七章　图书馆资源

图书馆资源指图书馆的信息资源。在西方国家,信息资源的概念大约在 20 世纪 70 年代开始流行,20 世纪 80 年代中期以后在我国流行开来。此后,国内外图书馆学界、信息科学界以及其他相关学科相继掀起了研究信息资源的热潮。

第一节　图书馆资源概述

一、图书馆资源的概念

目前,有关信息资源的概念尚未形成统一的共识,但通过归纳国内外比较流行的观点,可将其划分为广义的信息资源和狭义的信息资源两大类。广义的信息资源是指信息活动中各种要素的集合,包括信息及其相关人员、技术、设备等。狭义的信息资源仅限于信息本身,是指经过人类选择、组织、虚化并大量积累起来的各种有用的信息的集合,包括文字、声像、印刷品、电子信息、数据库等。本章所称的信息资源指狭义的信息资源。

图书馆信息资源的内涵和外延主要表现在以下几个方面:首先,信息资源是信息的集合。只有当信息达到一定的丰富度和凝聚度时,信息才可能成为信息资源。其次,信息资源应是有用信息的集合。信息资源不是任意信息的聚合,只有能够被人们利用的信息才能构成信息资源,无用的信息不应包括在信息资源的集合之中。再次,信息资源应是经过人类组织的、有序的、可存取的信息的集合。没有组织的信息是杂乱无章的,会妨碍信息的有效利用和普遍获取,因此只有经过序化的信息才可构成信息资源。最后,信息资源应是包括各种文献载体形式,如文字、声像、缩微、数字信息等的信息的集合。因此,我们认为信息资源应定义为:信息资源是经过人类筛选、组织、加工,并可以存取和能够满足人类需求的各种信息的集合。

二、图书馆资源的类型

划分事物的类型，是认识事物的一种基本方法。图书馆的信息资源种类多样，在知识内容、生产方式、载体形态等方面具有不同的特点，为了对信息资源有更清楚的了解，有必要对其进行划分。依据不同的划分标准，可将信息资源划分为不同的类型。按照以载体形式为主，以出版形式和知识内容为辅的综合方法，可将图书馆信息资源划分为印刷型信息资源、非印刷型信息资源和网络信息资源三大类。

（一）印刷型信息资源

印刷型信息资源又称纸质信息资源，是以纸张为载体材料，以手写、印刷、打印或复印等为记录手段而形成的信息记录的一种类型。我国是世界上最早发明造纸术和印刷术的国家，因此可以说，世界上最早的纸质信息资源出现在中国。纸质信息资源的出现，极大地方便了人类的信息交流和知识传承，加速了人类文明的进程。尽管非纸质信息资源，特别是数字信息资源不断增加，但纸质信息资源仍然是图书馆资源采集的主要对象，在信息资源建设中占有相当大的比重。因此，了解纸质信息资源的类型、特点具有十分重要的意义。

按照出版形式的不同，可将纸质信息资源划分为图书、连续出版物和特种文献三大类型。

1. 图书

图书是历史最为悠久的一种文献形式，其流传广泛，数量庞大，使用方便，影响深远，是迄今为止最主要的信息资源。

广义的图书泛指一切出版物，如图书文献、图书情报、图书资料；狭义的图书指某种特定形式的出版物。图书内容丰富、形式多样、数量庞大，至今没有出现一个普遍接受的定义。联合国教科文组织将图书定义为：“49 页以上（不含封面）的非定期出版物。”我们认为：图书是通过一定的方法和手段，将信息内容以一定形式的符号（主要是文字、图画），按照一定的体例，系统地记录于一定形式的载体材料上，用以表达思想、积累经验、保存知识、传递信息的工具。①

图书的内容特征是主题突出、知识系统全面，是人们学习各学科的基础知识和查找各种事实、数据、资料来源与出处等知识的主要源泉；形式特征是有完整、定型的装帧形式，首尾衔接、结构严谨、积页成册，自成体系，由封面、书名页、篇章目次、正文、版权页、封底等组成一个独立的整体。

图书类型多种多样，按照使用目的和使用特点，可将图书分为两大类：一类

① 刘兹恒.信息媒体及其采集（第二版）[M].北京：北京大学出版社，2008.

是供人们浏览、研读的读本,包括单卷书、多卷书和丛书;另一类是供人们查考的工具书,包括检索工具书(如书目、索引、文摘)和参考工具书(如指南、百科全书、手册、年鉴、辞典等)。

2. 连续出版物

连续出版物,是一种具有统一名称、固定版式、统一开本、连续编号,汇集多位著者的多篇著述,定期或不定期编辑发行的出版物。通常,连续出版物又可分为期刊(杂志)、报纸、年度出版物(年鉴、指南等)、报告丛刊等类型,其中期刊和报纸流行最广、影响最大。

期刊的特点是:内容广泛、知识新颖,涉及经济、政治、思想、科技、文化、教育、文学艺术以及社会生活等各个领域;出版周期短,信息传递快,能及时反映新理论、新技术、新方法、新动向;流通范围广,作者与读者人数多,影响面广。

期刊按其内容性质和使用对象,可以划分为学术性期刊、政论性期刊、通俗性期刊、文艺性期刊、工艺技术性期刊、检索期刊、报导性期刊等类型。

报纸是出版周期最短的定期连续出版物,主要刊登新闻,兼及其他内容。报纸具有报道、宣传、评论、教育、参考、咨询等多种社会职能。与期刊相比,具有内容更加广泛、时效性更强、出版量更大、发行更快、读者面更广的特点。按照出版周期,可将报纸划分为日报(包括早报、晚报)、双日报、三日报、周报、旬报等不同类型。按照其内容范围,可以划分为综合性报纸、专业性报纸,全国性报纸、地方性报纸等类型。

3. 特种文献

特种文献又称丛刊或不定期的连续出版物,是出版形式比较特殊的一类信息资源。特种文献通常介于图书与期刊之间,似书非书,似刊非刊。其特点是内容广泛新颖,类型复杂多样,涉及科学技术、生产生活的各个领域;数量庞大,部分具有不同密级的规定和流通限制;出版发行无统一规律,但具有重要的参考价值。

常见的特种文献主要包括:科技报告、专利文献、标准文献、会议文献、学位论文、政府出版物、产品资料等类型。

(1) 科技报告

科技报告是科学研究课题进展情况的实际记录与研究成果的系统总结。它的内容范围主要是尖端学科的重大课题,由国家按主管部门组织较强的专家班子参与研究,代表一个国家有关专业的科研水平,论述专深具体,资料准确可靠,情报价值高。

科技报告按存储方式可分为报告书、技术札记、论文、备忘录、通报、技术译文等,按报告所反映的研究进展程度可分为初步报告、进展报告、中间报告和终结报告,按流通范围可分为绝密报告、机密报告、秘密报告、非密报告、解密报告和非密限制发行报告等。

(2) 专利文献

专利文献是记录有关发明创造信息的文献。专利文献是专利制度的产物。专利制度是为推动科技进步和生产力发展,由政府审查和公布发明内容并运用法律和经济手段保护发明创造所有权的制度。广义的专利文献包括专利申请书、专利说明书、专利公报和专利检索工具,以及与专利有关的一切资料。狭义的专利文献仅指各国专利局出版的专利说明书。专利文献包含技术信息、法律信息和经济信息。专利文献范围广泛,内容新颖,出版迅速,叙述详尽具体,格式规范化。

(3) 标准文献

标准文献是指经公认的权威当局(一般指各国国家标准局)批准的,以文件形式固定下来的标准化工作成果。按审批机构和应用范围标志,标准文献可分为四种类型:国际标准或地区标准、国家标准、部标准和企业标准。

(4) 会议文献

会议文献是在各种会议上宣读和交流的论文、报告和其他有关资料。会议文献的特点是专业性强、内容新、学术水平高、出版发行较快。会议文献大部分是本学科领域内的新成果、新理论、新方法,且经过专家学者的提问、讨论、评价、鉴定,进行修改后出版,所以可靠性较高。会议文献基本上是利用会议来首次公布成果,其后才陆续在期刊上发表,有的甚至不再在其他刊物上发表,因而越来越受到人们重视,成为了解新动向、新发现的重要信息源。

(5) 学位论文

学位论文是高等院校或研究机构的学生为取得各级学位,在导师的指导下完成的科学研究、科学实验成果的书面报告。学位论文,尤其是较高层次的学位论文,应能表明申请学位者对某学科的理论知识的掌握程度、概括能力和独立从事科学研究的能力。学位论文是申请学位者在占有大量资料的基础上提出自己的研究成果、试验创造和论文见解,具有独创性。

(6) 政府出版物

政府出版物是由政府机构出版或由政府机构编辑并授权指定出版商出版的文献。它的内容几乎无所不包,涉及人类生活的各个领域。它的出版方式主要有两种,一种是行政性文献(包括宪法、司法文献),主要涉及政府法律、经济方面的会议记录、议案、决议、司法资料、听证记录、法令、规章制度等;另一类是科学技术文献,主要指政府部门出版的科技报告、标准、专利文献、科技政策文献,公开后的科技档案、经济规划、气象资料等。

(7) 产品资料

产品资料是定型产品的结构、原理、操作方法、维修方法的详细介绍资料，包括产品样本、说明书、产品目录等，其记载的数据比较可靠，对产品设计和引进具有参考价值。

(8) 其他资料

主要指档案资料、舆图、图片和乐谱等资料。档案资料包括文书档案和科技档案，是记录各种事实进行过程的卷宗材料，有一定的保密性。舆图包括地图、地形图、地质图、各种教学挂图等。图片包括各种新闻照片、美术作品等。乐谱指单张活页式音乐曲谱艺术作品。

(二) 非印刷型信息资源

随着社会的发展和信息存储、检索、交流技术不断更新，印刷型信息资源暴露出许多局限性，如占用空间大、信息存储密度低、更新不及时、信息的检索和传递低效等。为了克服印刷型信息资源的局限，非印刷型资料于 19 世纪末出现。

非印刷型资料又称非纸质信息资源、非书资源，是指不按照传统的印刷方式而利用现代技术方法，将信息记录和储存在除纸张以外的其他物质载体上的一切文献，包括缩微型信息资源、视听型信息资源、机读型信息资源等类型。其特点是生动形象、传递迅速、体积小、重量轻、成本较低、需借助设备使用等。

1. 缩微型信息资源

缩微型信息资源指利用摄影的原理和方法，将纸质信息资源原件上的文字和图像缩小，或者是把计算机上存储的数字信息转换以后，记录在感光材料上，并经过一系列冲洗加工工艺而获得的缩微复制品，包括缩微胶卷、缩微胶片、缩微卡片、穿孔式卡片等。缩微型信息资源是一种信息存储密度极高的信息资源，通常需借助专门的阅读设备才能进行阅读。

缩微型信息资源的优点包括：(1) 体积小，重量轻，便于收藏。同样的信息记录单元，缩微型信息资源比纸质信息资源的重量轻 99%，占用空间少 98%。(2) 检索迅速，复制、传递方便。利用计算机辅助检索可迅速从缩微胶片中查出所需的信息，并可自动复印在纸张上。(3) 成本低，价格便宜。缩微品的成本仅为印刷品的 1/15~1/10。缩微型信息资源的主要缺点是使用不便，必须借助阅读放大机才能阅读；保存与使用要具有一定条件，设备费用投资较大。

2. 视听型信息资源

视听型信息资源又称声像文献，是以电磁材料为载体，以电磁波为信息信号，将声音、文字及图像记录下来的一种动态型文献。

视听型信息资源按人的感官接受方式可分为三种类型：(1) 视觉资料，包括幻灯片、照相底片、无声照片等形象记录资料；(2) 听觉资料，包括唱片、录音带等各种发音记录资料；(3) 音像资料，包括录音资料、录像资料和声像资料。

视听型信息资源的优点是生动、形象、直观，使用户身临其境；延伸了人的视听能力；再现历史等。其缺点是对器材依赖性强，如唱片需要电唱机，看电影需要放映机和银幕，而且要在暗室条件下播放；制作、维护和使用上需专门的技术、材料和设备，使用成本高。

3. 机读型信息资源

机读型信息资源又称电子型信息资源，是指各种以磁性和光学材料为信息载体，以数字代码和文字图像为信息符号，以编码或程序设计为信息组织手段，通过电子计算机存储和再现的信息资源。

机读型信息资源按存储载体可分为磁带、磁盘、光盘、集成电路卡等类型，其中磁盘和光盘是主要的机读文献载体类型。其特点包括存储容量大、信息密度高；数据检索处理速度快，效率高；可高速度远距离传输文件信息；价格便宜，信息存储单位成本较低等。

(三) 网络信息资源

随着计算机技术和网络通信技术的迅速发展、互联网的日益普及，网络上的信息资源已成为人们重要的信息来源。如何对网络信息资源进行采集、整理、组织和利用，也成为当前图书馆信息资源建设的研究热点。

网络信息资源是指以电子数据的形式将文字、图像、声音、动画等多种形式的信息存储在光磁等非纸质载体中，并通过网络和计算机等方式再现出来的信息资源。网络信息资源不同于纸质、非纸质信息资源，不再是一个物理概念，也不是独立存在的实体，而是一个跨国家、跨地区的信息空间，是一个网络信息资源库，因此，也可将网络信息资源称作虚拟信息资源。

网络信息资源改变了原始信息生产、采集和提供传递的模式，实现了信息表达和传输的质的飞越，因此是世界上最具活力、前景最广阔的信息资源，所有互联用户都是信息的生产者和发布者，无时无刻不在生产和传递着各种信息内容。网络信息资源的特点主要包括：(1) 数字化、虚拟化；(2) 数量巨大、增长迅速；(3) 结构复杂、类型多样；(4) 超文本、多媒体的形式；(5) 分布式存储、跨国界传输；(6) 能够公知共享；(7) 内容更新及时；(8) 具有较强的交互性。其不足之处是信息组织上庞杂无序，版权保护、隐私保护困难，信息安全、网络安全难以保证等。

网络信息资源的生产、传播与利用形态各异，种类繁多。采用不同的划分标准，可以得到不同的分类结果。按照信息的内容可以把网络信息资源分成 7 类：(1) 电子期刊、电子图书的文本，(2) 论文的抽印本、技术报告，(3) 法律文件、判例、政府出版物，(4) 数值数据、统计资料、实验数据，(5) 软件，(6) 图像数据、声音数据，(7) 数据库。

除了按照上述综合方法划分信息资源的类型外，图书馆界有时也习惯于按照信息资源加工的深度，将其划分为一次信息资源、二次信息资源和三次信息资源。

一次信息资源是指著作者最初发表的原始文献，如专著、报纸、期刊、专利文献、标准文献、会议文献等，是文献信息资源的主要部分。通常判断一次信息资源的标准不是其载体形式，而是其内容。

二次信息资源是指在原始文献的基础上加工整理而成的信息资源，如文摘、索引、书目等，是引导和使用一次信息时必不可少的工具。二次信息资源不是一次信息资源本身的汇集，而是一次信息资源特征的汇集。

三次信息资源是指通过利用二次信息资源对一次信息资源进行系统分析、综合研究、评述而加工生成的信息资源，如综述、述评、专题研究报告、百科全书、年鉴、指南等。三次信息资源具有系统性、综合性、知识性和概括性的特点。

三、图书馆资源的特征

图书馆信息资源的特征主要表现在以下几个方面：

1. 可建设性

自然资源是天生的，是先于人类客观存在的，不以人的意志为转移。而信息资源则是人类创造的智力资源，是人们通过选择、搜集、加工、组织等手段，对社会上广泛分布的信息媒体进行聚集、整序、布局、优化形成的。

2. 知识性

知识性是信息资源能够消除人们认识上的未知性或不定性的本质属性。人们对客观事物发展的规律不了解，其实就是对该事物缺乏必要的知识。信息资源能够改变用户的知识状态，由不知到知，由知之甚少到知之较多，从而使自己的认识由不清楚、不确定向清楚、确定转化。

3. 共享性

物质资源和能源资源的利用表现为占有和消耗，利用者之间是一种竞争关系。而信息资源的利用可使不同的利用者在同等程度上共享一份信息资源。共享性是信息资源的一种本质属性。

4. 动态性

信息资源是一种动态资源，会随着时间的变化而变化，新的信息不断产生，旧的信息不断失效，特别是随着网络的迅速发展，信息资源的动态性将更加明显。人类社会经济活动是一个永不停歇的运动过程，信息也总处在不断产生、积累的过程中，并呈现出不断丰富、不断增长的趋势。

5. 价值潜在性

信息资源的价值不同于物质、能源的价值那样直接、明显,其价值是潜在的,社会作用也是间接的。只有人们对其进行深入的开发和利用,信息资源才会产生价值。大多数情况下,人们都是在利用信息的过程中,潜移默化地获得了知识、启发了思维、提高了素质、增强了能力,从而间接地使信息的作用得以发挥。

第二节 图书馆资源的采集

图书馆信息资源的采集是指图书馆根据一定的目的,将决定入藏的各种信息资源以各种方法采集起来,以形成和充实信息资源的过程。信息资源的采集在信息资源建设中具有重要地位,直接决定着图书馆馆藏信息资源的质量。

一、图书馆资源的信息源

信息源指信息资源采集的信息源头,是信息资源采集中最为重要的因素。信息源越多,信息资源采集就越充分,采集所得的信息资源就越丰富。但不一定每一种信息源都是信息资源采集源。

对图书馆来说,选择信息资源采集的主要来源是各类采集工具,即各种中外文书刊的书目。书目不仅是发行系统宣传报导书刊内容的有力工具,还是信息采集人员进行图书评价、选择和审定的重要依据。

(一) 中文书刊目录

1. 征订目录

征订目录是信息采集人员订购书刊时直接使用的主要书目工具。它反映出版社的出版计划,并在书刊出版前向图书馆及其用户进行宣传,以便他们选择和预订。征订目录主要有:(1) 中文科技新书的预订目录,如《科技新书目》《全国地方版科技新书目》;(2) 中文社科新书的预订目录,如《社科新书目》《上海新书目》《标准新书目》;(3) 地方版新书预订目录,如《广东新书目》《重庆新书目》;(4) 公开发行的报刊预订目录,如《全国报刊目录》;(5) 中文内部书刊资料的预订目录,如《内部书刊征订目录》;(6) 高校教学用书的预订目录等。

2. 通报性目录和积累性目录

通报性和积累性书目是一种积累报导全国各地出版社已经出版发行的图书情况的总书目。图书馆可利用此类书目检查已入藏的文献的整体情况,并作为选购和补购书刊的依据。主要有《全国新书目》和《全国总书目》。

3. 参考性书目

参考性书目所列图书均是已经出版发行的图书。参考性书目不直接用于订购书刊，而是供采访人员在进行文献采集工作时参考用。主要有：《中国报刊大全》《中文科技资料目录》等。

4. 网上可供书目

出版发行单位借助网络向图书馆提供的可供图书目录和最新出版信息。如当当网上书店、北京图书大厦、京东网络书店等提供的书目。

5. 其他书目

可以作为信息资源采集源的还有我国编辑出版的年鉴、各出版发行单位编印的新书通报、推荐书目、主题书目、各类型信息资源机构自编的馆藏目录等。

（二）外文书刊征订目录

1. 国内的外文书刊征订目录

我国引进原版书刊的专门机构，如中国图书进出口公司、中国教育图书进出口公司等，都编印有外文书刊征订目录，国内图书馆在选购外文书刊时，可以此征订目录作为参考工具。主要有：《外国科学技术新书征订目录》《外国社会科学新书征订目录》《外国学术团体新书征订目录》《外国丛刊目录》《外国报刊目录》等。

2. 国外的外文书刊征订目录

国外编印的书目种类繁多，数量巨大，用途也不完全相同。通常搜集国外书目的渠道有三条：一是通过贸易渠道有选择地向国外订购，二是通过网络获取有关信息，三是通过非贸易渠道（交换、索取或赠送）获得。主要类型有：（1）书商广告、出版预告和出版周报，如《英国书目周报》；（2）国家书目，如《美国图书出版记录》；（3）在版书目，大多数国家均有在版书目；（4）期刊目录，如《乌利希国际期刊指南》；（5）新型载体文献目录指南，如《在版书刊资料缩微指南》；（6）书商刊物，如美国的《出版商周刊》等。

二、图书馆资源的采集方法

科学合理的信息资源采集方法是多、快、好、省地采集到所需信息资源的基本保证。由于不同的信息资源可能来源于不同的发行渠道，因此，信息资源采集的方法也是丰富多彩的。

（一）购入采集方式

购入采集方式是指图书馆向出版单位和个人有偿获取文献信息的方式，包括预订、现购、邮购、代购、复制等形式。购入采集方式是补充藏书的主要方式和经常性来源，是保证图书馆有计划、有针对性地入藏文献，建设系统的藏书体系的主要方式。

1. 预订

预订是指文献采访人员依据出版发行部门提供的征订目录进行圈订,然后送交出版发行部门,按预约计划购买文献资料的方法。预订是计划采集文献资源的最可靠的方法。其优点是文献资源来源保障率高,采访人员和出版发行部门都能掌握主动权,不至于重复和遗漏。其缺点是发行成本高,预订手续复杂等。

2. 现购

现购是指文献采访人员直接到书店、书市或出版销售部门选购书刊。主要有两种方式:一是在本地区直接选购,二是到外地采购。现购可弥补预订方法的不足,发现漏订的文献和发行量小的文献。缺点是容易受到货源和市场调控的限制,偶然性较大,容易造成重购现象,也很难保证文献信息采集的完整性和系统性。

3. 邮购

邮购又称函购,通常是在当地发行机构没有进货或脱销某种信息资源的情况下,特别是在一些外地出版的具有地方特色的信息资源本地没有销售的情况下,图书馆通过填写征订单并汇款,请外地的出版、发行机构用邮寄的方式帮助购买所需的信息资源。

4. 代购

代购是指文献采访人员委托他人在外地选购所需文献资料,包括临时性代购和长期性代购两种形式。

5. 复制

复制是采集稀缺信息资源的有效方法,它通过各种复制手段获得所需信息媒体的复制品,用以满足用户的特殊需求。复制的方法包括抄写、扫描仪扫描、静电复印、照相复印、录音录像带转录和计算机外部存储设备拷贝等。

(二) 非购入采集方式

非购入采集方式指图书馆不通过贸易渠道或不用货币购买而通过其他途径获取信息资源的方法,包括呈缴、调拨、征集、交换、捐赠等形式。许多特种文献、内部资料等学术性强、科学技术情报价值高的非卖品信息资源,都可以用这种方式来进行采集。

1. 呈缴

呈缴是以法律或法令的形式,规定全国所有出版社或负有出版责任的单位,凡出版一种信息资源,都必须向指定的机构免费缴送一定数量的样本。其目的是保证国内出版的信息资源能够被完整收藏,文化科学遗产能够得到妥善保存。

2. 调拨

调拨是指在上级主管部门或有关协作协调机构的组织下,有计划地将一些信息资源机构的藏书调拨给另一些需要的信息资源机构。调拨的信息资源有三种来源:一是来自撤销单位,二是来自馆藏基础雄厚的单位,三是来自复本过大、呆滞书刊过多的单位。调拨能起到节约经费、互通有无、补充馆藏的效果。

3. 征集

征集是指图书馆对非正式出版单位出版的内部资料,采用主动发函或上门求访的方式有针对性地进行采集的方法,也可以采取在报纸、电台播发广告或启事的形式,向社会广泛征求相关信息资源。征集的对象一般是政府机关、学术团体、公司企业、学校和科研机构。

4. 交换

交换指图书馆用自己采集的信息资源同其他相关部门之间直接展开交换,或通过协调机构间接开展交换,以达到互通有无、调剂余缺的目的。交换是获取内部文献资料和难得文献资料的重要方法。

5. 捐赠

捐赠是一些团体、单位和个人通过向图书馆捐赠一定数量的信息资源,达到丰富馆藏目的的采集方式,主要包括:知名人士在晚年或去世后将其著述或藏书赠给图书馆;国外友好人士和社团为促进文化交流而进行赠书;一些出版发行商以及个人著者,将其出版发行的书刊赠给图书馆;一些厂商或企业信息部门为了推销自己的产品,无条件地赠送作为广告用的文献,如产品样本、产品说明书、产品目录、专刊等。

(三)信息资源采集新方式

随着网络信息资源数量的迅速增长,信息资源采集的传统方式已不能完全适应这一类新的信息资源,加之计算机技术和网络技术的普及,信息资源发行手段不断出新,新的信息资源购销模式相继出现,客观上为图书馆采集信息资源提供了更多的选择方式,主要包括网上采购、集团采购、捆绑采购、用户驱动采购等。

1. 网上采购

网上采购又称在线采购,是在互联网上直接通过网上书店采集信息资源的一种方式。其优点包括:网上书目信息量大,更新及时,可多角度反映每种信息资源的相关信息,如封面照片、作者介绍、章节目录、书评、同类资源等,便于图书馆进行选择;网上采访范围广,跨越时空的限制;节省图书馆的人力物力等。其缺点主要包括:配送系统不规范,配送服务质量经常得不到保障,需额外支付邮费或托运费;电子结算方式尚不完全,缺乏安全保障等。

2. 集团采购

集团采购指若干信息服务机构在有关部门或协调机构的组织下,自愿组成信息资源采购集团,集体推举谈判代表,就信息资源的价格、使用条款等问题与信息资源提供商进行谈判,在双方达成一致后,由供应商与集团中的每一个成员签订最终购买合同,购买费用由各成员自行向供应商支付。集团采购是国外信息服务机构联合起来向信息资源出版商、发行商争取优惠价格的有效方式,在我国主要应用于各信息服务机构对各种数据库资源的采集。

集团采购的优点包括:将分散购买变为集中购买,以大买主的优势享受到批量采购的优惠价格,而且集团越大,优惠越大;便于集团内各信息服务机构进行数据库资源利用方面的宣传、培训和交流,以提高数据库资源的利用率和工作人员的业务水平;可以集团的名义敦促数据库提供商不断改进服务质量等。其缺点包括:集团采购极大地压低了数字信息资源的价格,使得供应商不愿意投入更多的人力物力对数字资源进行管理和维护,服务质量下降;某些不需要购买这种数据库的信息服务机构碍于某种因素,不得不加入集团购买,从而导致资源浪费。

3. 捆绑采购

捆绑采购指图书馆在信息资源采集时,将纸质信息资源的采集和网络数据库的采集捆绑在一起,一并加以购买的方式。这主要是因为许多信息资源出版商同时拥有信息资源的纸质版、光盘版和网络版,为了维持不同载体形式的信息资源的生产,他们希望图书馆能够采集不同载体形式的信息资源;或图书馆为了满足用户多方面的需求,也需要对不同载体形式的信息资源予以采集。捆绑采集具体分为两种情况:一是以购买一定金额的纸质信息资源为前提,同时购买网络数据库;二是以购买网络资源为前提,同时获得优惠购买该资源的纸质或光盘型信息资源的权利。

捆绑采购的优点是在购买一种载体形式的信息资源时,可以优惠获得该资源的其他载体形式,节省了采购经费,丰富了图书馆的馆藏结构,满足了用户多方面的需求。但这种模式将不同形式的信息资源强行捆绑在一起进行购销,也给一些信息资源采集量不大且采购类型比较单一的小型服务机构带来了不便。

4. 用户驱动采购

用户驱动采购(Patron Driven Acquistition,PDA)是近年来美国大学图书馆兴起的一种全新的资源采购方式。不同于以往由图书馆员选书购书的做法,用户驱动采购通过赋予用户一定的决策权,根据用户自身对信息的需求决定图书馆的文献采购和馆藏建设,使读者从文献资源建设的接受者转变为发起者和决策者。用户驱动采购之所以在国外图书馆发展迅速,原因包括经济不景气导致购书经费紧缩、传统图书馆图书采购方式导致馆藏利用率低下等。

用户驱动采购按不同的标准可分为不同的类型。按载体类型可以分为三种:纸本图书的PDA、电子书的PDA、纸本书与电子书整合的PDA。按照馆员的介入程度可以分为无需馆员参与的全自动的PDA,需要馆员审核批准才能购买的人工干预的PDA①。随着电子书数量的急剧增长及即时可读的特点,电子书逐渐成为用户驱动采购的主要适用对象,很多电子书书商纷纷提供允许用户先浏览再购买的服务。电子书的用户驱动采购程序为:图书馆设定电子书的采购范围,代选电子书书目信息导入图书馆的馆藏目录,用户使用电子书触发图书馆对该电子书的购买。

用户驱动采购的优点包括:缓解图书馆的经费压力;基于用户需求采购资源,提高了馆藏建设的针对性和文献的利用率,保证了资金投入的效益,更体现了图书馆以用户为中心的馆藏建设理念。同时,作为一种新型的资源采购模式,用户驱动采购也存在着一些问题,如如何控制用户购书经费的支出,如何决定触发购买的标准等。

三、图书馆资源的采集流程

信息资源采集是信息资源建设的第一道工序,也是信息资源服务工作的基础,直接影响到信息资源服务的质量。信息资源采集的工作流程大体上分为三个阶段,即选择阶段、订购阶段和验收登记阶段。

(一) 选择阶段

选择阶段是信息资源采集的准备阶段,具体分为三个步骤:广泛收集各种书目信息,根据书目信息圈选准备购买的信息资源,对圈选出的信息资源进行查重。

图书馆在选购信息资源时,首先要广泛收集各种信息资源的征订目录和其他目录,以了解社会上信息资源的出版发行情况。书目信息越充分,对信息资源的选择就越自由,信息资源采集工作才越主动。

在掌握了大量书目信息的基础上,就要对书目报导的信息资源进行圈选。圈选是以图书馆的性质、任务、用户需求和信息资源本身的内容质量等为依据进行的。

圈选初步决定购买的信息资源后,还要对其进行查重。查重指检查核对图书馆对本次圈选出的信息资源以前是否已经进行过采集,采集的数量是多少,以

---

① 樊国萍.读者决策采购——用户需求驱动的文献资源建设模式[J].大学图书馆学报,2012(6):57-61,82.

避免重复采集。查重是保证信息资源采访质量,控制信息资源复本量不合理增加,节约人力和经费的重要手段。只有在确定圈选出的信息媒体以前没有采集过,或虽已采集但复本量不足的情况下,才能对圈选出的信息资源进行采集。

(二) 订购阶段

订购阶段指图书馆根据信息资源的性质和特点选择信息资源采集的方式。多数情况下,图书馆主要采用订购的方式,通过向信息资源发行机构发送订单直接采集信息资源。

(三) 验收登记阶段

图书馆在收到所采集的信息资源时,必须及时对其进行验收和登记。验收登记是信息资源采集过程中的最后阶段,是保证信息资源采集质量的重要措施,也是保证所采集信息资源完整性的必要手段。

信息资源的验收包括外观、数量验收和内容、质量验收。验收工作之后,要对信息资源进行登记。登记又称登录,是为图书馆采集入藏的信息资源建立详细的财产账和明细账的过程。登记必须要做到完整、准确、及时、一致,即登记账上的记录应当同实际信息资源的入藏情况完全相同。验收登记结束之后,采访人员还需要对所有发票和清单进行汇总,检查发票所开具的各个项目是否正确,然后及时履行付款和报销手续。

四、网络信息资源的采集

网络信息资源存在于网络,它们不占据图书馆的收藏空间、不存在复本限制,其采集方式也不同于实体的信息资源。为了区分网络信息资源采集的不同情况,我们以是否收费为标准,将其分为两类:一类是以网络联机数据库为主的付费信息资源,一类是各种免费的网络信息资源。

(一) 付费网络信息资源的采集

对以网络联机数据库为主的付费信息资源的采集,图书馆主要是通过协议进行付费、远程登录,最终实现在线使用。这些资源通常存储在数据库供应商的服务器上,图书馆购买以后,对这类电子信息资源就拥有了授权范围内的使用权,但不具有对该数据库的所有权。这是图书馆虚拟信息资源的主要形式,也是图书馆网络信息资源的核心部分。

网络联机数据库资源的采集流程分为选择,试用、分析、评价和订购、验收三个阶段。

1. 选择

(1) 选择原则

① 互补性原则。在选择数据库时,应与纸质资源统筹规划,尽量使各种类

型的资源在内容和功能上形成互补,避免重复和浪费。在大多数情况下,某一文献拥有电子版后,就可替代同一种纸质资源,甚至可替代内容相近的同类资源。当然,对于利用率特别高,或是对于那些不能用数字资源来替代的纸质资源,可考虑同时拥有纸质和电子资源。

② 时效性原则。信息的时效性是其基本属性。随着数字资源出版发行速度及更新速度的加快,强调信息资源建设中信息的动态更新对发挥信息的时效价值具有十分重要的意义。这就要求图书馆在选择时,应保持数字资源的新颖性,保证读者可以利用到最新的情报信息。

③ 合法性原则。数字资源的发展还处于初级阶段,电子版权保护制度还不完善,用户的知识产权意识还比较薄弱,致使侵犯版权的问题时有发生。因此,图书馆在购置数字资源时,应考虑数字资源出售方或代理方是否有正规、完整的版权,其出售行为是否超越其代理权,甚至是否存在无权、非法出售的行为,不得与有限制使用权的单位私下协商、超权限链接使用他人购买的联机数据库。

④ 易检性原则。易检性是图书馆购买数字资源非常重要的选择标准。通过友好的用户界面,兼容的格式等,可以方便用户快捷地检索信息,提高对信息的利用率。

(2) 选择依据

① 内容因素。内容是选择和评价的核心及重点,可以反映出数字资源的本质。数字资源内容的选择范围,一般专题数据库涉及的比较多,因此,应紧紧围绕本学科及相关学科选择文献内容。选择时要注意两个方面:一是文献内容的时间范围,因为每个学科都有自身的特点,都有发生、发展的历史,要求我们收录文献时充分考虑其时限;二是文献内容的内涵和外延,内涵要求主题内容的专指度要深,外延要求包含相关学科的主题。

② 利用率。为避免数字资源不符合读者的需要,造成资源浪费,在试用阶段要密切观察读者的利用情况,统计用户的点击率,然后根据试用期的情况决定是否购买。

③ 数字资源的类型。数字资源的类型多样,有事实型数据库、数值型数据库、检索型数据库、文摘型数据库、网络全文数据库等。随着计算机网络环境的改善及计算机操作能力和文献检索能力的提高,网络全文数据库成为当前最受欢迎的类型。

④ 数字资源的出版机构。一般应选购国际上比较有名的出版社或信息机构出版的数字资源。这些出版机构推出的数据库一般质量较高,具有权威性。

2. 试用、分析、评价

试用是图书采购的重要环节,在试用阶段必须做好数据库试用的宣传和统计工作。通过宣传工作可以让更多的用户获得数据库的试用消息,从而能够客观反映用户对数据库的欢迎程度;试用统计则是定量反映数据库受欢迎程度和应用范围的手段,能够为是否购买数据库提供参考依据。

确定购买数据库时,要建立在对数据库全面考察、掌握本单位用户状况及用户使用反馈的基础上,即要对数据库进行分析、评价。应从收录内容、检索功能、连接方式、试用情况和学科权衡等方面进行评价。

3. 订购、验收

经过选择,试用、评价、分析,确定某数据库是本单位需要购买的数据库后,就需要和数据库提供商针对价格、服务要求进行谈判,签订合同,汇款,到财务报销。最后,由技术部负责安装,供用户使用。

(二) 免费网络信息资源的采集

对于免费的网络信息资源,图书馆主要是根据信息资源建设的需要以及用户的需求,对这些网络信息进行搜集、选择,并通过网络或者其他方式提供给用户使用。

图书馆采集这些免费网络信息资源的方法包括:

1. 选择性采集

选择性采集指根据网络资源的历史价值、文化价值、研究价值和经济价值,有选择地对网络资源内容进行甄别。选择性采集需要耗费大量的人力和物力,但由于它对所保存的每一项主题都经过认真的价值评估,并确定了哪些资源应该优先采集,因而其保存质量较高。

2. 全采集

全采集指利用自动采集技术把对象网站上的所有信息保存下来,也可称为自动获取。全采集能够定期自动获取相关信息,采集效率较高。

3. 组合方法

随着存储载体容量的日益增大,存储成本的不断下降,人们开始将选择性采集和全采集方法结合起来使用。首先采用"自动爬虫"(web crawler)的方式,迅速收集网上数量巨大的资源,对于那些不能自动获取的深层网络的重要文献,则采取自动获取与人工选择相结合的方式。然后,专家对这些网址的文献进行内容鉴定,使用人工选择采集的方法将有价值的信息保存起来。

4. 自动定制

公共存取(open access)运动提供了大量有价值的供免费获取和使用的学术信息资源,并利用网络平台,以电子期刊、个人博客和Wiki等形式对外发布。同时,相应的平台也会提供相关的检索和定制服务。图书馆可以通过RSS定制等服务,定制经过选择的信息资源,随时接受被推送的相关信息资源。自动定制能保证采集信息资源的时效性,及时更新定制的数字信息资源。

5. 基于呈缴制度的协商方法

一些出版社出于经济利益的考虑,会将纸质资源和电子资源捆绑销售,图书馆在订阅了一定数额的纸质资源后,就能免费或者低价获得这些资源的电子版。实际操作步骤是:由图书馆与网络出版机构进行协商,将呈缴本制度扩展到网络文献领域,出版社根据协议定期将被选择的网络资源通过物理媒体移交或通过网络传递给图书馆,或者图书馆根据协议从出版社网站上进行镜像复制或直接使用软件获取。

第三节　图书馆资源服务

图书馆资源服务是指图书馆利用各种技术方法满足用户信息需求的全部服务活动,包括用户培训、文献借阅、文献传递、馆际互借、图书馆导航、参考咨询等。图书馆资源服务是图书馆信息资源建设的基本宗旨和根本目的,是实现信息资源共享的方式和途径,是图书馆在数字化、网络化环境下得以生存和可持续发展的唯一原因。

随着信息技术和互联网的迅速发展,图书馆资源服务发生了深刻的变化。服务的内容由馆藏信息资源扩展到各种数字化、网络化信息资源,服务方式也由相对单一向多元化服务方式转变,如在一般文献借阅服务的基础上增加了电子书刊借阅、馆际互借、电子文献传递等服务方式,在信息检索、查询服务等参考咨询服务的基础上增加了网络信息资源导航服务、个性化信息推送服务、网络参考咨询服务等。

在网络环境下,图书馆必须树立创新的服务理念,充实多元的服务内容,采用多样的服务方式,向用户提供高质量、高水平的信息资源服务,满足用户不断增长的信息需求。

一、图书馆资源服务的方式

(一) 文献借阅

文献借阅服务是图书馆资源服务中最经常、最直接、最基础的服务方式,是图书馆信息资源与读者资源之间联系的"纽带",通常包括外借服务、阅览服务、复制服务等。

1. 外借服务

外借服务是允许读者将部分藏书借出馆外阅读的方式。读者根据自身的阅读需求选择书刊,向图书馆提出借阅请求,在规定的期限内享受使用权利,承担保管义务,自由安排阅读,达到充分利用所借馆藏资源的目的。外借服务是传统图书馆资源服务的主要方式。

外借服务有多种形式,根据读者的组织形式和需求程度,可将其归纳为个人外借、集体外借、馆际互借、预约借书、馆外流动借阅等形式。

个人外借指读者以个人身份在馆内外借处进行登记,借出自己所需要的图书和文献,是外借方式中最主要、最基本的服务形式。

集体外借指由专人负责,代表小组或团体向图书馆的集体外借处提交借阅请求,办理登记手续,满足小组或团体读者共同阅读的需要。集体外借服务一般外借文献品种多、数量大、周期长,并在一定时期内交换调阅大量书刊,可减少单个读者往返图书馆借还图书的时间和困难。

馆际互借指图书馆用户从其他图书馆借入文献或获取复制品的服务,它以其他图书馆的馆藏资源作为本馆馆藏的延伸,更大程度上满足用户的文献需求。目前,馆际互借不仅运用于地区范围和国土范围的馆际之间,而且发展到国际范围的馆际互借。随着信息技术和通信网络的迅速发展,电子文献传递越来越多,各种基于网络的馆际互借自动化系统日趋成熟并得到了广泛应用。

预约借书指读者向图书馆预约登记某种指定的未到馆图书或暂时被借出的图书,待该书到馆后由工作人员按预约顺序通知读者办理借阅手续的服务方式。预约借书可以节约读者借书时间,提高图书的利用率,较好地解决读者需求面广和馆藏有限之间的矛盾。

馆外流动借书指采用流通车、流通站、送书上门等形式,将部分藏书送到馆外(居民点、机关等人口密集的地方或重点服务单位等),直接在读者身边开展借阅活动,主动为广大读者服务。馆外流动借书扩大了图书的流通范围和图书馆的服务范围,给不能直接到图书馆借阅文献的潜在读者提供了方便,加快了读者潜在的文献需求向现实文献需求转换的速度。

2. 阅览服务

阅览服务是通过图书馆的文献、建筑和设备等条件,吸引读者利用图书馆资源的一种服务方式,是图书馆读者服务的一种主要方式。读者可根据自身需求在各类阅览室进行阅览。按照不同的划分标准,可将阅览室划分为不同的种类:

按文献学科类别组织的阅览室可以分为自然科学阅览室、社会科学阅览室、文学艺术阅览室等。还可根据需要,进一步细分到下一级知识类别。按学科类别组织阅览室,集中了学科范围的系统藏书,便于读者按专业、课题查找利用信息资源。

按文献载体特点组织的阅览室可以分为图书阅览室、期刊阅览室、报纸阅览室、古籍阅览室、缩微文献阅览室、视听文献阅览室、光盘和网络文献阅览室等。

这种划分便于对不同载体的文献进行专门管理，充分发挥其性能和作用。

按读者类型组织的阅览室可以分为教师阅览室、学生阅览室、科研阅览室、少年儿童阅览室、盲人阅览室等。这种划分从读者群的职业、年龄、文化程度和特殊需求出发，针对性地为不同读者群开展阅览服务，便于掌握特定读者对象的阅读需求、阅读心理、阅读特点，从而更深入地开展阅读服务。

目前开架阅览是各国图书馆主要采取的流通方式。开架阅览指阅览室全面开架，读者根据自己的阅读目的和兴趣自主阅览。实行开架阅览服务，能使读者与文献直接接触，自由选择自己需要的文献，克服闭架阅览的种种局限，还能使读者浏览其他同类或更多边缘学科和交叉学科的书籍，开阔读者的视野和知识范围，也提高了文献资源的利用率。

3. 复制服务

复制服务是外借服务和阅览服务的延伸，是以文献复制技术和信息技术为手段，向读者提供原始文献复制品的一种服务方式。

复制服务是读者获取文献资源的补充和扩展，极大地方便了读者，提高了文献利用率，但要注意知识产权问题。我国《著作权法》第 10 条规定：复制指以印刷、复印、拓印、录音、录像、翻录、翻拍等方式将作品制作一份或多份的行为。复制权属于著作权人财产权利中使用权的范畴。著作权人有以复制方式使用作品的权利，也有许可他人以复制方式使用作品并由此获得报酬的权利。为此，图书馆提供的有偿复印服务，应当事先取得权利人的授权许可并支付报酬，避免构成侵权行为。

图书馆在法律规定的范围内，可对作品进行合理使用，不必征得权利人的同意，也不必向其支付报酬。如读者复印享有著作权的作品仅是为个人学习、欣赏需要，或是复印少量的已经发表的作品，其目的是用于学校课堂教学或科学研究，则属于合理使用。如果所复印的作品用于教学和科研但数量较大，或是用于非个人使用并以营利为目的时，如用于编印介绍性图册出售，便不属于合理使用的范畴，构成了侵权行为。

（二）文献检索

文献检索指根据工作和学习的需要获取图书馆文献的过程。开展文献检索的目的，是为了广、快、精、准地向用户提供他们所需要的文献信息资源，以节省用户查找文献信息的时间和精力。

文献检索工作包括两部分：一是检索系统的建立和检索工具的组织与积累；二是根据具体课题的需要，利用目录、文摘、索引、手册、辞典、百科全书、数据库等检索工具，查找出与课题有关的文献资源。

按检索方式划分，可将文献检索细分为手工检索和机器检索两类。手工检索指读者利用目录、文摘、索引，通过人工查找所需信息资源。机器检索指读者借助机器（包括电子计算机）查找信息资源库中所存信息，包括穿孔卡片检索、缩微检索和电子计算机检索（如网络数据库、全文数据库等）。

（三）参考咨询

参考咨询服务是图书馆应广大读者的需求而开展的一项服务，是图书馆传统读者服务的延伸和发展。美国著名图书馆学教授威廉·卡茨（W.A.Katz）在《参考工作导论》一书中指出了参考咨询最基本的含义是解答各种问题。《英国大百科全书》将其定义为参考咨询员对各个读者在寻求情报时，提供个别的帮助。《中国大百科全书》对参考咨询的定义是：图书馆员对读者在利用文献和寻求知识、情报方面提供帮助的活动，它以协助检索、解答咨询和专题文献报导等方式向读者提供事实、数据和文献线索。参考咨询是发挥图书馆情报职能、开发文献资源、提高文献利用率的重要手段，是现代图书馆的基础工作之一，体现了图书馆信息服务的专业化、智能化和知识化程度。

根据咨询内容的深浅程度可将参考咨询分为问答咨询、文献检索、研究性咨询三类。问答咨询指一般性知识和指向性问题，通常可凭参考馆员的知识积累或通过查阅工具书、数据库、网络资源等很快给出解答，目前许多图书馆提供的常见问题解答（FAQ）或“图书馆利用100问”就是在这类问答咨询基础上积累而成的。文献检索指非一般性知识咨询，需要参考馆员利用目录、文摘、索引等特定检索工具进行查检，指引读者根据这些检索工具去查阅有关文献资源，从而得到解答。研究性咨询又称课题咨询，是一种深层次的咨询服务，通常具有明显的专业内容而非现成的稳定答案，需参考馆员利用多种参考工具和信息源进行系统的调研和筛选，将检索结果按一定方式组织和存储起来并经过综合分析，系统地向读者提供相关文献资料。

参考咨询服务还包括科技查新服务。科技查新服务指图书馆接受用户委托，根据其提供的需要查证其新颖性的科学技术内容，按照《科技查新规范》操作并作出结论的服务方式。所谓“新颖性”，是指在查新委托日以前查新项目的科学技术内容部分或者全部没有在国内外出版物上公开发表过。科技查新的作用是避免科研重复立项，为科研项目的评审提供全面、准确的鉴证性客观依据。

专题信息服务也是参考咨询服务的一种重要形式，又称为定题服务，指图书馆根据用户对于某一专题的特定需求，系统全面地检索文献资料，析取和重组文献资源，连续地为用户提供符合需要的个性化信息产品的服务。专题性信息服务具有连续性、时效性、灵活性、增值性等特点。服务专题确定以后，就要围绕专题内容定期地、及时地进行数据库检索和信息查询，并且随着研究课题的进展进行动态跟踪。参考馆员对于检索出的文献资料还要进行筛选、整序、组织和分析，使之成为有附加值的信息产品后，再提供给用户。

随着网络化、数字化的迅速发展，参考咨询服务也不断发展和完善，主要表现为：不断扩充和更新各类信息源，如电子信息源、开发建设特色数据库、收集网上信息资源等；充分利用各种先进技术，改进服务手段，如引入在线聊天技术，在数据库检索中引入自然语言检索技术、跨平台检索技术等；转变服务理念，由被动服务向主动了解用户需求转变，如积极宣传图书馆的新资源与新服务，举办各种培训讲座等。

随着网络的普及和信息资源的日益数字化，数字参考咨询服务迅速发展。数字参考咨询服务又称虚拟参考咨询服务、网络参考咨询服务。根据实时与交互特征可将数字参考咨询分为静态单项的帮助信息、异步交互式网上咨询和同步交互式网上咨询三种类型。

（四）网络信息资源导航服务

图书馆不仅提供本馆馆藏文献，还要通过互联网使用户获得网络资源。网上信息内容庞杂、良莠不齐，不利于直接使用，用户往往需要花费大量的时间和精力，才能找出所需的信息。为方便用户查找和利用网上信息，图书馆开展了网络信息资源导航服务。

网络信息资源导航指图书馆针对某一研究领域或专题，通过对互联网上可免费获取且具有学术参考价值的信息资源进行搜集、鉴别、分类、描述及有序化重组，制作成具有分类目录结构的网络信息资源集成化平台，供用户方便快捷地应用。其目的是提供权威、可靠、规范和可持续的网络信息资源的选择、描述和检索，使之成为相关领域的核心和可信赖的信息门户。①

二、图书馆资源服务的原则

图书馆资源服务应遵循平等原则、自由原则、人性化原则和满意原则。其中，平等原则是基础，自由原则是关键，人性化原则是方向，满意原则是目标。四个原则相辅相成，缺一不可。

（一）平等原则

图书馆的公共性决定了其用户享有平等利用图书馆各项资源和服务的权利。任何公民，不分种族、肤色、国籍、年龄、性别、宗教、语言、地位或受教育程度，均享有平等利用图书馆的权利。图书馆在各项服务过程中不能对用户有性别、年龄、种族、地位等的歧视，应一视同仁，平等对待每一个用户。此外，图书馆

① 张晓林.分布式学科信息门户中网络信息导航系统的规范建设[J].大学图书馆学报，2002(5)：28-43.

要给用户提供利用图书馆的平等机会，如为弱势群体和存在各种障碍的用户群体提供专门的信息资源和服务等。

（二）自由原则

自由原则是平等原则得以真正实现的保障，包含三层含义。一是图书馆用户可以自由利用图书馆的信息资源，自由地检索和获取各种内容、类型、形式的信息资源。二是图书馆要充分保障用户自由利用信息资源的权利，包括不对用户进行各种形式的审查，自觉抵制各种非法的外部审查制度和行为。三是自由原则要在合法利用和合理利用范围之内，包括图书馆及其用户在自由利用的过程中要遵循国家的法律制度，自觉抵制各种违法犯罪行为；图书馆要尊重用户的隐私权，图书馆用户也要尊重其他用户的隐私权，不泄露用户的身份信息、利用信息资源的信息；图书馆和用户要尊重和保护知识产权，自觉抵制各种盗版信息资源和盗用信息资源的行为，做到不违规复制、不恶意下载信息资源。

（三）人性化原则

图书馆作为社会的服务机构，其工作的基本目的是为用户服务，满足用户的需求。因此，必须坚持以人为本的原则，具体包括服务人性化、环境人性化和技术人性化。

服务人性化指图书馆必须树立“以人为本”的服务理念，将合适的信息资源提供给合适的人，尊重读者的各项权利。图书馆的管理制度也应从读者出发，以人本善的出发点进行有效的管理，制定尊重人的规章制度。

环境人性化是提高图书馆服务质量与水平的重要保障。图书馆要营造人性化的外部环境，配备充满人文特色的建筑、和谐的自然环境布局等；营造人性化的内部环境，实现人性关怀的功能布局、具有亲和力的内部装修、谐调的色彩搭配等；营造家具设备的人性化，配备符合人体力学的桌椅设计、人性关怀的无障碍通道等。

技术人性化包括为用户提供简单友好的计算机检索界面和检索方法，利用先进的信息技术为用户提供数字参考咨询、个性化的信息推送和网络参考咨询服务等。

（四）满意原则

满意原则是图书馆资源服务的最终原则。图书馆用户的满意程度是评价图书馆服务的重要标准。图书馆用户的满意度应该从图书馆的服务理念、服务行为、信息资源、可视化等方面进行判断。

美国宾夕法尼亚州立大学的安达利（S.S.Andaleeb）和西蒙兹（P.L.Simmonds）提出了测试读者满意度的 5 个标准：(1) 图书馆资源的质量，(2) 图书馆员的响应力，(3) 图书馆员的能力，(4) 图书馆员的道德行为，(5) 图书馆设施。

第四节 图书馆资源共享

图书馆资源共享指图书馆在自愿、平等、互惠的基础上，通过建立图书馆与图书馆之间和图书馆与其他相关机构之间的各种合作、协作、协调关系，利用各种技术、方法和途径，开展共同揭示、共同建设和共同利用信息资源，以最大限度地满足用户信息资源需求的全部活动。①

图书馆资源共享有其存在的现实原因。首先，科学技术的迅速发展带来了文献数量的激增，特别是网络环境下，各种数字化、网络化的信息资源迅速膨胀，单一的图书馆很难完成所有信息资源的采集工作，各图书馆主观上希望通过合作、协调来共同建设完整的信息资源。其次，社会的发展激发了人们多样化的信息需求，而单个图书馆无法充分满足用户不断增长的信息需求，客观上要求图书馆各机构联合起来，以整体的力量共同满足社会的信息需求。再次，信息技术的发展为资源共享提供了强有力的技术支撑，使各系统、各地区，乃至全球的信息资源共享有了实现的可能。

图书馆资源共享有着重要的现实意义。首先，资源共享能有效减少各图书馆之间信息资源建设的重复和遗漏，减少信息资源的冗余和浪费，保证足够的时间用来建设各馆各具特色的信息资源体系，提高整体信息资源系统的保障能力。其次，将图书馆的用户从本馆用户延伸至面向合作的各个信息服务机构的用户，扩大了图书馆的服务范围，能在更大范围内满足用户的信息需求，提高读者的满足率和图书馆资源的利用率。再次，不同国家、不同地区信息资源分布的不平衡造成了人们获取和利用信息的贫富差距。而信息共享的最终目的就是要保障全体成员能够无障碍地获取信息资源，消除信息贫困。图书馆资源共享通过对全社会信息资源的合理配置，缩小区域间信息资源保障的差异，从而达到弥补信息鸿沟，促进信息公平的目的。

一、图书馆联盟

图书馆之间结成联盟，是开展资源共建共享最有效的模式。目前我们比较熟悉的这类联盟是图书馆联盟。图书馆联盟是以两个或两个以上的图书馆为主体，联合相关信息资源系统，为实现资源共享、利益互惠而组织起来的非营利的正式组织，其成员受共同认可的协议和合同制约。② 其基本宗旨是降低图书馆

① 程焕文，潘燕桃.信息资源共享[M].北京：高等教育出版社，2004.

② 肖希明.信息资源建设[M].武汉：武汉大学出版社，2008.

的运行成本,改善读者获取信息资源的条件。图书馆联盟一词准确地捕捉到了未来图书馆发展的主要特征,即通过资源共享、互助合作的方式来满足日益增长的读者需求,是图书馆在现代社会中的生存模式和发展方向。

在不同的历史时期,图书馆联盟的功能是不同的。20 世纪 70 年代以前,美国图书馆联盟的主要功能是编制联合目录、采购协调、馆际互借等。20 世纪 80 年代后期,随着计算机技术和网络的发展,图书馆联盟的功能进一步扩展,增加了改进获取文献资源的操作方式、创造新的业务标准、共同建设数字化信息资源、提供培训与咨询、数字图书馆建设等功能。现在,“国际图书馆联盟联合体”(ICOLC)将图书馆联盟的基本功能定义为七项:藏书建设协调、电子资源集团采购、电子资源存储与运行、馆际互借和文献传递、联合目录、人员培训和藏书保护等。国内图书馆联盟也大体经历了这样的过程。早期的图书馆合作基本上限于联合目录和馆际互借功能。20 世纪 90 年代中期,我国出现了基于图书馆自动化技术和网络环境的合作形式,如中关村地区书目文献信息共享系统。90 年代后期,图书馆联盟将信息资源的协调采集、联合目录、馆际互借和文献传递服务、特色数据库、人员培训、数字资源建设与合作存储、参考咨询等作为联盟的主要功能。

图书馆联盟的类型多种多样,尚无统一的标准。20 世纪 70 年代,美国 SDC(System Development Corporation)对从 1931 年到 1971 年间成立的 125 个美国大学图书馆联盟进行了研究,将联盟归纳为基于大规模计算及自动化系统运作的大型联盟、读者服务与处理图书馆日常业务的小型联盟、限于某一特定专题领域的专业联盟、为解决馆际互借或信息参考合作网而建立的联盟四种类型。目前,这四种类型仍然是美国图书馆联盟的基本类型。1998 年,B.艾伦、M.海逊和阿诺德·海逊按图书馆联盟组织的严密程度将联盟划分为松散型、跨类/跨州型、紧密型和资金集中的州内型四种类型。在图书馆联盟不断发展的形势下,2001 年,阿诺德·海逊采用多重分类标准,如联盟的组织管理模式和运作方法、联盟自身定位和成员馆类型、联盟的服务内容和功能等方面对联盟类型进行了更为详细的划分。国内学者也按照不同的标准将图书馆联盟划分为不同的类型,如按照联盟的组织模式将其划分为全国性、地方性、区域性的图书馆联盟,按联盟的功能将其划分为单一功能型、复合功能型的图书馆联盟,按照联盟的合作方式将其划分为共建共享式、会员制、联合办馆式的图书馆联盟等。

在国外,图书馆联盟的发展十分迅速,图书馆联盟组织有几百家之多。目前比较成功且比较典型的图书馆联盟有:美国的 ICOLC(International Coalition of Library Consortia)、OCLC(Online Computer Library Center)、VLVA(Virtual Library of Virginia),澳大利亚的CASL(Council of Australian State Libraries),加拿大的CFL(Council of Federal Libraries),日本的NACSIS等。在国内,虽然图书馆联盟起步较晚,但已形成了教育部的中国高等教育文献保障体系(CALIS)、教育部的全国高校人文社会科学文献中心(CASHL)、科技部的国家科技图书文献中心(NSTL)等全国性联盟和江苏省高等教育文献保障体系(JALIS)等地区性联盟,一些图书馆还同时加入了国际性的图书馆联盟。

二、图书馆资源共享模式

(一) OCLC模式

OCLC(Online Computer Library Center,联机计算机图书馆中心)成立于1967年,原名为俄亥俄州大学图书馆中心(Ohio College Library Center,简称OCLC)。经过40多年的发展,OCLC由最初俄亥俄州54所大学图书馆组成的州内图书馆协作网,发展成世界上规模最大、信息资源最丰富、用户最多的非营利性的图书馆网络,向全球170个国家和地区的72 000多个图书馆提供信息服务。OCLC的世界书目数据库(WorldCat)已成为世界上数据量最大、使用量最高的书目数据库,涵盖486种语言记载的3.2亿多条的书目记录,代表了21亿多条的馆藏记录,平均每10秒钟增加一条新记录。

OCLC的主要产品和服务包括:

1. OCLC联机编目与馆际互借服务

OCLC的诞生和发展都与其联机编目和馆际互借服务密切相关,因此OCLC将其编目和馆际互借称为"核心服务"。这项服务的基础是WorldCat数据库,它由世界各国的10 000多家OCLC成员馆通过联合编目共同创建和维护。联合编目服务的操作模式同时向全世界的图书馆和信息中心提供了一种强有力的馆际互借工具,帮助人们在世界范围内寻找文献资源并确认馆藏地点。

随着计算机和网络的发展,OCLC目前正努力将WorldCat数据库改变成为一个用网络连接的包罗文本、图形、声像、动态等各种媒体的全球性资源。同时,OCLC也朝着集成整合的编目服务发展,其最新开发的集成元数据/编目系统连接服务(connexion)将编目及有关的服务全部整合到同一系统和界面下,为图书馆提供更好的服务。

2. OCLC第一检索服务

OCLC第一检索服务(OCLC FirstSearch Service)开发于1991年,现称"信息第一站",它是大型综合的、多学科的数据库平台,涉及广泛的主题范畴,覆盖所有领域和学科,共有13个子数据库(见图7-1)。

数据库名称	记录数据总量(条) 更新于2016年9月30日	每年更新的 数据量(条)	是否有 全文
WorldCat 联机联合目录数据库	3.8亿多条书目记录 21亿多条馆藏记录	不固定	否
AriticleFirst 综合类学术期刊索引数据库	3 200多万	100万	否
ClasePeriodica 拉美学术期刊文摘数据库	68万多	5万	否
EBooks 电子书书目数据库	5 200多万	300万	否
ECO-Index 学术期刊索引数据库	680多万	不固定	否
ERIC 教育学文摘数据库	150多万	10万	是
GPO 美国政府出版物书目数据库	66万多	5万	否
MEDLINE 医学期刊文摘数据库	2 300多万	200万	否
OAIster 全球联合机构知识库	3 100多万	500万	是
PapersFirst 会议论文索引数据库	860多万	50万	否
ProceedingsFirst 会议录索引数据库	47万多	1万	否
SCIPIO 艺术品和珍本拍卖目录数据库	44万多	不固定	否
WorldCat 硕博士论文数据库	1 900多万	200万	是

图 7-1 OCLC 第一检索服务涵盖的数据库情况

3. 网上联合参考咨询服务

网上联合参考咨询服务(QuestionPoint,简称 QP)是由 OCLC 和美国国会图书馆联合开发的一项网上联合虚拟参考服务。该服务将不同图书馆的优势和图书馆员的专业知识与万维网的强大功能结合起来,使图书馆通过协作,超越时空限制,为读者提供更好的服务。

当图书馆员无法回答读者提出的问题时,便可通过 QP 的区域协作网将问题转交给合作图书馆,或提交 QP 全球网络。提交给全球网络的问题由 QP 提问管理系统将其内容与成员档案进行比较和匹配,然后送到世界上 QP 成员中最适合回答这个问题的图书馆去寻求答案。QP 通过世界各地的图书馆员的共同合作,提供参考咨询服务,相互帮助回答问题,共建共享问答知识库。

(二) OhioLINK 模式

美国俄亥俄州图书馆与信息合作网(Ohio Library and Information Network,简称 OhioLINK,俄亥俄合作网)成立于 20 世纪 90 年代,是由该州大专院校图书馆和州图书馆组成的资源共享联盟。这一模式被美国高等教育理事会和州政府理事会评为创新和增效的先锋,也被世界同行视为图书馆合作、集中投资和有效服务的典范。

截至 2016 年,俄亥俄合作网的成员单位从最初的 18 个增加到 121 个,包括 16 个公立大学图书馆、23 个社区图书馆、52 个私立学院图书馆、16 个分校图书馆、8 个法学院图书馆、5 个医学院图书馆以及俄亥俄州立图书馆,为全州 73 万多名学生、教师、职员和其他研究者提供多种信息服务。

中央书目库及其馆际互借是俄亥俄合作网最基本和最先实现的产品和服务,成效显著。中央书目库兼具联合目录和馆际互借的流通功能。其书目资料来源于各本地系统,但不重复本地系统的记录,同时保存各馆订购、修改、流通状态等资料,并实现线上即时更新。用户在本地系统上查不到所需资料时,便可通过中央书目库查看拥有该项资料的图书馆名单,以及资料的收藏和流通状态。用户查到所需的资料后,只要按下馆际互借功能键,输入相关信息,便可连接到馆际互借子系统上。出借馆接收到这一请求后,按规定要在 24 小时之内准备好资料,文件快递系统按规定也要在 24 小时之内将该资料送至用户指定地点。

随着信息技术的不断发展,电子资源呈现出指数化增长的趋势。为适应各图书馆对电子资源存取的需求,OhioLINK 于 1998 年开始着手启动电子期刊中心(Electronic Journal Center,EJC)的建设。1998 年建设伊始,EJC 仅能提供 2 个出版商的 1 300 余种电子期刊和不到 100 万篇的期刊论文①,发展到 2016 年已经能够提供 2 400 多万篇期刊论文,成效显著。

OhioLINK 也积极从事数字化资源的建设,最有代表性的是建立"数字媒体中心(DMC)"和"电子学位论文与专题中心(ETD)"。1999 年,OhioLINK 成立了"数字媒体中心",2000 年 DMC 开始提供电子图书服务,截至 2016 年已达 10 万种电子图书。2002 年开始提供数字化教育录像,随后每年都有约 30 万份电子数据被用户下载。DMC 拥有 3 000 多件数字教育电影和文档,85 000 份的外语学习录像、电子图像以及来自世界范围博物馆的艺术作品图像、录音、历史文档、卫星图像等,还有丰富的教师教学课件。OhioLINK 每年约有 36 万件多媒体资料被下载,自成立以来共有超过 330 万件次的多媒体资料被下载。"电子学位论文与专题中心"整合存储了联盟内 18 个高水平会员大学的 58 000 篇论文,极大地满足了全州各个大学所出版的硕博士学位论文的需要。

(三) CALIS 模式

1991 年 1 月,我国高校系统正式启动了中国高等教育文献保障系统项目(China Academic Library & Information System,简称 CALIS),该项目是国家"211 项目"总体规划中两个公共服务体系之一。CALIS 的宗旨是在教育部的领导下,

① 黄彦博.基于信任与绩效的图书馆联盟成员合作机制研究[J].图书馆学研究,2012(4):87-89.

把国家的投资、现代图书馆的理念、先进的技术手段、高校丰富的文献资源和人力资源整合起来，建设以中国高等教育数字图书馆为核心的教育文献联合保障体系，实现信息资源共建、共知、共享，以发挥最大的社会效益和经济效益，为中国的高等教育服务。

经过十多年的发展，CALIS 已经跨越了一期、二期和三期的建设周期。CALIS 一期项目主要是为第一批进入“211”的 61 所高校服务，随着项目的推进，越来越多的图书馆加入了 CALIS 的建设。到 CALIS 二期项目启动时，已有 500 多所高校加入了 CALIS。目前，CALIS 服务的成员馆已达到 1 061① 家，包括全部“211”院校，覆盖的用户有数千万之多。

1. CALIS 的结构——三级文献资源保障系统

CALIS 包括 4 个全国文献信息服务中心、7 个地区文献信息中心和 1 个东北地区国防信息中心，每个中心都配备相应的人员，形成了全国中心—地区中心—高校图书馆三级文献信息保障模式的服务网络。全国文献中心的主要任务是组织集团引进国外优秀的学术信息资源，提供文献查询服务、文献传递服务，对全国高校图书馆员进行各种专业培训，与 CALIS 系统以外的科研机构图书馆、情报所和公共图书馆协调协作。地区中心的主要任务是提供文献查询服务、文献提供服务、联机合作编目、对本地区高校图书馆馆员进行各种专业培训及与本地区 CALIS 以外的科研机构图书馆、情报所和公共图书馆进行协调协作。

- 全国文理文献信息中心——北京大学图书馆
- 全国工程文献信息中心——清华大学图书馆
- 全国医学文献信息中心——北京大学医学图书馆
- 全国农林文献信息中心——中国农业大学图书馆
- 华东南地区中心——上海交通大学图书馆
- 华东北地区中心——南京大学图书馆
- 华中地区中心——武汉大学图书馆
- 华南地区中心——中山大学图书馆
- 西北地区中心——西安交通大学图书馆
- 西南地区中心——四川大学图书馆
- 东北地区中心——吉林大学图书馆
- 东北地区国防信息中心——吉林大学图书馆

① CALIS 图书馆导航：CALIS 成员馆统计.[EB/OL].[2015-02-28].http://www.calis.edu.cn/educhina/libnav.do? page=libnavbycalis.

2. CALIS 的任务——文献信息服务

CALIS 作为一个文献信息服务系统，其主要任务是为用户提供所需的国内外科技文献，所以 CALIS 购买和自建了许多数据库。

购买国内外数据库资源工作主要在全国文理中心和工程中心进行，采取集团采购的方式。除了部分数据库由 CALIS 全资购买外，更多的由 CALIS 和成员馆联合购买或完全由成员馆联合购买。对于所购买的数据库，一般要经过 3 个月到半年的试用期。这些数据库除提供文献线索外，有的还提供原文、文献传递、主动报导等服务。购买的数据库一般通过互联网直接访问、设立镜像服务器或通过校园网访问三种方式为成员馆提供服务。

自建数据库包括联合馆藏目录、高校学位论文数据库和各种特色数据库等。联合馆藏目录包括联合目录数据库（馆藏图书）和中文现刊目次库（馆藏期刊），除向读者提供检索服务外，也作为馆际互借与文献传递的基础数据。高校学位论文数据库收录了包括北京大学、清华大学等全国著名大学在内的 83 个 CALIS 成员馆的硕博士论文，其目的是通过对分散在各大学中各类学科的学位文献信息的收集、整理、建库、上网，使原始的论文信息获得升值，为国内外希望获得高校学术信息的用户提供便利的查询途径，推动高校教学、科研的发展。特色数据库是围绕重点学科而形成的专题数据库，集中、深层次地揭示了各高校收集的富有学科特色的文献，具有学科知识库的特点。

此外，CALIS 还开发了联机合作编目系统、联机公共检索系统（OPAC）等，形成了较为完善的 CALIS 文献信息资源服务网站。在此基础上开展了公共目录查询、信息检索、馆际互借、文献传递、网络导航等网络化、数字化文献信息服务，对高校建设重点学科、培养深层次人才、支持科研创新等发挥了重要作用。

三、图书馆资源共享原则

图书馆资源共享应遵循自愿、平等、互惠的原则，其中自愿原则是信息资源共享的前提条件，平等原则是信息资源共享的基础原则，互惠原则是信息资源共享的根本原则，三者相辅相成，缺一不可。

（一）自愿原则

自愿原则是信息资源共享的参与者主观意志和主观行为的自觉、自主、自为和自律。只有贯彻和坚持自愿原则，图书馆资源共享才能得到长久推行和持续发展。这是因为：(1) 非自愿性的信息资源共享不能称为“共享”，它是建立在强制基础之上的行为，不能调动各馆资源共享的积极性；(2) 自愿在很大程度上淡化了政治、经济、文化、技术等障碍，是一种比较纯粹的专业性行为，有利于形成更为广泛的跨地区、跨国家的信息资源共享；(3) 自愿是参与者主观意志和主观行为的表达,各图书馆愿意参与其中,以极大的积极性和主观能动性参与到资源共享的实践中。

(二) 平等原则

平等原则是自愿原则得以实现的重要保障。平等原则是指各信息资源共享的参与者,在信息资源共享体系中应具有平等的权利、义务和责任。

平等权利是平等义务和责任的保障,只有在享有平等权利的前提下,参与者才能积极地履行其责任和义务。平等权利包括平等参与各项政策建设与管理决策的权利、平等参与各项计划与活动的权利、平等利用信息资源的权利等。

在信息资源共享中,参与者在享有平等权利的同时,还必须履行平等的义务和责任,主要包括执行统一的管理规范,如用户权限管理规范、馆际互借规则、文献传递规则、服务收费标准等;执行统一的技术规范,如统一的用户界面、数据格式、数据库建设规则、馆际互借协议等;执行统一的共知共建共享任务,如联合编目、联合采购、分工与协调采购、数据库共建等。

(三) 互惠原则

互惠原则是自愿原则和平等原则的出发点和归宿,自愿和平等是互惠的途径和手段。互惠原则指所有参与者在信息资源共享中彼此之间都能够获得平等的利益,并由此最大限度地满足图书馆用户的信息资源需求。

通常情况下,信息资源共享的参与者总存在着规模大小、信息资源数量、经费预算多少等各种差异。但只要在平等权利、平等义务和责任的基础上开展信息资源共享,那么整体上所有参与者的利益是平衡的。如一个大图书馆与一个小图书馆在馆际互借的数量上可能是不平衡的,但当馆际互借图书馆的数量达到一定规模时,这种不平衡的因素在整体上就会减少到可以忽略不计,或者达到自然消失的程度。因此,互惠是整体利益平衡的保障。

互惠是推动信息资源共享发展的动力。只有在坚持平等利益的前提下,才能充分调动参与者的积极性和主动性,保证信息资源共享朝着良性和健康的方向发展。

?思考题

1. 如何理解图书馆资源的概念?
2. 简要概括各类图书馆资源的特征及优劣。
3. 图书馆资源的特征主要表现在哪些方面?
4. 概述图书馆资源服务的方式和原则。
5. 简要介绍我国的图书馆资源共享模式。

参考文献

[1] 刘兹恒.信息媒体及其采集[M].北京:北京大学出版社,2008.

[2] 肖希明.信息资源建设[M].武汉:武汉大学出版社,2008.

[3] 代根兴.数字时代的图书馆信息资源建设[M].北京:北京图书馆出版社,2006.

[4] 杨毅,等.集团采购——购买电子资源的有效方式[J].大学图书馆学报,2003(3):6-9.

[5] 高波.网络信息时代的资源共享[M].北京:高等教育出版社,2003.

[6] 程焕文,潘燕桃.信息资源共享[M].北京:高等教育出版社,2004.

第八章 信息资源管理

20世纪70年代末80年代初,信息资源管理(Information Resources Management,IRM)作为一个新的理论和实践概念被提出,从起源上来看,IRM是从数据库管理(database management)、记录管理(records management)和数据处理管理(data processing management)三大领域演化发展而来,①目前已发展成为一门富于生命力的管理新学科。学术界普遍认为,IRM的兴起与发展对传统图书情报学(LIS)学科范式的变革与转型产生了重要影响。

第一节 信息资源管理概述

信息资源管理是一个发展中的新概念,如莱维特所指出的:"作为一个概念,信息资源管理的含义是十分广泛的。"明晰信息资源的概念,掌握信息资源管理的内涵和层次,能使我们对信息资源管理有一个全面深入的了解。

一、信息资源的概念

20世纪60年代以来,信息经济学从微观和宏观角度对信息价值、信息成本、信息效率以及信息产业、知识产业等问题进行广泛的理论研究和实证分析,使信息是一种资源的观念得到确立。美国学者指出,信息作为一种资源以及信息可以作为商品进入市场这一观念的深入,代表了消费者价值观的一次革命。②

信息资源作为术语最早由罗尔科(J.O.Rourke)于1970年在《加拿大的信息资源》(*Information Resources in Canada*)一文中提出。③ 而对信息资源界定做出重要贡献的是美国学者霍顿(F.W.Jr.Horton),他从多个角度对信息资源的概念

---

① Eileen M Trauth.The evolution of information resource management[J].Information & Management,1989,16(5):257-268.

② Lytle R H Information resources management:1981—1986[J].ARIST,1986,21:309-336.

③ Rourke J O.Information resources in Canada[J].Special Libraries,1970,61(2):59-65.

进行了界定，他与联邦日常文书工作委员会同仁的相关工作，促使信息资源概念在美国1980年出台的《简化文书法案》（*Paperwork Reduction Act*）和1985年颁布的《联邦政府的信息资源管理》（*Management of Federal Information Resources*）两个重要的法律和政策文本中得到采用。霍顿从政府文书管理的角度，认为信息资源具有两层含义：其一，当资源为单数（Resource）时，信息资源指包含在文件和公文中的信息内容；其二，当资源为复数（Resources）时，信息资源指支持工具，包括供给、设备、环境、人员、资金等。① 霍顿的这种划分促成了后来为学术界所广泛认同的对信息资源的狭义和广义区分。

所谓信息资源，就是指人类信息活动中以信息为核心的各类信息活动要素的集合。信息资源有狭义和广义之分，狭义的信息资源仅指信息内容本身；广义的信息资源除信息内容外，还包括与信息活动紧密相关的信息人员、信息机构、信息技术、信息设备、信息系统、信息制度等。在广义的信息资源概念中，信息是核心要素，与信息活动相关的人员、机构、设备、制度、技术等是支撑要素，它们与信息要素相辅相成、相互作用，共同构成信息资源要素以支持管理活动。可以看出，从狭义角度出发，有助于把握信息资源的核心和实质；从广义角度出发，有助于全面把握信息资源的内涵。在信息管理实践中，一般不对信息资源概念做狭义或广义的区分，信息资源和信息的概念是混同使用的。

与物质、能源等资源比较，信息资源具有如下特点：

1. 稀缺性。稀缺性是经济资源的最本质的特征，信息资源的稀缺性是指相对人的需求来说，有用或可用的信息资源是稀缺的。

信息资源具有稀缺性的原因有二：一是信息资源的开发需要相应的成本投入，在既定的时间、空间和其他条件约束下，某一特定行为者所拥有的信息资源总是有限的；二是在既定的技术和资源条件下，任何信息资源都有一固定的总效用，随着被使用次数的增多，总效用会逐渐衰减，当衰减为零时，该信息资源不再具有经济意义。这与物质资源与能源资源所表现出来的稀缺性相比，虽然在表现形态上不同，但本质上却非常相似。

2. 不可独占性。从根本上来说，信息是一种公共物品，是不可独占的。传统的有形资源和有形商品通过所有权的转移（交换）是可以私人占有的，如水资源、矿产资源、资本资源等都可以通过买卖双方的交易而转移占有权，信息资源却只能通过买卖双方的交易，达到买卖双方共同占有的目的。阿罗（K.J.Arrow）对信息商品或资源的独占性持悲观的态度。他认为，信息的不可独占性导致了信息产权界限模糊不清，对信息和知识产权的保护只能加重对违反产权保护的

① Marchand D A, et al. Infotrends: profiting from your information resources[M]. New York: Wiley, 1986.

惩罚和加强对违反产权保护的管理，而不能彻底地使用法律或行政手段对信息的独占权利进行保护，即知识产权或信息产权只能有限度地得到保护。

3. 不可分性。首先，作为一种资源的信息在使用中是不可分的，即信息不能像多少吨煤或多少单位货币那样可以任意计量，一组信息只能作为一个整体来看，而不能分成一个个的单位信息。只有完全的或系统的信息集合在使用中才有直接的使用价值，不完全信息在使用中极可能造成误解。其次，信息在生产中是不可分的，即信息生产者为一个用户生产一组信息与为许多用户生产一组信息相比，所花费的努力几乎是一样的。在理论上，信息生产是一种具有无限潜力的规模经济。如一种软件产品被开发后，可以按照生产者的意愿生产无数个拷贝，而所需工作量和费用是微不足道的。

信息资源的不可独占性和不可分性使其与传统的有形资源之间存在着根本的差别，由此动摇了依赖于商品或资源独占性和可分性的传统经济理论。传统的经济分析将不再适用于信息这一特殊资源或商品，由此导致信息经济学异军突起，改变了传统经济学的格局。

4. 不同一性。信息是一种抽象资源，这一点决定了它跟有形资源之间有一个重要差别，即任何两组信息都是不完全同一的，而任何给定类型的两组有形资源则是同一的。如每吨水泥（同种类型）与其他水泥一样具有相同的质量和数量，需要"更多的水泥"意味着更多数量的"一吨水泥"而已，已有的一吨水泥与需要的一吨水泥没有两样；而每一组信息与其他信息则不具有相同的"质量和数量"，需要"更多的信息"意味着需要另外不相同的一组信息，对原来的一组信息提供更多的复印件或拷贝不能满足需要。

5. 驾驭性。信息资源具有开发和驾驭其他资源的能力，无论是物质资源还是能源资源，其开发和利用都有赖于信息的支持。例如一台机器，若不具备使用方面的信息，它将是一堆废铁；一块油田，若不具备开采方面的信息，它将永远沉睡于地底。人类的认识过程从根本上来说是一个信息过程，在这个过程中，虽然每一个环节都离不开物质和能源，但贯穿全过程、支配全局的是信息；人类用信息来驾驭、控制物质流和能源流，推动经济发展和社会进步。正是在这一意义上，人们将信息资源视为一种战略资源。

二、信息资源管理的内涵

要理解信息资源管理的内涵，首先需要明确信息资源管理的概念。以下列举几种关于信息资源管理的代表性定义：

1. 美国信息管理专家霍顿认为，信息资源管理是对一个机构的信息内容及支持工具（信息设备、人员、资金等）的管理。他强调信息资源管理属于资源管理，是把资源管理的概念拓展应用于数据、信息和知识的管理。①

2. 英国学者马丁（W.J.Martin）认为，“信息管理”与“信息资源管理”没有区别，人们之所以采用“信息管理”一词是因为它比较简短。信息管理是与信息相关的计划、预算、组织、指挥、培训和控制过程，它是围绕信息本身以及相关资源，如人力、设备、资金、技术等而展开的。②

3. 博蒙特（J.R.Beaumont）和萨瑟兰（E.Sutherland）认为，信息资源管理是一个集合名词，包括所有能够确保信息利用的管理活动。信息资源核心是由信息和通信技术组成的技术平台，信息资源管理构成企业所有活动的平台。信息资源管理包容的知识领域涉及商业知识、经济学知识、法律知识、社会学知识及技术知识。③

4. 德国学者施特勒特曼（K.A.Stroetmann）认为，信息资源管理是对信息资源与相关信息过程进行规划、组织和控制的理论。信息资源包括：(1) 信息内容，既包括产生于信息服务或从外部信息源获取的信息，也包括与内部活动有关的理论和方法论信息、管理和操作信息、与决策相关的信息，还包括与外部活动有关的交易信息、用户信息和市场信息；(2) 信息系统，其要素包括系统目标、操作人员、信息内容、软件、硬件、内部规则等；(3) 信息基础结构，指一个组织结构的信息基础结构，它由各种可共享的数据库、计算机硬件设备、数据库管理系统和其他软件、局域网等构成。信息内容、信息系统、信息基础结构形成了一个组织的信息管理的三位一体结构。④

5. 美国政府管理与预算局（Office of Management and Budge，OMB）从政府部门信息管理的角度认为，信息资源管理是指涉及政府信息的有关规划、预算、组织、指导、培训和控制等。强调信息资源管理既包含了信息本身，也包含了与信息相关的各种资源，如人员、装备、经费和技术等。⑤

可以看出，上述定义无论是将信息资源管理定义为一种管理过程还是管理职能，其中都涉及对信息资源管理主体、客体、手段、目的等的陈述，界定了信息资源管理的基本内涵。本书认为，信息资源管理就是有关主体为满足信息需求，综合运用技术、经济、人文等方式，对信息资源进行规划、组织、传播和提供利用

---

① Horton Jr Forest Woody.Information resources management[M].Englewood Cliffs(New Jersey):Prentice-Hall,Inc.,1985.

② Martin W John.The information society[M].London:Aslib,Information House,1988.

③ Beaumont John R,Sutherland Ewan.Information resources management:management in our knowledge-based society and economy[M].Oxford:Butterworth-Heinemann,Ltd.,1992.

④ Scammell Alison.Handbook of information management[M]. 8thEd.Aslib-Imi,2001.

⑤ U.S. Office of Management and Budget (CircularNo. A - 130). Management of Federal Information Resources[R].Federal Register 50:52730-52751.

的活动。

这一定义包含以下几层意思:其一,信息资源管理是多主体的,政府、第三部门、企业和个人都是信息资源管理的主体。其二,信息资源管理的目的是满足信息需求,支持国家、组织和个人的决策和行动。其三,信息资源管理综合运用技术、经济、人文等方式或手段,三者也构成了信息资源管理的三大模式。最后,从管理过程来看,信息资源管理包含规划、组织、传播和提供利用等主要环节或阶段。

三、信息资源管理的层次

信息资源管理从层次上可以划分为个人信息资源管理、组织信息资源管理和国家信息资源管理三种类型。

(一)个人信息资源管理

个人信息管理(Personal Information Management,PIM)是近些年来随着个人所面临的信息环境日趋复杂所提出的一个重要概念,构成了信息资源管理的微观层次。按照琼斯(William Jones)的界定,PIM是人们为日常使用和完成任务(与工作有关或无关的)以及履行其他个人职责(作为父母、雇员、朋友、团体成员等),所从事的生产或获取、存储、组织、维护、检索、使用和传播相关信息的活动。[①] 他将PIM活动视为在需要(Need)和信息之间建立、使用和维护一种映射关系的行为。PIM活动由三部分构成:寻找活动(Finding Activities),维护活动(keeping activities)和匹配活动(Mata-level activities)。寻找活动从需要到信息并影响个人信息空间的信息输出,维护活动从信息到需要并影响个人信息空间的信息输入;匹配活动在需要和信息之间建立映射关系,关注的是个人信息空间本身及其内部的信息组织与管理问题(见图8-1)。

维特克(Steve Whittaker)在琼斯所做工作的基础上,提出了PIM的三阶段生命周期理论:维护、管理和利用。维护即个人对应该保存哪些信息所做的决策和安排,考虑到管理成本和利用成本,我们所遇到的信息并不都是值得保存的,这取决于信息的类型、我们何时需要信息、何种语境下需要信息,以及我们自己保存和同样能在公共渠道获取之间的成本权衡。管理是对个人维护的信息面向未来产生价值的组织方式,除了取决于信息的类型,还取决于个人对信息管理投资成本与信息利用预期收益的判断,对需要的信息通过有效的组织使其方便可及是一个基本的原则。利用是PIM生命周期的核心,如果我们对所拥有的信息不

① William Jones.Personal information management[J].Annual Review of Information Science and Technology,2007,41:453-504.

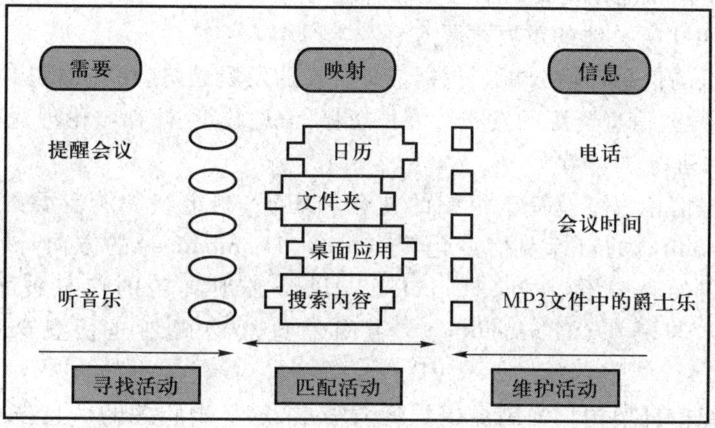

图 8-1 个人信息管理活动示意图

能成功利用,那么维护和管理的行为就没有价值,成功的利用与个人维护信息以及管理信息的方法息息相关。有效的 PIM 是维护、管理和利用的有机统一。在实施 PIM 过程中,要重视不同类型的个人信息具有不同的属性——它是任务导向的还是消息性的,是个人创建的还是来源于公共渠道的——这种不同的属性会引致对个人信息不同的对待和管理方式。①

随着社会媒体(Social Media)的兴起,社交网站、微博、微信、博客、论坛、播客等成为社会公众用来分享意见、见解、经验和观点的工具和平台。社会媒体信息不仅是个人信息生产和发布的重要内容,制造了人们社会生活中争相讨论的热门话题,而且通过不断的交互和提炼能够有效地对某个公共主题达成共识,由此成为社会公众参与公共事务的一种重要方式。因此,社会媒体既是 PIM 的重要内容,也是 PIM 中与公共信息资源管理关系最密切的部分。

(二)组织信息资源管理

组织信息资源管理即机构层面的 IRM,包括政府部门、事业单位、社会团体等机构内部的公共信息资源管理。其主要任务是认清组织内各级各类人员对信息资源的需求,合理组织、协调信息资源的开发利用。信息是一种经济资源和管理资源,已普遍渗透到组织设计、业务流程、战略和组织与外部的关系中,大大改变了组织内部的操作与整个组织的机制,现代组织越来越信息化,德鲁克(P.Drucker)称之为“以信息为基础的组织”。② 因此,追求组织机构层面信息资

① Steve Whittaker. Personal information management: from information consumption to curation. Annual Review of Information Science and Technology, 2011, 45: 3-62.

② 沙勇忠.信息技术与现代企业管理变革[J].兰州大学学报:社会科学版,2002(1):148-154.

源管理的完善和优化是公共信息资源管理的重点。

组织 IRM 所关注的重要主题有：

1. 组织的信息环境分析。包括信息科技的发展趋势，用户（机构）的信息需求与行为变迁，信息资源的发布与增长态势，信息政策、法律与伦理变革，以及信息文化的演进等。

2. 组织信息战略。基于组织的使命和职责，制定组织所需要的信息化能力（IT capability）的目标及信息化策略机会（IT initiative）的方向，然后据此定义出所必需的信息化项目（IT project），以及必须具备的信息技术能力（IT competency）与资源（IT resource）。组织信息战略规划是信息架构制定的基础。

3. 组织信息架构。为满足组织运营需求，定义出相关的信息技术架构（IT architecture），它包含应用架构与系统架构。应用架构包含应用系统蓝图及信息组建架构，系统架构包含网络架构以及软硬件架构。

4. 组织信息管理体制。即支持组织信息战略实施的组织架构。CIO（Chief Information Officer）和 CKO（Chief Knowledge Officer）的设置使组织信息资源管理者的行政地位提升到了最高决策层，标志着组织机构层面 IRM 的地位与作用日益重要和关键。

5. 知识管理与组织创新。知识管理是组织 IRM 发展的高级阶段，是将个人的隐性知识转化为组织的显性知识，同时将组织的显性知识应用于组织决策与行动的过程与活动，这需要建立支持创新与共享的组织机制以及相应的组织文化。

（三）国家信息资源管理

国家 IRM 是在宏观层次上，由国家通过有关政策、法规、管理条例等来组织、协调信息资源开发利用的活动，使信息资源按照国家宏观调控的目标，在不影响国家信息主权和信息安全的前提下得到合理的开发和有效的利用。国家 IRM 是一种战略管理，政治性要求占据突出地位，只能由政府来进行管理和建设。通过制定信息法规、国家信息政策和建立信息伦理准则，统筹规划国家信息基础设施建设，维护国家信息主权，保障本国信息安全，保证信息资源在国家层次上合理配置、充分开发和有效利用，协调信息产业的垄断与竞争，规范信息市场，加快国家信息化进程等，是国家层次的 IRM 着力解决的问题。随着国际化程度的加深和跨境数据流（Transborder Data Flow）的增加，出于国家安全和国家政治经济利益的需要，国家层次上的 IRM 得到了高度重视与强调，并且出现了与国际信息政策和国际信息法律相结合的新特点。

国家 IRM 所关注的重要主题有：

1. 国家信息主权与信息安全。信息主权指一个国家对本国的信息传播系统进行自主管理的权利，是国家主权的重要组成部分。信息安全是指信息的保密性、完整性、可用性和可控性。随着信息成为社会的关键基础设施，出现了"信息疆域"的概念，即国家或政治集团信息传播力和影响力所能达到的无形空间。一个国家的信息疆域由科技、政治、外交、军事等各个领域的信息边疆组成，综合运用多种手段保障国家信息主权和信息安全，是国家 IRM 的核心任务。

2. 国家信息基础设施。它是一个由通信网、计算机、信息资源、用户信息设备与人构成的互联互通、无所不在的信息网络，涉及规划、建设、运营、维护、监管等问题，完善的信息基础设施是信息时代国家安全和竞争力的基石。

3. 国家基础数据与信息资源。国家基础数据与信息资源具有基础性、基准性、标识性、稳定性等特征。包括人口基础信息、法人单位基础信息、自然资源和空间地理基础信息、宏观经济数据、科学数据基础信息等，是国家的战略性资源。

4. 信息产业的组织与管理。信息产业是依靠新的信息技术和信息处理的创新手段，制造和提供信息产品、信息服务的生产活动的组合，是现代经济发展中的战略性新兴产业。信息产业的组织与管理涉及投资政策、税收政策、人才政策以及产权制度、现代企业制度、垄断与竞争的产业政策等广泛的问题，产业集群是一种重要的竞争方式。

5. 信息市场规制。信息市场规制是指国家通过制定行为规范引导、监督、管理信息市场主体的经济行为，也同时规范、约束政府监管机关的信息市场监管行为，从而保护消费主体利益，保障市场秩序。具体表现为完善市场规则，反对垄断，制止不正当竞争，保护消费者权益等。

6. 国际信息合作与交流。涉及发达国家与发展中国家之间的数字鸿沟、国际信息交流中的合理公正准则和秩序要求、国际信息贸易、信息技术标准与技术强制、知识产权保护、国际信息交流中的国家信息安全与文化冲突等。

第二节　信息资源管理过程

1985 年，霍顿在《信息资源管理》一书中提出，信息是一种具有生命周期的资源，其生命周期由一系列逻辑上相关联的阶段或步骤组成，体现了信息运动的自然规律。霍顿定义了两种不同形态的信息生命周期：(1) 基于人类信息利用和管理需求的信息生命周期，由需求定义、收集、传递、处理、储存、传播、利用等 7 个阶段所组成；(2) 基于信息载体的信息生命周期，由创造、交流、利用、维护、恢复、再利用、再包装、再交流、降低使用等级、处置等10个阶段组成。① 此后众多学者相继提出了信息生命周期的组织视图、业务视图、价值成本过程等,并应用于企业、图书馆和政府信息资源管理,标志着信息生命周期管理(Information Lifecycle Management,ILM)理论的形成。借鉴信息生命周期理论,精简的IRM过程管理由信息资源生产、信息资源规划、信息资源组织和信息资源利用(消费)四大部分构成,考虑到信息资源生产的特殊性及本书主题,此处不再阐述。

一、信息资源规划

(一)信息资源规划的含义

信息资源规划(Information Resource Planning,IRP)最先出现于企业管理领域,是指对企业生产经营活动所需要的信息,从生产、获取到处理、存储、传输及利用进行全面规划。20世纪80年代初,著名信息管理专家理查德·诺兰(Richard.I.Nolan)总结了发达国家十多年的企业计算机应用规律,提出了"起步、扩展、控制、集成、数据管理、成熟"6个阶段模型。90年代初,米歇(Mische)揭示了信息系统集成与数据管理的不可分性,认为信息系统集成实质上就是数据集成,集成阶段的重要任务就是要搞好数据组织,由此他提出了综合信息技术应用连续发展四阶段、五特征的"米歇模型"(Mische's Model)。

信息资源规划的理论基础主要有詹姆斯·马丁的信息工程方法论(IEM)、霍顿的信息资源管理理论及威廉·德雷尔的数据管理(DA)理论。各理论的主要观点如下:

1. 信息工程方法论。(1)信息系统以数据为中心而不是以处理为中心;(2)数据结构是稳定的,处理是多变的;(3)最终用户必须真正参加信息系统的开发工作。

2. 信息资源管理。(1)企业的信息资源与其他资源具有同等地位;(2)必须将IRM与企业的战略规划联系起来,把信息资源作为战略资产进行管理;(3)企业IRM的目标是"3E":Efficient(高效)、Effective(实效)和Economical(经济)。

3. 数据管理理论。(1)没有有效的数据管理,就没有高效的数据处理,更建立不起来整个企业的计算机信息系统;(2)数据元素是最小的信息单元,数据管理工作必须从数据元素标准化做起;(3)数据管理任务是集中控制和管理数据定义,建立全企业数据管理基础标准和规范化的数据结构,协调计算机应用开

---

① Horton Jr Forest Woody.Information resources management[M].Englewood Cliffs(New Jersey):Prentice-Hall,Inc.,1985.

发人员和用户实施数据管理标准规范。①

信息资源规划既是理论也是工具，它的核心是运用信息工程和数据管理理论及方法，通过总体数据规划，打好数据管理和资源管理的基础，促进实现集成化的应用开发。② 信息资源规划有宏观和微观之分，宏观的信息资源规划主要是对某一行业、领域、地区，乃至整个国家信息资源的采集、处理、传输、共享与利用等进行顶层设计和统筹安排，规划实施者往往是国家、相关主管部门或行业联盟；微观的信息资源规划主要是对组织机构内部的信息资源采集、处理、存储、传输及共享利用进行统筹安排。建立以业务为中心，而非以数据为中心的信息资源规划体系，不仅能够实现宏观规划和微观规划的交互作用，更好地推进信息资源规划从宏观向微观的分解和实施，而且能够在研究中互通有无，建立科学的规划机制。

（二）信息资源规划的内容

1. 数据规划

数据规划就是针对数据混乱、数据标准不统一的状况，运用信息组织技术，建立起组织中稳定的、标准的数据模型。数据规划是实现组织内外信息的流动、共享和应用的最基本、最重要的保障，它既是信息资源规划的重点内容，也是总体规划的主体。具体到信息资源规划过程中，数据规划就是要建立信息资源管理的数据组织的基础性标准，从而为重组数据和改善数据环境奠定基础。

2. 信息资源规划

信息资源规划是指对组织中信息的采集、处理、传输、共享及利用等整个过程的全面规划。信息资源规划是在总体数据规划的基础上发展起来的。信息资源规划的要点有：(1) 在总体数据规划过程中建立信息资源管理基础标准；(2) 工程化的信息资源规划实施方案；(3) 简化需求分析和系统建模方法；(4) 组织业务骨干和系统分析员紧密合作，按周期制订规划工作进度计划；(5) 全面利用软件工具支持信息资源规划工作。③

3. 技术架构规划

技术架构规划是指对组织中信息资源管理所涉及的技术进行全面规划，包括对软件、应用系统的架构规划等，同时还包括对信息资源所在环境内的网络、服务器、存储备份等技术及设备进行规划，为信息资源管理提供良好的技术支持。

4. 环境保障规划

环境保障规划是指对信息资源管理所涉及的法规建设、标准制定、人才培养

① 李姝琳，等.信息资源规划——IRP 技术研究[J].中国水运，2008，8(4)：230.

② 高复先.信息资源规划：信息化建设基础工程[M].北京：清华大学出版社，2002.

③ 高复先.信息资源规划：信息化建设基础工程[M].北京：清华大学出版社，2002.

等进行全面规划，为信息资源管理奠定良好的环境基础，提高管理效率。

（三）信息资源规划的技术方法

信息资源规划可以借鉴企业信息资源规划的方法。目前在信息资源规划领域主要采用的是以信息系统规划、业务流程规划为代表的规划方法，其中具有代表性的是战略数据规划、战略信息系统规划（Strategic Information Systems Planning，SISP）及日趋成熟的企业架构（Enterprise Architecture，EA）规划方法。①

1. 战略数据规划方法

战略数据规划起源于20世纪60年代和70年代的数据处理理论和方法研究。战略数据规划是通过对总体数据进行规划，尽快地将现有数据环境转变成主题数据库或信息检索系统这两类数据环境，以保证高效率、高质量地利用数据资源。

2. 战略信息系统规划方法

战略信息系统规划指的是从帮助企业实施经营战略或形成新的经营战略角度出发，寻找和确定各种信息技术在企业内的应用领域，借以创造出超越竞争对手的竞争优势，进而实现它的经营战略目标过程。战略信息系统规划方法从战略匹配和战略实现角度考察信息资源及信息系统的规划。

3. 企业架构规划方法

企业架构规划方法起源于20世纪90年代的美国，其雏形来自企业建模的理论和思想。EA规划方法的出现，提供了业务和技术集成的机制，提供了从战略层向业务层、技术层扩展的规划模式，更主要的是提供了一种解决思路和描述体系。目前，美国、英国、德国、澳大利亚和加拿大等发达国家都建立了政府层面的EA规划体系。

上述三种方法在方法论、适用范围、实施环境、功能及规划形式上都存在差异，如表8-1所示。②

表8-1 三种规划方法比较

方法 比较项目	战略数据规划	战略信息系统规划	EA规划
产生	20世纪80年代早期	20世纪80年代中期	20世纪80年代末期
发展成熟	20世纪80年代中期	20世纪90年代初期	20世纪90年代中期

① 马费成.信息资源开发与管理[M].北京：电子工业出版社，2009.

② 马费成.信息资源开发与管理[M].北京：电子工业出版社，2009.

续表

比较项目 \ 方法	战略数据规划	战略信息系统规划	EA 规划
标志性成果	1985 年詹姆斯·马丁的《信息系统宣言》	1993 年哈默和钱皮的《业务流程再造》	1995 年提出 TOGAF
解决的主要问题	数据规划、数据环境管理	战略与系统的匹配	信息资产描述和重组
规划目标	数据一致性	系统与业务集成	信息资产管理
适用阶段	系统建模阶段	系统规划和建模	系统生命周期
规划过程	自上而下规划	自上而下规划	多维展开,有效集成
适用范围	信息工程	战略规划	信息工程和战略规划
实施环境	边界和业务清晰	具有标准流程	全面兼容
实施准则	个性化或独立系统	具有伸缩性	开放环境
规划粒度	数据和功能规划	流程规划	数据、功能、流程、网络及人员等规划
规划与实施关联	实施完全依照规划	—	参考性规划
规划方式	项目小组、信息元库	ERP 等大型管理软件	参考模型、框架标准
不足	无法满足业务变更要求	技术专业性强、兼容性差	规划体系庞大

二、信息资源组织

信息组织(Information Organization)也称信息整序,是利用一定的规则、方法和技术对信息的外部特征和内容特征进行揭示和描述,并按给定的参数和序列公式排列,使信息从无序集合转换为有序集合的过程。

（一）信息资源组织的方法

传统的信息资源组织方法通常采用分类法和主题法。所谓分类法，是指依据事物的属性或特征进行区分和聚类，并将区分的结果按照一定的次序予以组织的活动。信息资源分类的目的在于使用户更容易找到资源，它将相互关联的资源集合形成一个等级体系，通过构建等级结构，使用户可以找到一系列相关的信息。各国的分类学家创立了各种各样的分类法，其中最具影响力的有：美国的《杜威十进制图书分类法》（DDC）和《国会图书馆分类法》（LCC）、欧洲的《国际十进制分类法》（UDC）和《国际专利分类法》（IPC）等。我国目前应用最广的为《中国图书馆分类法》。

所谓主题法，即主题标引法，是指直接以表示信息资源主题的语词作标识，提供字顺检索途径，并主要采用参照系统揭示词间关系的标引和检索信息的方法。① 主题标引是对文献的内容主题及其他有检索意义的特征进行分析、识别、提炼和归纳，然后用某种检索语言标写出来，作为信息存储与检索的依据的信息处理过程。主题标引是信息资源整序、优化的一种重要方法，是信息分析加工过程中的重要环节。常见的主题标引方法有标题法、元词法、叙词法等。

（二）信息资源的描述与揭示

为了确保信息资源组织的质量，提高信息检索效率，我们要对信息进行描述和揭示。传统的分类标引和主题标引已经不能满足信息资源组织的需要，随着计算机和通信技术的发展，出现了机器可读目录（MARC）、元数据、本体，以及关联数据等新兴技术，推动了信息资源的有效组织。

1. MARC 与联机编目

MARC 是一种以代码形式和特定结构记录在计算机存储载体上，可由计算机自动控制、处理和编辑输出的目录。其主要特点是：一次输入，可输出多种载体的款目，可实现合作编目和联机检索。为了使目录数据库记录中各个字段的著录质量得到保证，有关国际组织编制了机读目录格式，例如国际化标准组织颁布的《文献目录信息交换用磁带记录格式》（ISO2709）、联合国教科文组织综合信息规划处出版的《公共交换格式》（CCF）、国际图联编制的《UNIMARC 手册》等。我国国家图书馆在国际机读目录格式的基础上编制了《中国机读目录通讯格式使用手册》（CNMARC）。

联机编目是指利用计算机和网络环境，由多个机构共同编目，合作建立具有统一标准的信息资源联合目录数据库，并在此基础上实现联机合作编目。其优点是降低编目成本，提高目录质量，分享专业知识和技能，提高编目效率。世界

---

① 马费成，宋恩梅.信息管理学基础[M].武汉：武汉大学出版社，2011.

著名的联机编目系统有美国的联机计算机图书馆中心(OCLC)和研究图书馆信息网络(RLIN)、澳大利亚的文献服务系统(Kinetica)、英国的图书馆自动信息服务系统(Blaise)。中国著名的联机编目系统有中国高等教育文献保障系统(CALIS)、全国图书馆联合编目中心(OLCC)等。

2. 元数据

元数据(Metadata)是关于数据的有结构的数据描述,或者说是定义和描述其他数据的数据。它规定了数字化信息的组成,其基本功能是规范数据组织,便于检索和传递。本质上说,元数据是一种数据结构标准。公共信息资源的类型是多种多样的,资源的来源有多种途径,服务的对象也不尽相同,因此,存在不同类型的元数据是必然的。根据其功能,元数据被划分为三种基本类型:知识描述型元数据、结构型元数据、存取控制型元数据。

目前,国际上存在很多种元数据格式,其中影响最大的元数据格式为都柏林核心元数据(Dublin Core,DC)。DC 是通过举办一系列研讨会而发展起来的,第一次研讨会于 1995 年 3 月在美国俄亥俄州的都柏林举办。DC 包含了三个大类十五个要素,第一大类为描述资源内容的要素,第二大类为描述知识产权的要素,第三大类为描述资源外部属性的要素(见表 8-2)。

表 8-2　DC 核心元素

元素名	元素的含义	实例
题名(Title)	由创建者或出版者赋予的资源的名称	Title=情报学基础教程
创作者(Creator)	创建资源内容的主要责任者	Creator=叶鹰
主题(Subject)	描述资源内容的关键词或分类号	Subject=情报学,基础理论
描述(Description)	资源内容的文本描述,包括文摘、目录、注释等	Description=本书是一本情报学基础教程,提供了一个比较明晰的情报学概貌
出版者(Publisher)	负责使资源能够以现有形式被获得的个人、团体或系统	Publisher=科学出版社
其他责任者(Contributor)	对资源作出了重要贡献但未在创建者中指明的个人或组织	Contributor=潘有能,潘卫

续表

元素名	元素的含义	实例
日期(Date)	以现有形式出现的资源制作日期	Date=2005-9
类型(Type)	有关资源内容的特征和类型,分为 Text、Image、Sound、Software、Data	Type=Text
格式(Format)	资源的数据形式和尺寸	Format=text/html
标识符(Identifier)	用来唯一标识资源的数字或字符串,如 URI、ISBN 等	Identifier=7-308-02354-8
来源(Source)	有关另一资源的信息,当前资源来源于该资源	Source=情报学丛书
语种(Language)	资源内容所使用的语言	Language=中文
关联(Relation)	该资源和其他资源之间的关系,可以是另一资源的标示符	Relation = 信息资源管理概论
覆盖范围(Coverage)	资源内容的时空方面的特征	Coverage=China
权限(Right)	资源本身所有的或被赋予的权限信息,一般是作品版权声明和使用方面的规范	Right=参考处

DC 经过十多年的发展,不断完善,为编目人员、网络信息创编者提供了一个简单、实用又有效的信息描述工具。

3. 本体

本体(Ontology)是共享概念模型的明确的形式化规范说明。在被信息科学引入后,本体越来越多地被作为一种帮助机器智能理解语词内涵,实现推理,从而实现语义标引和检索、提高网络信息资源组织效率的有效工具。利用本体来描述网络信息资源的优点有:

(1) 直接体现语义。基于本体的信息资源组织不仅方便计算机理解和处理,更好地满足全新的信息环境和检索的需要,而且还可以在此基础上提供进一步的智能服务。

(2) 分布式共享。本体是关于领域知识的共同理解和描述,用于共享和重组。但对领域知识的描述不一定要通过一个集中管理的本体来完成,它可以由分散在网络上的多个本体来完成。分散在网络上的各个本体形成一个分布式网络,这种分布式的信息组织方式,不仅可以减少信息组织建立、维护与管理的成本,还可以促进网络知识的共享和交流。

(3) 多维、网状的信息组织方式。本体采用了容易为计算机所接受和处理的知识表现和信息组织方式,概念及其之间的关系形成了一个多维的语义网络。这种多维网、网状的信息组织方式,不仅有利于网络上各种不同类型、不同结构的信息资源的集中与整合,而且有利于它们之间关系的描述与揭示。

(4) 对推理的支持。本体通常需要以某种逻辑的语言来表达,从而完成对类、属性和关系的良好表达。一些本体工具可以据此进行自动推理并为一些智能应用提供高级服务。

(三) 信息资源的组织方式

随着 Internet 的快速发展,网络信息资源的数量、种类、信息形态及传递方式也迅速发展,给信息的有序组织带来了挑战。网络信息资源组织可以为用户提供便于利用的、有序化的信息,其所采用的信息组织方法在继承传统信息组织方式的基础上又发展了适应网络特点的方式,具体包括文件、超文本/超媒体、数据库、搜索引擎、学科信息门户、数字图书馆等方法。①

1. 文件

文件是一种常用的信息资源组织方式,文件组织的优点是简单方便,除了文本信息以外,还适应于存储程序、图形、图像、音频、视频等非结构化信息或多媒体信息。采用文件方式组织的网络信息资源,在传输、存储和使用过程中有很多格式,如文本文件的.doc 和.pdf 格式,图形文件的.jpg 格式,音频文件的.mp3 格式,以及视频文件的.flv 格式等。

2. 超文本/超媒体

超文本既是一种新型的文本信息组织方式,也是一种有别于传统检索技术的新型信息获取方式。这种信息组织方式将网络上相关的文本信息存储在许多节点上,节点间以链路相连,用链将这些节点连成一个网状结构。超文本方式使用户可以从任意一个节点开始,根据网络中信息间的联系,从不同角度浏览和查询信息。目前 Internet 上绝大部分信息资源均采用这种组织方式。

3. 数据库

数据库(Database)是按照数据结构来组织、存储和管理数据的仓库,它将要

① 马费成.信息资源开发与管理[M].北京:电子工业出版社,2009.

处理的数据经合理分类和规范化处理之后,以记录的形式存储在计算机中,用户通过关键词及组配查询,就可以找到所需要的信息。数据库是对大量的规范化数据进行管理的技术,可以分为关系数据库、非结构化数据库、数据仓库三种类型。

4. 搜索引擎

搜索引擎通过在 Internet 上提取各个网站的信息来建立自己的数据库,并向用户提供查询服务,它由信息采集软件、索引、检索三个模块组成。目前国内用得最多的搜索引擎是 Google 和百度。搜索引擎可以定期自动搜寻有关的 Web 站点,采集各类信息资源;自动对这些资源进行标引、编制目录、摘要数据;自动将这些标引著录的数据组织到数据库;提供以 Web 为基础的检索和各种限制的信息检索,并可按相关度或其他标准输出检索结果。

5. 学科信息门户

基于学科的信息门户(SBIGs)简称学科信息门户,是按照某学科用户的要求对网络中相关的信息资源进行更有针对性、更深入的揭示,有助于专业用户在本领域的"信息超市"中选择高质量的资源。国内外重要的学科信息门户有 Intute、LII、BUBL LINK 和 CSDL 等。学科信息门户的信息组织工作主要包括采集、资源描述、审校、资源排序和提供检索服务五项内容。

6. 数字图书馆

数字图书馆是以数字化资源为馆藏,以先进的信息处理技术和计算机设备为手段,以互联网为服务平台,以信息收集、开发、管理、存储并提供分布式、面向对象的巨型数字信息空间。数字图书馆借助海量信息存储技术,采用自动化的信息组织手段,对存放在不同结构、不同空间的资源进行筛选、索引、联合等控制,在此基础上,再在各存储间进行互联。

三、信息资源利用

(一) 信息资源开发利用

信息资源开发利用是指根据社会需要,对信息资源进行采集、处理、存储、传播、服务、交换、共享和应用的过程。根据乌家培对信息资源开发利用的认识,信息资源开发包括两重含义:第一,从外延上发掘信息来源,开拓信息渠道,建立信息库存,加速信息流动;第二,从内涵上不断重组和加工信息内容本身。信息资源开发利用是信息资源服务的重要形式,通过信息资源开发利用的一系列行为和活动,可以进一步挖掘信息资源的潜在价值,增加信息资源的数量和类型,提升信息资源的质量,从而提高信息资源的服务效率(见表 8-3)。

表 8-3 信息重组与开发的类型划分及产品形式

划分标准	按信息特征划分		按信息重组对象划分			按信息重组与开发的方式划分				按重组信息的层次划分		
划分类型	传统文本型信息重组与开发	网络信息重组与开发	信息单元重组与开发	信息关联重组与开发	信息编辑重组与开发	形式特征描述型	内容特征揭示型	相关信息链接型	信息研究鉴选型	一次信息重组	二次信息重组	三次信息重组
产品形式	书目/索引/文摘/提要/综述/汇编等	文件/网页/搜索引擎/Web 数据库/多媒体/电子出版物/虚拟图书馆/数字图书馆/传统产品电子版	目录/索引/文摘/题录/书目之书目/搜索引擎/数据库/数字图书馆等	综述述评/词典字典/手册年鉴/类书/百科全书/超媒体和多媒体数据库等	汇编/辑录/专辑/专业导航系统/虚拟图书馆/搜索引擎等	书目数据库/题录等	提要/文摘/全文数据库/分类存取系统/主题存取系统	引文索引/网络信息的超文本超媒体系统等	信息综述/信息评论/信息研究报告文摘汇编/信息辑录等	期刊论文/科技报告/专利说明书/学术会议论文/技术标准等	书目/索引/文摘/提要/搜索引擎/主题目录/超文本系统/超媒体系统/数字图书馆等	专题述评/总结报告/动态综述/信息预测/手册/百科全书/年鉴/指南等

（二）信息资源服务

1. 信息资源服务的含义

信息服务是指以信息为内容的服务业务，其服务对象是对服务具有客观需求的社会主体。① 信息资源服务是将信息资源管理机构采集、组织、存储的信息资源和开发的信息产品提供给用户，以满足其信息需求的过程。从过程来看，信息资源服务是信息资源管理过程的最后一个环节；从用户角度来看，它是用户对信息资源的利用过程，是信息用户衡量信息资源管理质量的关键。信息资源服务包括服务对象、服务主体、服务内容、服务方式等要素。

2. 信息资源的公开与共享

信息资源公开是信息服务的前提，信息公开是指政府和各种组织机构向公众公开或开放自己拥有的信息，使其他组织机构和公众个人可以基于任何正当的理由和采用尽可能简便的方法获得上述信息。公共信息资源公开是保障公众知情权的必要措施，是实现信息资源共享的前提条件。

信息共享是指不同层次、不同部门信息系统间，信息和信息产品的交流与共用，就是把信息这一在互联网时代重要性日趋明显的资源与其他人共同分享，以便更加合理地达到资源配置。信息资源共享是在打破信息资源的时空限制和部门割据的基础上，实现信息资源在信息资源管理机构、公民、企业及其他组织之间的整合、流通、共同利用。信息资源共享包括两个层面：一是微观的信息资源共享，指信息资源管理机构或部门内部及他们之间的信息资源共享；二是宏观的信息资源共享，指信息资源管理机构或部门与公众、企业及其他组织之间的信息资源共享。

3. 知识服务

从信息服务到知识服务是近半个世纪信息技术高速发展带动信息服务升华的结果。知识服务是一种基于一切信息资源、以用户需求为目标驱动的、面向知识内容的、融入用户决策过程并帮助用户找到或形成问题解决方案的增值服务。知识服务与传统的信息服务相比较，二者的主要区别如表 8-4 所示：

表 8-4 知识服务与信息服务的区别

	知识服务	信息服务
价值取向	体现的是“知识”和“服务”的价值	以信息“资源”为中心的价值取向
服务性质	以规范化的信息资源存储、管理、组织、提供等为标志	以灵活的服务模式、特定的问题分析、解决方案等为标志

① 胡昌平，乔欢. 信息服务与用户[M]. 武汉：武汉大学出版社，2001.

续表

	知识服务	信息服务
服务目的	面向解决方案的服务	具体信息、数据或文献的提供
服务层面	为组织的战术目标服务	为组织的战略目标服务
服务方式	基于专业化和个性化的服务； 基于分布式多样化动态资源的服务； 基于集成的服务	基于大众化的服务； 基于固有资源的服务； 依靠大而全的系统或服务

在数字化时代,从信息服务走向知识服务是社会发展的必然要求。信息资源管理的最终目的是为用户服务,帮助用户解决难题,满足社会信息需求。为了更好地服务用户,信息资源服务也势必要从传统的信息服务走向知识服务。

第三节　信息资源管理模式

信息资源管理是三种基本信息管理模式的集约化,即信息资源的技术管理、信息资源的经济管理和信息资源的人文管理,它们分别对应不同的背景,即信息技术、信息经济和信息文化,三者集成构成 IRM 的三维构架。①

一、信息资源的技术管理

信息技术的发展,不断为信息资源管理提供创新手段,深刻影响着信息资源管理的理念和工作方法。同时,信息技术的管理也成为信息资源管理的重要组成部分。

(一) 信息技术体系结构

信息技术通常分为四个层次,分别为基础技术层次、支撑技术层次、主体技术层次和应用技术层次。② 习惯上人们只把信息技术中的主体技术层次和应用技术层次称为信息技术,即狭义的"信息技术"。广义的"信息技术"还包括信息技术的两个外围层次,即基础技术层次和支撑技术层次。信息技术体系如图 8-2 所示。

信息技术体系中,基础技术层次包括新材料和新能源技术,信息技术在性能、水平等方面的提高依赖于这两项技术的进步。支撑技术层次,主要是指机械技术、电子技术、激光技术、生物技术和空间技术等,信息技术总是通过各种支撑

① 卢泰宏,沙勇忠.信息资源管理[M].兰州:兰州大学出版社,1998.

② 邱均平,沙勇忠.信息资源管理学[M].北京:科学出版社,2011.

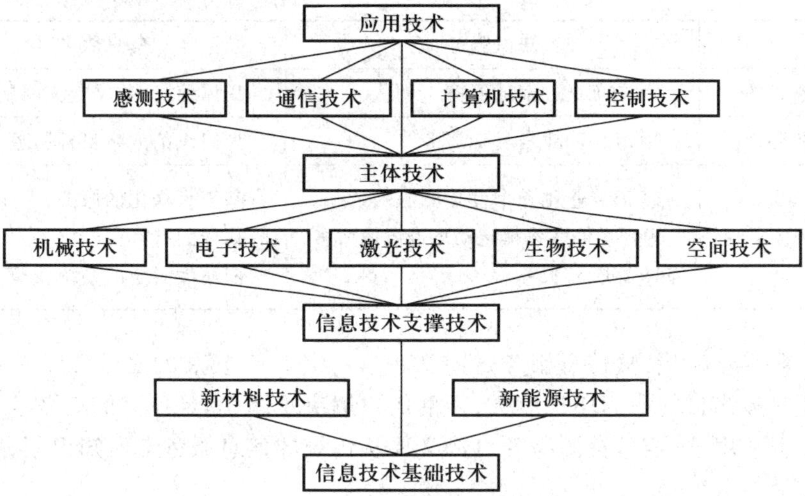

图 8-2 信息技术体系示意图

技术才能实现。例如,人们把用电子技术实现的信息技术称为电子信息技术,如电话、电报和电子计算机等。主体技术层次包括感测技术、通信技术、计算机技术和控制技术等。应用技术层次是指针对各种实用目的由主体技术繁衍而生的各种应用技术群,包括由主体技术通过合成、分解和应用生成的各种具体的实用信息技术,如工业领域的计算机辅助设计技术(CAD)、农业领域的气象预报系统(WFS)、交通领域的交通控制系统(TCS)、医疗领域的自动护理系统(ANS)等。

(二)信息资源管理的关键技术

根据信息资源开发与利用的一般流程,信息资源管理技术一般包括信息采集技术、信息组织技术、信息检索技术、信息安全技术以及信息共享平台技术。

(1)信息采集技术。信息采集技术就是获取数值、文字、符号、声音、图形和图像等各种信息媒体的信息技术,其关键技术包括光学字符识别技术(OCR)、扫描技术、文本挖掘技术、自动分类技术(自动聚类、自动归类)等。

(2)信息组织技术。信息组织技术是一个开放系统,它随着新技术、新方法在信息组织中的应用而不断充实、发展。其关键技术主要有数据库技术、数据仓库技术、自动标引、自动分类等。

(3)信息检索技术。目前网络信息资源已成为公共信息资源开发和利用的重要对象,其关键的信息检索技术有:智能检索技术、多媒体检索技术、数据挖掘技术、基于内容的图像检索技术、音视频检索技术等。

(4)信息安全技术。信息安全技术在保障网络安全、应用系统安全以及用户安全方面发挥重要作用。其关键技术有:数字加密技术、数字签名技术、数字水印技术、数字版权管理技术、安全传输技术等。

(5) 信息共享平台技术。信息资源共享平台主要通过一系列有关数字对象的存储、元数据描述和传输的规范性协议来建立统一的、标准化的、可扩展的、灵活的、开放的信息共享的技术平台,以达到数据交换和资源共享的目的。其中的关键技术有:Web 服务技术、信息推送技术、数字资源描述技术等。

(三) 信息技术的集成管理

集成管理是一种全新的管理理念及方法,其核心就是强调运用集成的思想和理念指导管理行为实践。传统管理模式是以分工理论为基础,而集成管理则突出了一体化的整合思想。

1. 基于 Internet 的集成技术

将传统的信息资源管理应用移植到 Internet 上,这样可摆脱平台、时间、地点等方面的限制,达到信息资源共享最大化的目的。目前,这种集成技术迅速发展到以支持应用互操作的需求为核心,以面向对象技术为主要特征的分布对象技术,在分布对象环境中实现信息资源的重用、重构与共享,实现面向协同应用的信息共享与应用互操作。

2. 分布式对象集成技术

分布式对象的实质是将服务分割成具有完整逻辑含义的独立子模块,各个子模块可放在同一服务器或分布在多台服务器上运行,模块之间通过远程调用及消息传递进行交互。其目的是为了降低主服务器的负荷、共享网络资源,平衡网络中计算机业务处理的分配,提高计算机系统协同处理的能力,使得应用系统的实现更为灵活。分布式环境下,组件是一些灵活的软件模块,它们可以位置透明、语言独立、平台独立地发送消息,实现请求服务。传统的分布式应用解决方案用到的技术主要有 DCOM(distributed component object model), CORBA(common object request broker architecture), RMI/EJB(remote method invocation/enterprise java bean)。

3. 面向服务的集成技术

面向服务的体系结构,具有较强的可复用性和灵活性。用定义好的机构封装应用,将一个单一的应用加入到一个服务的集合中。封装屏蔽了应用中复杂的细节,对于调用者来说,不需要关心所使用的编程语言、操作系统等,唯一需要知道的就是服务所描述的接口。相关的技术有 Web Service。Web Service 主要解决在互联网环境下资源共享和信息集成问题。该技术的一个很大优点就是实现了真正意义上的平台独立性和语言独立性。Grid Service 技术则是对 Web Service 的扩展,是 Web Service 和网格技术融合的产物,其目的就是将服务功能以接口的方式提供给用户，数据库访问操作则通过中间件平台完成。用户不需要了解后台的实现过程，仅需调用功能接口就可以完成对数据库的操作。

二、信息资源的经济管理

衡量和评价一种经济制度、经济体制或者一种经济运行机制的经济效果，其基本的价值判断标准就是考察资源配置的有效性。信息资源具有稀缺性，需要探究更好的机制和方式，优化信息资源配置，使信息效益和信息福利最大化。一般而言，信息资源配置机制主要包括三个部分：市场配置机制、政府配置机制和产权配置机制。

（一）信息资源的市场配置

1. 信息资源市场配置的现实基础①

第一，信息需求的广泛性、多样性和动态性需要有多样化的资源配置方式与之相适应，市场化模式在信息资源的深层开发与个性化服务等方面具有得天独厚的优势。

第二，相对于信息需求的无限性，现代社会信息资源的稀缺预示着市场介入的可能。

第三，信息资源的不同类型、特点与适用范围决定了要有不同性质的运作管理方式，不能采取一刀切的方式管理和配置信息资源。

第四，不同产权性质的主体在参与信息资源开发建设中表现出的生产能力和发展潜力的差别也需要有灵活多样的管理体制与运行机制来激发活力。

2. 信息资源市场配置形式

市场机制能够通过价格信号自动地以较低的成本合理地配置资源，信息资源的市场配置是通过市场机制对信息生产的自组织过程实现的。信息资源配置是一项高投入、高产出、高风险的活动，市场机制可以充分调动参与各方的积极性。信息资源的微观配置主要通过市场机制的引导和调节进行，并以供求机制、价格机制和竞争机制为表现形式。

（1）供求机制。信息需求是市场配置信息资源的起点和终点，供需关系促使各类信息资源管理主体要关注、了解和调查信息市场的供求变化，根据信息商品数量和价格间的关系来组织信息商品的产销，使需求与供给基本平衡。

（2）价格机制。价格机制是信息资源配置过程中最灵敏最有效的杠杆，信息资源价格的确定由信息资源的供求关系和开发利用成本来决定。值得注意的是，部分信息资源的有条件免费使用是价格机制发挥作用的特殊形式。

---

① 夏义堃.公共信息资源的多元化管理体制研究[D].武汉：武汉大学，2005.

(3) 竞争机制。竞争机制主要作用于市场机制的主体之间，竞争关系的展开形成了资源的配置过程，反过来又调节供求关系，使资源在组织内部及组织间进行合理配置。在信息资源的国家宏观调控下，信息资源的生产者、投资者可以通过与政府合作、签约、申请许可证等形式参与信息资源的开发建设，通过瞄准信息市场需求，密切注视竞争对手的市场行为，并随行情变化而调整自己的信息生产经营策略，使得资本、信息、劳动力等要素在生产者内部实现效用的最大化。

3. 信息市场失灵

由于信息资源生产与服务具有特殊属性和规律，与一般市场相比，信息市场的资源配置功能相对要弱一些，或者说信息市场失灵的问题表现得更加突出。具体表现如下：

(1) 信息的外部效应。信息生产及服务既有正的外部效应，也有负的外部效应，正的外部效应使信息生产不足，负的外部效应会将社会成本强加给生产者或消费者，使信息市场偏离均衡，信息资源配置无效。

(2) 信息的公共物品属性。信息的公共物品属性，即消费的非排他性和非消耗性，会导致“搭便车”问题，使得信息生产者的成本无法弥补，从而导致生产不足。

(3) 信息的垄断性。一是信息商品和信息服务生产具有很高的初始成本、较低的边际成本而形成自然垄断，二是为保护信息生产者的合法权益和创造性而以法律形式排除信息商品和服务的共享性而形成垄断。二者都会形成垄断定价，使得价格高于边际成本，导致效率损失和资源配置无效。

(4) 信息活动的非营利性。教育以及基础研究等基础性信息活动，是非营利性的，市场机制无法对其进行调节。

经济学家阿罗指出，由于信息的公共物品特性，无论是在完全竞争还是在垄断市场结构下，其产出水平都将低于社会最优水平。① 市场在信息资源配置方面存在失灵状况，完全的市场机制难以保证信息资源全社会共享目标的实现，需要政府的参与来提高信息资源的总体配置效率。

(二) 信息资源的政府配置

市场机制在配置信息资源上存在着明显的局限性，就必须要有外部力量的介入——政府的参与作为市场机制的必要补充。在信息资源配置方式上，政府干预只能作为一种辅助性手段，发挥必要的作用。

---

① Arrow K J.Economic welfare and the allocation of resources of invention[M]//Reading in the economics of industrial organization[M].New York:Holt,Rinehart&Winston,1970.

1. 政府信息资源配置目标

政府在公共信息资源配置方面主要有以下几个目标：

(1) 信息基础设施建设。这是一项耗资巨大的长期基础性工程，依靠私人投资是无力完成的。世界各国的经验均表明，政府必须承担这项工作，为信息产业的发展构筑一个操作平台。

(2) 公共信息服务。有效的公共信息服务对于提高民众的文化素质、传播知识信息具有重要的作用。我国公共信息服务系统所要解决的首要问题是改进服务质量和服务效率，而不是开展“有偿服务”，公共信息服务的投资应主要由政府来承担。

(3) 普及教育和支持科学研究。教育是提高全社会信息素质的根本手段，它决定了一国的科学技术水平；科学研究直接决定了一国的技术创新能力，所以政府应高度重视教育和科学研究。

(4) 引导信息消费。除了具有促进社会信息化程度全面提高的功能外，信息基础设施建设和基础信息服务还具有显著的经济辐射和带动作用，可进一步拉动公众的信息需求，有效培育社会的信息消费。

(5) 制度建设。包括规范市场、界定产权、完善法律制度，以及调整信息产业结构和信息产业组织，从而在制度上保障市场机制的有效性。①

2. 政府信息资源配置工具

政府对信息资源的配置主要依靠以下三个工具：

(1) 财政工具。通过对教育、科研和信息基础设施建设的直接投入，推动信息产业的发展，从而带动整个国民经济的增长。

(2) 税收工具。对信息资源的生产者及服务者实行减免税收政策，以鼓励研发和创新活动。

(3) 产业政策工具。政府可通过产业政策引导信息产业特别是信息资源产业结构的优化与升级，推动信息服务业的发展。

(三) 信息资源的产权配置

外部效应会导致市场自动调节机制的失灵，引起资源配置的低效率。对于这个问题，传统的经济理论认为应当由政府出面进行干预。著名产权经济学家科斯(Ronald H. Coase)则提出相反观点。科斯认为外部效应从根本上是因为产权界定不够明确或界定不恰当而造成的，政府不必用税收、补贴、管制等方法来试图消除社会收益(成本)与私人收益(成本)之间的差异，政府只需适当界定并保护产权，无需直接干预市场也可以解决外部效应问题，随后产生的市场交易能

---

① 马费成.信息资源开发与管理[M].北京：电子工业出版社，2009.

自动达到帕累托最优。

1. 产权与产权界定

产权是法学和经济学中的一个重要概念，指的是由于物的存在及其使用而引起的人与人之间相互认可的行为关系，即在资源稀缺的条件下，人们使用资源的适当规则。产权理论研究如何通过安排、配置和变更产权结构，处理和解决人对利益环境的反应规则和经济组织的行为规则，降低或消除市场机制运行的社会费用。

信息资源的产权界定就是以法律为基础形成一套完整的制度，以明确具体信息资源的产权分别属于哪些人、哪些组织，并如何在政府、第三部门和企业之间进行分配和转让。从纵向来看，信息资源产权实际上包含着多个层级结构，按排他性强度划分，可分为纯公共产权（国有产权）、俱乐部产权和私有产权等不同种类；从横向来看，信息资源的产权要素包括所有权、使用权、转让权、收益权等。

2. 产权对信息资源的配置功能

所谓产权的资源配置功能是指产权安排或产权结构直接形成资源配置状况，驱动资源配置状态，改变或影响对资源配置的调节。这种功能主要体现在以下几个方面：

（1）设置产权就是对信息资源的一种配置。产权具有“内化外部性”和“减少不确定性”等功能，设置产权能够依靠产权界定来配置资源，减少资源浪费，提高经济效益。

（2）稳定的产权格局或结构，能够形成一种信息资源配置的客观状态。信息资源分布在哪些地区、哪些部门以及哪些主体之间，代表着各种生产要素的分布——分布在什么地区、什么行业以及哪些主体手中等。

（3）产权变动的同时也改变信息资源配置的格局，包括改变资源在不同主体间的配置、资源的流向和流量、资源的分布状况等。①

信息资源的产权界定，是信息资源管理的前提。产权客观地具有配置资源的功能，另外，准确适宜的产权界定以及与之相应的制度安排对于增强公民信息意识、促进全社会的信息共享以及提高国家信息化水平都有着重要而深远的影响。

三、信息资源的人文管理

信息政策、信息法规与信息伦理是信息资源人文管理的三种手段。

（一）信息政策

1. 信息政策的含义

一般来说，信息政策是国家或社会团体为达到一定目的而制定的有关信息

① 马费成.信息资源开发与管理[M].北京：电子工业出版社，2009.

活动和信息事业发展的方针、指南、准则等的集合，它涉及信息的生成、存储、处理、分配、交换、消费和利用等各个环节。信息政策具有复杂性、多样性、灵活性和动态性等特征。

2. 国家信息政策体系

信息政策作为国家管理和发展信息产业的方针、措施和行为准则，已成为国家对信息活动施以宏观管理的重要手段。国家信息政策体系包括信息政策的要素、主体、目标及内容等。

（1）信息政策要素

莫尔（Moore）在《信息政策》一书中提出，信息政策应包括四个方面：第一是法规问题，包括个人隐私权、版权、信息保护与信息自由等；第二是宏观经济问题，包括信息产业发展、信息经济测度、信息基础设施建设等；第三是组织问题，包括信息处理过程和信息技术发展等；第四是社会问题，包括个人的信息获取能力和计算能力、信息富有者与信息贫穷者之间的差距等。另外，国外学者还从其他角度研究了信息政策的构成要素，著名的有希尔（Hill）要素说、赫尔农-雷利（H-R）要素说和伯格（Burger）要素说等。

（2）信息政策的主体

国家或政府是信息政策的主体。国家信息政策体系的构建，广泛涉及政治、经济、文化、科技等领域，并可能会触动不同社会阶层、组织和集团的利益。所以，国家需筹建一个专门机构来负责信息政策的制定，以妥善处理各个方面的矛盾和问题。

（3）信息政策的目标

国家应根据经济形势的发展阶段、信息产业层次水平和技术结构演进，采取相应的信息政策，以引导相关信息产业的发展。目前，我国信息政策的目标是发展高新技术产业、信息服务业和信息应用技术，在全国确立和推行信息活动制度，鼓励创新与公平竞争。

（4）信息政策的内容体系

1993年，莫尔提出了一个分析信息政策的二维矩阵模型，用以确定信息政策的主要范围和问题及不同信息政策之间的联系，如表8-5所示。

表8-5 信息政策矩阵模型

要素层次	信息技术	信息市场	信息管理	人力资源	立法条例
产业层次					
组织层次					
社会层次					

莫尔矩阵模型包括三个层次（产业层次、组织层次、社会层次）和五个信息政策要素（信息技术、信息市场、信息管理、人力资源和立法条例），描述了信息政策在产业、组织和社会政策三个不同层面上的共同作用。

① 产业政策层面。主要考虑一国范围内与信息部门的发展相关联的政策问题。

② 组织政策层面。主要研究信息政策对机构内信息利用的影响，用以提高组织内部的效率和竞争力。

③ 社会政策层面。主要考虑个人和社会团体相关联的信息需求与信息供给。

信息政策的制定过程中，在每个层次上，都要研究决定信息利用方式中信息技术、信息市场、信息管理、人力资源和立法条例五个方面的因素。

莫尔矩阵模型不仅区分了信息政策要素的不同层面，而且还描述了单个因素与层面之间及各个信息政策层次之间的互动关系，为信息政策的制定提供了一个很好的分析工具。

（二）信息法规

1. 信息法规的含义

信息法规可理解为是国家为管理和规范信息活动而制定的一系列法律规范的总和。它是通过法律程序对各项信息政策予以确立，使之规范化，具有约束力，是保障信息政策得以贯彻实施的重要法律手段。相对信息政策而言，信息法规具有强制性、稳定性和制约性等特点，两者相辅相成。

信息政策的基本功能是“导向”，即运用行政手段鼓励和支持社会的信息活动以达到信息政策的目标；信息法规的基本功能是“制约”，即运用法律手段限制和约束社会的信息行为以保护信息活动的健康发展。

2. 国家信息法规体系

国家信息法规内容体系的构建近年来已成为信息界和法学界研究的热点，从目前的研究状况来看信息法规的内容一般分为三个层次。①

第一层是信息基本法。信息基本法是规范和调整整个信息化活动和信息化关系的法规总称，它以宪法为依据，对信息法规的立法宗旨、基本原则、调整对象及范围、信息化法规关系、奖惩原则等做出明确的规定。信息基本法是信息法规体系的基础和准则，对各种具体法规的制定起指导作用。

第二层是各种调整和规范信息活动的法规制度，包括：信息产业法规制度、

① 马费成.信息资源开发与管理[M].北京：电子工业出版社，2009.

信息技术法规制度、信息标准法规制度、信息资源管理法规制度、信息市场管理法规制度、信息安全法规制度、电子商务法规制度、国际信息交流和合作法规制度、信息人才法规制度等。

第三层是与其他领域各种法规制度的融合。由于信息活动广泛渗透到人们的政治、经济和文化生活中,所以信息法规制度应与其他领域法规制度相辅相成。如在刑法中增加关于计算机网络犯罪的条款;再如,信息法规还要考虑文化领域的法规,如知识产权法、新闻出版管理办法等。

(三)信息伦理

1. 信息伦理的含义

信息伦理就是信息活动中以善恶为标准,依靠人们的内心信念和特殊社会手段维系的,调整人与人之间以及个人与社会之间信息关系的原则规范、心理意识和行为活动的总和。[①] 信息活动不只是一个行为技术问题,同时也是一个行为价值问题,除了有其一般的信息科学考量和技术行为规范之外,还包括道德规范在内的社会规导和限制。信息伦理的兴起表达了人们期望伦理道德能成为解决信息活动问题的现实力量和内在机制的理论设想。

2. 信息伦理的四维架构

为了从总体上认识和把握信息伦理,我们提出信息伦理的四维架构理论。四维架构的四个坐标分别为:要素维,即构成信息伦理的基本要素,包括信息道德意识、信息道德活动和信息道德规范;领域维,即信息伦理的发生和应用领域,包括信息生产、信息组织、信息传播和信息利用;层次维,即信息伦理的范围或层次,包括个人信息伦理、组织信息伦理和国家信息伦理;利害关系人维,即信息伦理所涉及的主要利益主体,包括信息生产者、信息组织者、信息利用者及其他利害关系人。任何一项具体的信息活动所面临的伦理问题,都涉及以上四个维度,都由以上四个维度或基本参数所限定和制约,或者说,不同的信息伦理问题对应四维架构中的不同位置。

四个维度各有理论上需要研究和解决的问题,它们相互依存、紧密结合,不仅标示了信息伦理的基本知识范畴,也为具体的信息伦理分析提供了一个理论框架。信息伦理的四维架构是在信息与伦理双重领域的交叉结合中构建起来的关于信息伦理的认识框架,信息伦理是由信息与伦理及其各自的背景学科——信息科学与伦理学——交叉塑造而成的一个新的领域。信息伦理四维架构的主要内容和问题如表 8-6 所示。

---

① 沙勇忠.信息伦理学[M].北京:北京图书馆出版社,2004.

表 8-6 信息伦理四维架构的主要内容和问题

坐标维	内容	问题
要素维	信息道德意识、信息道德活动、信息道德规范	何种信息道德意识,何种信息行为,应遵循哪些信息道德规范
领域维	信息生产、信息组织、信息传播、信息利用	各自的特征是什么,主要处于哪个(些)领域
层次维	个人信息伦理、组织信息伦理、国家信息伦理	各自特征和差别是什么,主要涉及哪个(些)层次
利害关系人维	信息提供者、信息组织者、信息利用者、其他利害关系人	个人的利益需求是什么,应采取何种伦理态度

3. 信息伦理规范

信息伦理规范是由伦理原则、伦理守则、网络礼仪等构成的指导和规范信息行为的准则和标准体系。信息伦理原则是构成信息伦理规范体系的核心的、最为概括和抽象的普遍性准则,是信息伦理关系的最集中的体现,是社会信息道德判断、选择和评价的根本依据和标准。信息伦理守则是职业信息团体或社会机构所制订的较为具体的信息行为准则,事实上是信息领域的职业伦理规范。按约翰逊(Deborah Johnson)的理解,伦理守则是一种职业符合道德地运用专门化知识和实践职业技巧的一种承诺,体现了某一职业所积累的智慧。它在两个方面发挥作用:一方面,它告诉消费者和公众,其职业成员有确定的理想和价值并坚持特定的标准;另一方面,它告诉职业成员,什么是他们被期望的行为。① 美国伊利诺伊理工学院职业伦理研究中心在其网上就提供了数十家机构的信息伦理守则。② 美国计算机协会(The Association of Computing Machinery)与美国计算机伦理协会(Computer Ethics Institute)的伦理守则是具有广泛影响的伦理守则。网络礼仪是人们在网络信息活动中“约定俗成”的信息交往方式与表达格式,是一种固定下来适合和便于网络交往、判定行为者是否文明和礼貌的行为标准。

由于信息伦理原则在信息伦理规范中具有更基础的意义,本书提出一组基于信息权利的信息伦理原则体系。所谓信息权利,指人在信息活动中合理地生产、组织、拥有、传播和使用信息的权利,具体包括信息发布权、信息获取权、隐私

① Johnson D.Do it professionals need a code of ethics[J].Business World,1999.

② Center for Study of Ethics in the Professions, Illinois Institute of Technology. Codes of Ethics Online [OL].http://www.iit.edu/departments/csep/publicWWW/codes/compilation.htm.

权、知识产权、信息安全权等。信息权利有消极权利和积极权利之分。消极权利指自由从事或自由信仰某种事物而不受干预的权利(自由权),积极权利指从他人处接受具体的行为、福利或服务的权利(受益权)。这组信息伦理原则兼具规范意图和明确责任的功能:一方面,要求行为人在事前审慎考虑其意图是否合乎这些原则;另一方面,以这些原则为参照,反思和判断有关行为的实际后果是否合乎道德,并明确界定行为人所应有的责任。其具体内容为:

(1) 无害原则(nonmaleficence)

任何信息权利的实现应避免对他人造成不必要的伤害。无害原则是任何伦理体系都必须严格遵守的最低道德要求,是一种“无论如何不要伤害”的强制命令。无害原则要求行为者在事先存有无害他人的意图,由此意图出发,审慎考虑其行为可能对他人造成的伤害,并以此及时调整自身的行为。同时,无害原则也是一种完全责任原则,可根据这一原则由结果(或可能性)判断出那些明显的不道德行为,如在信息发布权中,色情信息显然会对未成年人造成伤害,发布色情信息的行为即为不道德的行为。

(2) 公正原则(justice)

信息权利的分配应体现社会平等,这是判断信息权利的实现是否合理的根本标准。公正原则的推行事实上有十分具体的内容。例如,依据公正原则,在信息发布权中,如果不是故意伤害、欺骗和诱导他人,任何人自由发布信息的权利都应该得到尊重和保护;在信息获取权中,政府部门的信息封锁以及图书馆对读者的随意设限都是对公众信息获取权的一种剥夺;在隐私权中,商家应更多地关注和保护那些处境最不利者(缺乏隐私意识和隐私保护能力)的个人隐私,政府不能实行“老大哥”式的全盘监视;在知识产权保护中,无差别的版权保护门槛不再是对社会负责任的行为,社会应强调知识产权的拥有者降低对教育程度和收入较低的社会成员的收费;在信息安全权中,非法入侵对那些处境不利者(如初步掌握计算机和网络技术的人)显然也是不公正的。从责任伦理的角度来看,公正待人是每个人的社会责任,受到公正的对待是每个具有独立人格的人的权利,为保障公正原则的正确实施,还须进一步引入自主原则。

(3) 自主原则(autonomy)

个人能够自我决定如何支配其合法的信息权利。自主原则是康德伦理学的一个重要原则,其实质是应以什么态度对待人。康德绝对命令的第二条给出了答案:你的行动在任何时候都要把任何人看成目的而不能只看成手段。因此,自主原则所体现的伦理态度是在尊重人的前提下尊重人的自我决定权。自主权虽然在理论上是神圣的,但在实践中往往与知识权力结构达成某种折中,即通过契约安排全部或部分转让其自主权。以隐私权为例,人们为了得到某种服务,在交易中往往会默许或自愿放弃部分隐私权;在网络用户注册中,一些网站常会利用抽奖等手段诱惑用户透露真实姓名、地址或身份证号码。在此情况下,如果网站一次性使用这些信息并为用户保密,则可视为遵循了自主原则;如果还用作他途,则须征得用户同意,否则就违反了自主原则。可见,自主原则的正确实施以当事人是否掌握与其自决行为后果相关的信息为前提,由此需要进一步引入知情同意原则。

(4) 知情同意原则(informed consent)

人们在行使自己的信息权利时,应该使受到影响的利害关系人充分知晓其信息行为及可能的后果,并自主地做出决策。知情同意原则对现代信息活动之知识权力结构中居于弱势地位的普通公众具有更为重要的意义。因为与居于优势地位的知识精英相比,他们在知识信息的占有数量以及搜索和理解知识信息的能力方面都是不对称的,知识精英出于利益和效率的需要,在很多情况下可能会故意封锁其行为的相关信息,从而使公众的知情同意权受到侵犯。在现实信息活动中,知情同意原则的落实有赖于公众对自身知情同意权的认真追究。

(5) 同情和合作原则(concern and cooperation)

人们在实现信息权利时应做出一定程度的努力,与他人在情感和行为上合作,使他人尤其是那些处境最不利者受益。这里所讲的"同情"并非怜悯,而是对他人所处的情境心意所做的沟通和关心;"合作"首先是与他人平等相处的态度,是在可能的条件下为他人和社会付出代价的品质。同情与合作原则是一种弱伦理原则:从意图伦理的角度,同情具有一定的超越性意图(一定程度的努力使他人受益);从责任伦理的角度,同情是一种不完全责任。在现代信息活动之知识权力结构中,那些受益最多且最有能力帮助他人的知识精英,有责任使那些处境最不利者在信息活动中受益。鉴于所有福利都根源于社会,不同利益群体中的人应该共同拥有相应福利,因此,同情与合作原则对知识精英应该具有一定程度的强制性。

上述伦理原则为我们提供了使信息权利的行使更加符合基本伦理精神的理想化规范,其主要作用是反思批判功能,而不具有强制性的约束功能(无害原则例外)。在信息活动实践中,信息权利的伦理协调主要是在各个具体的微观情境中展开的,各利害关系人或利害关系人群体通过伦理反思(对明显有悖于上述几项伦理原则的行为提出质疑)、磋商(与侵犯权益的相关群体磋商伦理反思中揭示出的问题,使其认可上述伦理原则)和制衡(以其对市场交易行为的自主权等权利的实现形成一种产生式权力,通过抗议和不合作等非暴力手段对对方形成一种制衡力量),达成对各自信息权利的维护。事实上,这是一个基于现实利益的博弈过程,其均衡状态是各方讨价还价和妥协的结果,也是一种局部的、暂时的均衡。

思考题

1. 如何理解信息资源管理的内涵？
2. 概述信息资源管理的三个层次及主要主题。
3. 叙述信息资源管理过程。
4. 信息资源政府配置的目标及工具主要有哪些？
5. 概述信息伦理原则体系。

参考文献

[1] 卢泰宏,沙勇忠.信息资源管理[M].兰州:兰州大学出版社,1998.
[2] 胡昌平,乔欢.信息服务与用户[M].武汉:武汉大学出版社,2001.
[3] 高复先.信息资源规划:信息化建设基础工程[M].北京:清华大学出版社,2002.
[4] 沙勇忠.信息伦理学[M].北京:北京图书馆出版社,2004.
[5] 马费成,宋恩梅.信息管理学基础[M].武汉:武汉大学出版社,2011.

第九章　图书馆的未来

随着信息技术的飞速发展,图书馆用户获取信息、知识的途径日益多元化,以图书、期刊为主的传统学术资源承载体及其数字衍生品只占到用户整个信息环境中极小的部分,图书馆有被边缘化的倾向。

但是作为一个"生长着的有机体",正如图书馆现在的发展和存在方式与原来已有很大不同一样,未来图书馆很有可能以更加不同于现存的方式存在和发展,图书馆会随着环境的变化不断调整、改变和变革自己,在不断的"进化"中吐故纳新、前行和发展。

第一节　移动图书馆

近年来,随着互联网的普及和移动信息技术的发展,移动信息服务广泛应用于人们生活的各个领域,手机上网人数越来越多,人们逐渐减少了到图书馆查阅文献资料的频率。移动阅读改变了传统阅读需在电脑前及地理位置固定的限制,极大满足了人们阅读时不受地域、不受设备限制的愿望。伴随已到来的3G、4G时代,智能手机普及率出现大幅增长,利用手机上网的人数远超用电脑上网的人数。

移动互联将互联网植根于每个人的日常生活之中,使得用户与信息更为紧密、复杂地联系在一起;同时,它也赋予图书馆向用户提供移动扩展服务的能力。随着信息革命的深化,图书馆正在深刻反思与创新自身的移动服务模式,以满足用户在任何时间、任何地点获取信息的需要。移动图书馆服务突破了时间、地域限制,使图书馆服务更为丰富、主动和人性化。

一、移动图书馆是图书馆发展的趋势

(一)移动图书馆的定义

移动图书馆(Mobile Library)最初指专门用来作为图书馆的比较大型的交通

工具——“汽车图书馆”，里面设计有放置图书的书架及可供读者取阅的图书，空间较大的车辆还可容纳读者就座阅读①。

随着移动通信技术和网络技术的发展与推进，移动图书馆的含义逐渐发生变化，近几年兴起的“移动图书馆”通常是指将通信技术、互联网技术以及移动终端技术与图书馆服务相融合的一种新型的图书馆服务，即用户以平板电脑、笔记本、智能手机、Kindle、MP4/MP5 等移动终端为载体，通过无线接入的方式在任何时间、任何地点方便灵活地访问图书馆的资源，并通过一站式检索、全文阅读和自助业务应用来获取信息服务的一种新型服务模式②，是图书馆提供知识服务的一种延伸和拓展。移动图书馆是数字图书馆现代化的重要内容和体现，是继图书馆数字化服务之后新兴的服务领域，将成为广大读者获取图书馆信息资源的主要渠道之一。

2000 年 9 月，日本富山大学图书馆开发了 I-Mode 手机的书目查询 OPAC 系统，为手机读者提供在线书目查询、预约、催还、续借、即时通知等服务，被认为是图书馆移动信息服务的雏形。2001 年，芬兰赫尔辛基技术大学图书馆开始使用手机短信服务；同年 7 月，韩国西江大学推出用手机查询图书馆资料的移动图书馆；随后，美国南亚拉巴马大学图书馆通过使用 PDA 检索图书馆资源，制订了“无屋顶图书馆计划”。英国汉普郡图书馆建起一个 WAP 网站，为 WAP 手机用户提供该郡 54 家图书馆的详细地址、联系方式及开放时间等信息，读者可以在汽车上、马路上通过手机查询距自己最近的图书馆的地址，以及是否有自己所需要的图书。③

2003 年 12 月，北京理工大学图书馆在国内最早开通了移动手机图书馆短信息服务平台。2008 年 9 月 9 日，中国国家数字图书馆开通了“掌上国图”移动数字图书馆，服务项目完备有效，能较好地满足用户利用掌上设备使用图书馆资源和部分阅读的需求，已经走进了世界前列。④

（二）巨量的手机网民是图书馆服务的新群体

截至 2012 年 12 月底，我国手机网民规模达到 4.2 亿，占网民总数的 74.5%。手机已经逐渐超越计算机成为第一大上网终端。2013 年，中国境内销售的智能手机达到 3.29 亿部，比 2012 年增长 67%，其中不包括发展迅猛的平板

---

① 黄艳华.近五年来国内高校移动图书馆的发展现状与展望[J].大学图书情报学刊，2013(6)：90-94.

② 孙学钢.中美高校移动图书馆服务比较研究[J].河南图书馆学刊，2013，33(10)：46-48.

③ 黄艳华.近五年来国内高校移动图书馆的发展现状与展望[J].大学图书情报学刊，2013，31(6)：90-94.

④ 陈沛.建立基于手机模式的移动图书馆探析[J].中小企业管理与科技，2014(1)：215-216.

电脑市场。① 2015 年 6 月,我国手机网民规模达 5.94 亿,占网民总数的 88.9%,手机作为网民主要上网终端的趋势进一步明显。

近年来苹果 iPad 的热潮席卷全国,同时三星等厂商也推出新式平板电脑。另外,由于价格优势,国内电子书的销售数量也节节攀升。亚马逊的新版阅读器 Kindle Fire 因价格便宜,受到全世界电子书读者的追捧。盛大、汉王、纽曼、爱国者等品牌的阅读器也纷纷登场。三种设备尽管发展趋势不尽相同,但总体用户数量都在增长。

以手机等移动设备为载体的移动阅读越来越受到广大读者的青睐,已然成为一种潮流。为满足庞大的手机网民群体对移动数字资源的需求,图书馆必须提供移动图书资源。此外,硬件设备发展的同时也促进了技术变革,各种应用功能满足了用户不同的上网需求。移动通信和互联网在硬件、软件两方面为移动图书馆的建立提供了物质和技术支撑。

(三）阅读习惯的改变促进了移动图书馆的建立

根据中国新闻出版研究院公布的第十二次全国国民阅读调查数据,2014 年,报刊阅读率略有回升,数字化阅读方式接触率保持高速增长,比 2013 年上升了 8 个百分点。这种信息海量、随处可读、检索便捷、阅读自主的模式,正在改变人们传统的阅读习惯。作为服务机构的图书馆,顺应信息技术的发展潮流,开发建立基于手机等移动设备终端的移动图书馆服务,能够极大地方便读者,提高图书馆的服务效率,拓展图书馆服务范围。

(四）移动阅读呈常态化趋势推动了移动图书馆的发展

无线通信网络和互联网平台在硬件及软件方面为组建移动图书馆提供了重要支持。一是便携性,笔记本和手机的体积持续缩小,重量不断减轻,随身携带非常方便。二是价格越来越便宜,用户都能轻松购买。三是功能越来越强,为网络信息的接收提供了很好的移动硬件平台。②

二、移动图书馆的服务模式

当前,图书馆界普遍对移动图书馆提供四种模式的服务,即短信、彩信、网站及客户端应用。从四种服务模式的对比来看,其区别主要在移动终端及网络接入技术实现方式上面,且在功能、时间、层次等方面呈现出从高到低逐渐递减的趋势。

(一）短信服务模式

短信服务(Short Message Service,简称 SMS)是图书馆通过电信运营商的短

① 吕雪宣.移动图书馆的发展现状及实施策略[J].图书馆学刊,2014(3):103-105.

② 高苏锋.第三代图书馆的现状与未来发展构想[J].新世纪图书馆,2012(2):21-23.

信通道给用户提供服务和资源的方式，有及时性、交互性和移动性的特点。① 通过短信服务，读者可以快速了解图书馆的信息和读者本人的使用情况，实现信息的交流互动。

短信息服务覆盖面广、软硬件要求低、技术成熟、性能稳定、成本低廉，受众人群最广，拥有手机的用户几乎均可使用。但由于字数有限，格式简单，无法实现对数据库信息的查询等功能。

（二）彩信服务模式②

彩信服务（Multimedia Message Service，简称 MMS）途径，是指移动图书馆通过电信运营商的彩信通道提供相关的服务。移动图书馆系统的接入方式可以是 MAS 机或者彩信 SP。在技术上，MMS 实际并不是一种短信，而是在 GPRS、CDMA lX、3G、EDGE 的网络支持下，以 WAP 无线应用协议为载体传送图片、声音和文字等信息。

彩信服务覆盖面广，免费使用；信息容量巨大，每条容量为 100 kB ~ 300 kB，相当于 5 万 ~ 15 万个汉字；信息内容丰富，除基本的文字信息以外，还可以配有彩色图片、声音、动画等多媒体的内容，图文并茂。

彩信服务模式最大的缺点是用户发送成本较高，难以用于交互操作。较好的运用方式是图书馆 Push 信息推送服务。例如清华大学图书馆通过彩信服务，推送《清华大学学报：自然科学版》、*Journal of Power Sources* 等 132 种电子期刊的最新文章信息。

（三）网站服务模式

移动图书馆的门户网站，是在原有 Web 网站内容的基础上做了缩减，增强了导航功能，尽可能多地使用文字和占用空间比较小的图标，尽量少地使用占用大空间的图片、照片以及 flash 等，网页多采用 WAP 发布。WAP（Wireless Application Protocol）为无线应用协议，是一种实现移动电话与互联网结合的全球性应用协议标准。WAP 模式的移动图书馆网站，较短信服务在功能上更为丰富与强大，既能提供信息公告类服务（如书刊推荐、新闻动态等），又能提供在线阅读、在线讲座、OPAC 查询、一站式检索、在线咨询、音频视频点播、电子图书下载与阅读、读者个人借阅信息管理等多种服务，涵盖了图书馆 Web 网站的大部分功能，但并不是桌面版（Web）网站的缩微版，它主要是针对不能有效访问桌面版网站的用户，可以使用移动设备随时访问图书馆的各种信息。③

---

① 孙兰芬.移动图书馆及其服务探析[J].广播电视信息，2013(11)：41-43.

② 覃燕梅，江波.我国移动图书馆四大服务途径比较分析[J].新世纪图书馆，2013(9)：29-31.

③ 孙兰芬.移动图书馆及其服务探析[J].广播电视信息，2013(11)：41-43.

WAP 服务模式能够提供丰富的信息和完善的功能,交互便捷。适用于大部分手机和平板电脑等移动终端。但 WAP 服务模式对网络接入技术环境和终端的配置要求较高,用户所持的移动终端必须具有上网功能,而且要配置浏览器、QQ 等应用程序。各种终端设备运算能力和屏幕大小的差异及网络速度和稳定性等,对用户体验具有较大的影响。WAP 服务模式成本较高,网络接入方式的变化也产生较高的上网流量。同时,网站途径不便进行主动推送式信息服务。

从全国来看,中国国家图书馆和上海图书馆在移动图书馆建设推广使用上相对做得比较好。以国家图书馆为例,2008 年,国家图书馆结合中国移动奥运快讯的技术,开发了动态分发系统,开始建设自己的 WAP 网站,形成“掌上国图”的雏形。2009 年,国家图书馆以“掌上国图”整体推出无线移动服务。移动图书馆以手机为载体,实现了与用户之间信息推送和自主选择一体化,其栏目包括国图动态、书刊查询、资源检索、文化快递、书海拾珍、读者服务、资源欣赏等。随着国外移动图书馆的不断发展,国图近年来将手持阅览器的借阅服务向外扩大延伸,推出国图的数字资源与服务,让读者随时、随地、随身分享碑帖年画、文津图书、在线展览、古籍善本、国图老照片、音视频讲座等特色数字资源。①

(四)客户端服务模式

APP 是 Application 的简称,指移动终端的第三方应用程序,具有支持离线工作、挖掘有效信息、推送个性服务等功能优势,因此备受互联网用户青睐。

APP 客户端服务模式是移动图书馆、数字图书馆、移动终端应用相融合的产物,手机用户只需把客户端软件安装在智能手机上,就可通过该软件访问网络、收看视频、聊天等,能实现短信、WAP 服务方式不能实现的功能,只要通过浏览器方式能实现的服务,客户端都能实现,为用户带来了前所未有的网络服务体验,也是当前最为先进、功能最为强大的一种服务模式。②

APP 服务模式与其他模式相比,服务更加稳定,使用更加便捷。客户端不仅可实现 WAP 网站能实现的功能,而且随着智能手机性能的强大,其自身强大的移动计算能力可改善上网带宽限制而导致的响应速度慢和稳定性差等问题。手机客户端能将需要反复在浏览器中加载的操作简化为网络数据连接和传递,从而明显降低上网数据流量,提高操作成功率。通过缓存方式还可把用户浏览和使用的通信成本有效控制在较低水平,而且用户在无网络连接时也可使用部分服务和功能。

不足之处是 APP 服务途径只能服务于智能移动终端。同时,APP 客户端需

① 孙革非.我国移动图书馆的现状、服务模式与发展对策研究[J].大学图书情报学刊,2014,32(1):32-36,52.

② 吕雪宣.移动图书馆的发展现状及实施策略[J].图书馆学刊,2014(3):103-105.

要针对不同的移动终端操作系统平台分别进行开发，使用大量与操作系统相关的API，开发工作量大，版本更新成本高，需要较大的、持续的经费投入。而且高端的网络应用（多媒体、超媒体）也易产生高负荷的网络流量，导致成本更高。

中国国家图书馆开发了移动图书馆性质的“中国国家图书馆读者服务”应用程序，放在AppStore上供用户下载，为iPhone用户提供了一种使用中国国家图书馆服务的便捷方式，其应用程序包含以下功能：(1) 检索功能。支持条码识别，通过拍照条形码识别即可获得图书信息、馆藏及书评信息；还提供了按关键词检索馆藏资源的功能；在支持国图馆藏资源检索的基础上，通过全国联合编目中心可以检索数十家地方馆的馆藏信息。(2) 读者卡服务，向拥有中国国家图书馆读者卡的用户提供借阅信息查询、续借、预约等功能。(3) 二维QR码识别，可以识别QR码，识别电话、邮件、国图讲座信息、VCard名片等多种格式。(4) 国图馆藏本地收藏和保留检索历史，方便读者保留感兴趣的图书信息。①

再如武汉图书馆的APP客户端方式：用户首先利用智能手机在图书馆网站上扫描一个二维码图片，然后根据不同的机型，智能手机会自动下载相应的客户端版本（目前支持IOS版和Android版）进行安装，并将移动图书馆的应用图标设置在手机桌面上。读者在网络环境中，打开APP移动图书馆客户端，输入读者证号和姓名后，即可将武汉图书馆海量的免费数字资源装入手机随身携带，享受舒适、美观、快速的阅读效果。

三、移动图书馆的功能

（一）移动数字馆藏服务

图书馆和博物馆可以通过移动手机等设备向用户提供数字馆藏服务，用户不用再去图书馆或博物馆通过计算机进入互联网进行查找，用户只要通过手边的手机就可以直接浏览数字馆藏。

杜克大学（Duke University）目前为读者提供了数字馆藏服务。杜克大学通过iPhone或者iTouch设备为读者提供复杂的数字图像馆藏，大约有超过32 000幅的图像被提供，同时杜克大学还通过iPhone或者iTouch设备延伸了移动服务的内容，他们将杜克大学校园地图和课程表也纳入到移动图书馆服务当中，读者可以通过手机从服务器中自由下载所需要的信息。

（二）移动OPAC服务

移动OPAC服务主要是让读者利用移动设备随时随地访问图书馆书目检索

---

① 阳乐.浅析移动图书馆的现状及未来发展趋势——书的借阅服务[J].公共图书馆，2012(6)：52-55.

系统,及时查找自己所需要的书目,实现图书预约、续借等服务。基于 WAP 方式的移动 OPAC 服务还可以提供图书馆新闻、新书介绍和讲座培训等。同济大学图书馆提供的掌上图书馆服务,除提供图书检索、新书通报、通知公告等服务项目外,还提供个性化的“我的图书馆”查询服务,其服务内容丰富,界面友好且操作便捷,大大地方便了读者。国家图书馆的“掌上国图”栏目开展的就是移动 OPAC 服务,读者可利用手机进行馆藏书目查询、馆藏电子资源检索和利用,还可以定制新书信息、查询借阅情况和预约图书等。①

移动图书馆通过与图书馆 OPAC 系统的对接,实现了馆藏书目查询(复本的数量、馆藏地点以及状态等)、个人借阅信息查询(详细的借阅文献信息并能及时查询个人的还书日期等)、续借、预约、挂失、修改个人信息、查询热门书排行榜、咨询等自助式移动服务。

(三)移动阅读服务

在移动环境下,片段阅读或微阅读更受用户欢迎。移动阅读服务主要是指读者可利用手持移动设备随时检索图书馆馆藏数据库资源,并可随时随地查看所需文献的全文,随时随地点播、下载所需要的音乐、视频等多媒体资源。目前,随着无线网络和智能手机的快速发展,移动阅读已成为一种不可忽视的阅读方式。

移动阅读是图书馆开展内容服务的重要方式,是未来图书馆服务的主流趋势。移动图书馆的终极目标就是图书馆提供信息与读者获取信息的无障碍化。

清华大学图书馆引入“书生移动图书馆的解决方案”,所有馆藏资源面向全球,任何高中低端手持设备均能对各种文档格式进行跨库检索及全文阅读,北京大学图书馆通过 UOML 文档交换服务器实现了基于各类手持终端设备对各类数据库资源进行统一检索和全文阅读。② 全文阅读可以方便读者随时随地查阅图书馆的电子资源,移动图书馆通过提供图片、文本等手机全文阅读方式,提升了读者手机阅读的便利性。

(四)电子书借阅服务

电子书的产生和发展一直伴随着计算机技术和网络技术的发展,正是由于个人电脑的普及和互联网的发展,让电子书实现了第一波发展高潮。而现在移动通信技术的发展,使基于 3G 技术的手持移动终端设备成为主流,电子书正迎来其第二波发展高潮。

例如美国迈阿密公共图书馆的电子书服务包括:(1) Kindle 电子书下载专

---

① 冯玉林.高校移动图书馆服务的探讨[J].内蒙古科技与经济,2014(2):70-71.

② 黄艳华.近五年来国内高校移动图书馆的发展现状与展望[J].大学图书情报学刊,2013,31(6):90-94.

区,用 Kindle 实现电子书的借阅服务;(2) 为电子阅读者提供电子书下载的转换,从读者的电脑桌面端口下载电子书;(3) 用智能手机下载电子书;(4) FAQs,解答“什么是电子书”“关于电子书不同格式的支持”“使用什么样的转换设备”“电子书如何为我的 Kindle 服务”“电子书借阅的时限”“电子书的借还记录”等问题;(5) 解决问题,帮助读者解决“过度使用电子书下载问题”“电子书无法下载”“下载授权”“文件无法打开”等问题;(6) 付费电子书条款,涉及出版商方面、APP 使用者、DRM(数字版权管理)等。(7) 电子书兼容设备图表。①

美国耶鲁大学图书馆 84%的电子图书可以通过移动设备进行正常阅读②,读者完全可以把移动图书馆作为阅读和下载的园地。

(五) 移动参考咨询服务

移动参考咨询服务是指读者利用手机等移动设备获得图书馆参考咨询服务。该服务通过短信的形式为用户提供咨询,解答一些常见问题以及图书馆服务信息。针对用户在利用图书馆过程中提出的各种问题,图书馆人员利用各种检索工具、互联网以及有关文献资源,为用户提供文献或文献线索,辅导和帮助用户利用图书馆。短信参考咨询根据读者定制需求,向读者推送信息;或是读者编辑短信,提交查询请求,接收应答信息,因此简单的问题可以考虑利用短信进行参考咨询。

目前,国内一些高校图书馆可通过手机短信解答读者提出的咨询问题。手机短信咨询服务费用低廉、使用方便,对扩展参考咨询的地域空间非常有利;但短信咨询不能适应复杂的操作,信息输入较慢,且受字数长度的限制,容易使用户产生不信任感。随着智能手机的快速发展,读者可利用智能手机获取 QQ 聊天、电子邮件、视频等方式的参考咨询,使读者足不出户就能快速解决在利用图书馆过程中遇到的难题。

(六) 通告与提醒服务

通告服务是移动图书馆短信息服务最基本的内容,主要通过短消息方式实现。通告服务的内容包括图书馆公共通知,如开闭馆时间、服务公告、活动通知、新书信息公告等,也包括对用户借阅的通知与提醒服务,比如用户的文献到期提醒、文献催还提醒、预约文献到馆提醒等,还可以根据读者的个性化定制需求,为读者提供图书馆新闻、资源动态、学术讲座、书目信息、期刊目次、图书和座位预约、研修间预约通知等信息。相比传统的馆内公告、网站通知和邮件通知等服

---

① 阳乐.浅析移动图书馆的现状及未来发展趋势——书的借阅服务[J].公共图书馆,2012(6):52-55.

② 宋亦兵,周津慧.耶鲁大学图书馆考察报告[J].数字图书馆论坛,2011(1):22-28.

务，移动通知具有即时性、便利性、广泛性、到达率高等优势，能够帮助用户及时了解图书馆的动态，及时归还或借出文献。

（七）查询与办理服务

包括用户借阅查询与办理、预约到馆信息查询与办理、图书馆自学座位或电脑等资源的实时状态查询与办理挂失等，都是针对用户在移动状态下需要即时查询有关信息并及时处理相关事务而开通的服务。

四、移动图书馆服务展望

（一）多形态资源

传统的移动图书馆都是以有限的音频、电子书的试听借阅为主，但这远远不能满足人们的需求，在移动终端上除移动图书馆以外有更多更有魅力的资讯获取平台，例如在线视频、在线讲座、社交互动平台、在线资讯平台等。提供更多形态的专业数字内容作为存储数据库的资源，可以增强移动图书馆的竞争力。

（二）个性化推荐

目前，读者们能够在移动图书馆主页上看到的内容很有限，很多内容都不提供在线全文阅读，这在移动网络使用量呈爆炸式增长的时代是不适合的。目前，越来越多的资讯阅读平台增加了“猜你喜欢”这类功能，使用者只要打开程序或相关网页，内容服务提供商就会根据使用者的浏览历史和偏好为他们挑选一些感兴趣的内容，移动图书馆应该向这方面发展，毕竟数据库过于庞大，要使用者自己慢慢地进行搜索筛选，不仅耗费时间而且影响阅览欲望。

（三）社交化接口

越来越多的移动阅读软件和应用程序都添加了社交接口，并且都作为最重要的功能之一。目前，移动图书馆与社交相关的功能还处于早期开发阶段，受重视程度不高，很难吸引读者使用。应用社交化作为目前最热门的话题，已经渗入到日常生活当中，几乎所有应用程序都拥有社交分享功能。移动图书馆应该加重社交功能的地位，因为社交化不仅可以迅速扩散阅读资讯，拉近读者与读者之间的距离，增加阅读乐趣，而且可以最大限度地吸引有兴趣的读者浏览使用其他读者分享的内容。①

（四）人文化设计

移动时代的图书馆，不应仅仅满足于充当信息与知识的守望者，更应该是用户生活信息的万事通、校园教学与科研的有机组成部分、校园文化的诠释者。这方面，国外移动图书馆服务功能的设计极具层次感与人文关怀，其做法值得我们

① 陈锦富.移动图书馆现状与未来发展趋势探析[J].内蒙古科技与经济，2013(11)：56-57，59.

借鉴。

美国移动图书馆所提供的服务不尽相同,但就服务功能与服务方式而言,都极具人文关怀,主要体现在以下两个方面:

1. 设计简捷,易于操作

通过调查大量美国移动图书馆的实例后发现,不管是排名前几名的大学图书馆,还是默默无闻的中小图书馆,它们在设计用户界面时,考虑最多的不是形式漂亮,而是将实用性、方便用户操作放在第一位,那些用于增加视觉效果的色彩、样式、高分辨率的图片较少出现在主页的设计中。美国的移动图书馆也很少在主页中提供炫彩模式选项。

2. 贴近生活

美国移动图书馆在提供传统的信息服务与教学、科研支持的基础上,非常重视服务功能贴近用户的生活,所提供的生活信息多种多样,如班车时刻、洗衣房位置、可用计算机数量、健康医疗信息、房屋租赁、食堂、可用电脑、体育比赛等。例如,杨柏翰大学哈尔·哈罗德·李图书馆列出每个机构可用的计算机和MAC机器数量,波尔州立大学提供自习室的在线预订。①

第二节 智慧图书馆

欧盟委员会在《欧盟智慧城市报告》中将智慧城市界定为智慧经济、智慧移动、智慧环境、智慧人群、智慧居住和智慧管理六大坐标维度。图书馆与六大坐标维度是紧密联系的,如智慧经济离不开图书馆知识服务的智力支持,智慧环境离不开图书馆生态文化的培育,智慧人群离不开图书馆社会教育的培养,智慧居住离不开图书馆休闲空间的吸纳,智慧管理离不开图书馆信息资源的支撑。以泛在、绿色、惠民为主要特征的现代城市可持续发展战略与现代图书馆的全方位、智能化、无处不在的服务理念和模式是同向同行的。智慧图书馆是智慧城市建设的重要内容和形式之一,在建设智慧城市过程中,政府和图书馆界必须制订战略,积极推动智慧图书馆的发展。②

一、智慧图书馆概述

(一)智慧图书馆的概念

智慧图书馆(Smart Library)是建立在物联网和数字图书馆基础之上的新型

① 过仕明,梁欣.国内移动图书馆服务模式发展现状与趋势调研[J].大学图书馆学报,2014(1):90-96.

② 万湘容.智慧图书馆发展的思考[J].图书馆研究与工作,2014(2):60-61.

图书馆,具有物联网和数字图书馆的双重特征。①

所谓“智慧图书馆”就是以数字化、网络化、智能化的信息技术为基础,以互联、高效、便利为主要特征,以绿色发展和数字惠民为本质追求的现代图书馆科学发展理念与实践。简言之,智慧图书馆就是图书馆泛在网。图书馆泛在网是全面感知的而不是局部感知的,是立体互联的而不是平面互联的,是深度协同的而不是各自分散的。图书馆泛在网对图书馆的发展意味着它是突破了时空的网络、网格、网状、网点、网线;是图书馆中各要素包括图书、期刊、数据库、阅览座椅、电脑、电子图书、移动图书馆以及读者和馆员等形成的无所不在的互联互通,并借以实现节能低碳、灵敏便捷、整合集群。图书馆泛在网对图书馆馆员和读者而言意味着随时、随地、随意(心)、随形(方式),实现图书馆服务的无线泛在、就近一体、个性互动。智慧图书馆将实现书书相联、书人相联、人人相联、馆馆相联、网网相联、库库相联、人物相联、三网融合、跨界融合、新旧融合、多样融合,从而真正实现读者所期盼的任何时间可用、任何地点可用、任何方式可用的城市图书馆的发展愿景。②

数字化、网络化和智能化是智慧图书馆的技术基础,人物互联是智慧图书馆的核心构成,而实现由知识服务向智慧服务的提升则是智慧图书馆的精髓。可以说,智慧图书馆的外在特征是泛在,即在现代信息技术的支持下提供无所不在、无时不在的服务;而其内在特征是在继提供文献服务、信息服务、知识服务之后,提供以人为本的智慧服务,满足读者日益增长与不断变化的需求。智慧图书馆是未来图书馆服务技术提升、服务理念创新、管理形态转型的新趋向。

(二)智慧图书馆的特点

1. 智能化

智慧图书馆通过连接到物联网的手机、电脑、射频识别装置(RFID)、红外感应器、全球定位系统、激光扫描器等智能感知设备,可以对图书和期刊等实体信息资源、数据库等虚拟信息资源、图书馆运行状态以及用户需求等信息进行深度感知、测量、捕获和传递,并进行智能分析,采取应对措施③,使图书馆体现出智能化的服务与管理特点。

首先,利用 RFID 电子标签来感知用户的阅读偏好,统计用户利用文献的相关信息,可以对用户的阅读习惯进行全程跟踪,并对其知识咨询进行智能化服务。

---

① 马建军.浅谈智慧图书馆及其服务模式的构建[J].电子世界,2013(17):114-115.

② 王世伟.上海城市图书馆发展的过去、现在与未来[N].东方早报,2012-11-13(10).

③ 刘丽斌.智慧图书馆探析[J].图书馆建设,2013(3):87-89,94.

其次,将 RFID 与 SIM 卡结合应用,可以向用户提供移动个性化智能服务,用户只需拥有一部智能手机,即可对图书馆的信息资源进行智能借阅、查询与定制。

最后,将 RFID 电子标签嵌入馆内对应的物理馆藏、设备、建筑及工作人员与读者的相关证件中,可以对馆内的相关设备及人力资源进行智能管理,对物理资源、人力资源进行优化配置。①

2. 个性化

基于物联网环境,智慧图书馆可以将其物理环境下各个对象的组织、管理、控制与信息系统等连接起来,实现虚拟与现实的结合,向用户提供全面的、个性化的服务。在虚拟世界中进行信息交互,对现实物理环境中的服务、信息、组织等进行优化,从而提高信息服务的针对性、真实性、全面性及多维度性。

3. 人性化

在智慧图书馆中融入物联网技术,可以更加凸显图书馆服务的人性化特征,并逐渐形成以用户体验为中心的创新形态,关注用户体验,强调以人为本的服务理念。基于物联网环境的智慧图书馆,用户可以获取更多、更广泛的应用选择,具体的服务形式包括自助服务、人工服务、电子邮件服务、移动服务等,提高图书馆信息服务的效率与便利性。比如利用 RFID 图书自助借还系统,用户可以全天候进行图书的借还,再如 RSS 订阅、3G 定制、电子邮件定制等,均向用户提供了更加灵活多样的、富于人性化色彩的服务手段。②

(三) 图书馆智慧服务

图书馆服务是不断提升的,先后经历了文献服务、信息服务和知识服务的阶段,在智慧图书馆环境下,图书馆服务的台阶应该增加一个,即智慧服务。知识服务是智慧服务的前提和基础,智慧服务的根本特征是实现知识增值,从创造价值的角度来说,智慧服务提升了知识服务的内涵,是知识服务的升华。③

智慧服务是智慧图书馆贯穿始终的主线。智慧服务包括无所不在、形式多样的主动服务、个性化服务、泛在化服务及人性化服务。智慧图书馆能够将用户在虚拟环境下的信息行为和在图书馆实体环境下的信息行为相结合,将馆藏文献基本信息与用户档案信息相结合,构筑能全面、真实反映用户个性特征和需求特征的用户模型,并自动识别和感知用户的位置及其当前所从事的学习、研究、工作内容,主动地为其推送关联信息并提供真正的、全方位的、立体的、适合的个性化服务。此外,智慧服务还包括如影随形的三维实景地图导航服务、语义智能

① 夏雪.物联网环境下智慧图书馆的特点及发展[J].图书馆学刊,2013(11):106-108.

② 夏雪.物联网环境下智慧图书馆的特点及发展[J].图书馆学刊,2013(11):106-108.

③ 张新娜.提供智慧服务:智慧图书馆服务模式及其实现路径[J].电子世界,2013(12):81-82.

搜索、嵌入式图书馆员服务、机器人服务等。

(四) 图书馆智慧管理

智慧管理是保证智慧图书馆智能运转的必要手段。智慧管理的对象不仅包括信息资源的管理、硬件设施环境管理、用户借阅服务过程管理,而且还涉及图书馆日常运行的维护以及图书馆可持续发展的辅助性管理,如图书馆营运过程中的节能管理、针对图书馆馆藏资源和整个工作环境的安全防盗监控、对图书保存条件的自动监测等。所有这些管理工作将被接入到智慧图书馆的整个信息管理系统中,通过各种专用的传感节点采集各类有针对性的监测信息,再经过智慧图书馆后端的信息综合处理系统,实现对图书馆管理过程的智能化控制。①

二、智慧图书馆的起源与发展

(一) 从智慧地球到智慧图书馆

"智慧图书馆"一词第一次出现在文献中可以追溯到 2003 年,来自芬兰奥卢大学图书馆的艾托拉在人机交互移动设备国际研讨会上发表了题为《智慧图书馆:基于位置感知的移动图书馆服务》的论文成果,指出"智慧图书馆"是一个不受空间限制且可被感知的移动图书馆。②

而直到 2008 年 IBM 提出"智慧地球"理念以后,智慧图书馆的相关理论研究才真正开展起来。2008 年 11 月,IBM 明确提出了"智慧地球"的概念。"智慧地球"是以物联网为主要运行载体的现代高新技术的总称。其技术内涵是对现有互联网技术、传感器技术、智能信息处理等信息技术的高度集成,是实体基础设施与信息基础设施的有效结合,是信息技术的一种大规模普适应用。③"智慧地球" 实质上是"数字地球"的延续和发展,它具有三方面的特征:一是更透彻的感应和度量——世界正在向仪器和工具化方向演变;二是更全面的互联互通——世界正在向互联化方向演变;三是更深入的智能化——所有事物正在向智能化演变。④

图书馆的发展是渐进式的,每一次重大变革都伴随着科技的创新和进步。随着物联网、智慧地球概念的正式提出并迅速波及全球,"智慧地球"开始向微观方向延伸,可以实现智慧国家、智慧城市、智慧企业、智慧社区、智慧医疗、智慧家居、智慧个人生活等方方面面,由此,继复合图书馆、数字图书馆之后,以信息

---

① 刘丽斌.智慧图书馆探析[J].图书馆建设,2013(3):87-89,94.

② Aittola M, Ryhanen T, Ojala T. Smart library: location - aware mobile library service[J]. International Symposiumon Human Computer Interaction with Mobile Devices and Services, 2003, (5):411-415.

③ 张永民.解读智慧地球与智慧城市[J].中国信息界,2010(10):23-29.

④ 孙其博,刘杰,等.物联网:概念、架构与关键技术研究综述[J].北京邮电大学学报,2010(3):1-9.

技术为基础,以数字化、网络化和智能化为标志的智慧图书馆开始走进人们的视野。

2009年,在英国剑桥举行的第八届人工智能、知识工程和数据库国际会议上,来自美国特兰西瓦尼亚大学的雷帕诺维奇和楚尔卡努等人作了题为 *Smart Library:RFID Implementation in Libraries* 的报告。文章指出,无线射频识别技术——一个令人兴奋的新技术被广泛应用于图书馆中,如今越来越多的图书馆使用 RFID 创建智慧图书馆,势必给图书馆服务带来新的变革。①

(二)智慧图书馆的实践

早在2001年,加拿大首都渥太华地区的12所公共图书馆、大学图书馆、专业图书馆和博物馆建立了名为"Sm@rtLibrary"的联盟,为读者提供一站式服务,读者利用一个搜索界面便可检索查看所有成员馆的资源。

2001年10月,澳大利亚昆士兰州立图书馆确立了通过智慧图书馆建设智慧社区的未来发展政策,建立"智慧图书馆网络",集成物理和虚拟社区空间。

2002年新加坡图书馆在全球范围内首次使用 RFID 技术,随后欧美图书馆界掀起了智慧图书馆建设的热潮,美国、德国、英国等一些欧美国家相继采用了 RFID 技术。2003年前后,芬兰奥卢大学图书馆提供了一项名为"Smart Library"的服务,旨在提供一项不受空间限制、可被感知的移动图书馆服务,使读者在任何有互联网和浏览器的地方都可以使用图书馆。②

自从比尔·盖茨率先提出了物物相联思想的雏形,我国图书馆界也开始从数字图书馆的研究过渡到智慧图书馆的研究与实践,例如,台北市的市立图书馆应用 RFID 技术建成了无人服务的智慧图书馆。2005年之后以深圳图书馆为代表的一些国内图书馆也开始了基于 RFID 技术的智慧图书馆部分功能的构建。③ 2012年初,被称为东北地区首个"城市街区24小时自助图书馆"在沈阳市对外开放。目前,我国38个城市的24小时自助图书馆都得到了应用。

三、智慧图书馆的实现形式④

目前我国已有很多图书馆开展了智慧图书馆的尝试,根据设备、功能和技术的不同,智慧图书馆可以从以下几个方面来实现。

---

① Repanovici A, Turcanu M. Smart library: RFID implementation in libraries[M]. Artificial Intelligence Series-WSEAS, 2009: 523-526.

② 刘丽斌.智慧图书馆探析[J].图书馆建设,2013(3):87-89,94.

③ 李显志,邵波.国内智慧图书馆理论研究现状分析与对策[J].图书馆杂志,2013(8):12-17.

④ 万湘容.智慧图书馆发展的思考[J].图书馆研究与工作,2014(2):60-61.

（一）智能馆舍

图书馆可引入物联网中智能家居的理念，建设智能馆舍。管理人员在办公桌前就可以完成楼宇管理工作，包括照明监控变配电监测、空调系统监测、给排水系统监控、安保监控、电子会议系统和公共广播系统管理等。

比如智能照明系统，在图书馆阅览区，如果外面的光线很弱，灯会自动打开；如果外面光线太过强烈，窗帘则自动拉下，各个光源都通过自动感应设备连接到电脑上，由电脑进行操控，这样不仅可以最大限度地节电，还不需要人为干预，实现了照明智能化。实现的原理是首先对物体属性进行标识，再通过识别设备完成对物体属性的读取，最后将读取到的信息通过网络传输到信息处理中心，由处理中心完成物体通信的相关计算。

（二）知识联盟

图书馆知识联盟是指两个或两个以上图书馆按照自愿原则签订一定的合同或协议，为实现区域内联合服务而结成的既松散又统一的合作组织。该组织一方面通过网络为用户开展联合知识导航服务，另一方面通过阵地前移，做到哪里有用户需求，哪里就有图书馆“售后”服务人员就近出现。

（三）城市街区 24 小时自助图书馆

“自助图书馆”主要由自助图书馆服务机、图书馆服务与监控中心系统和物流管理系统三部分组成，其核心设备是自助图书馆服务机。自助图书馆服务机包括浏览书架、电脑操作台、网络查询台、图书信息浏览屏、还书分拣箱、验钞机等。自助机几乎具备了图书馆全部的服务功能：申办新证、自助借书、自助还书、预约服务、查询服务等。目前，在浙江省宁波市已建立 14 座 24 小时自助图书馆。城市街区 24 小时自助图书馆的优点在于其图书馆服务功能全面、网点网络化；缺点是外借图书功能要求基于 RFID 技术，设备运行需要物流支持，条形码还书功能受限制因素较多。

（四）电视图书馆

随着互联网协议电视技术（IPTV）的出现，数字电视用户只能通过遥控器输入数字、不能输入汉字、精确查询难以实现等缺点也得以克服，这为建立电视图书馆、开展智慧服务创造了更加广阔的发展前景。利用电视图书馆或利用数字电视的交互功能，开发相应的接口，将数字图书馆与数字电视连接起来，将图书馆服务送入千家万户。市民只要打开电视用遥控器就可以进行图书馆书目、借阅信息的查询，进行图书的预约和续借，观看图书馆数字展览，聆听图书馆讲堂，阅读馆藏电子书刊，点播全国文化信息资源共享工程经典剧目等。

（五）流动图书馆

流动图书馆因其快捷、灵活的特点，可使图书馆的服务触角伸及还未曾覆盖到的人数众多的其他阅读群体，如工地、社区、机关、写字楼群、农村、边远学校等，发挥巨大的作用。流动图书馆开到哪，书香就飘到哪，如同一个流动的分馆为群众送去急需的精神食粮。流动服务与阵地服务相配合，使图书馆服务惠及更多的基层群众。

流动图书馆内配置有书架、检索电脑、防盗系统等基础设备，安装由无线网络组成的自动化图书管理服务系统，配置无线网络计算机处理器，通过无线网络与总馆计算机系统连接，能够现场完成书刊借还、证件办理、图书预约、下载等服务项目。

四、智慧图书馆的构建原则①

从信息管理与应用的角度来看，智慧图书馆建设可分为信息汇集、协同感知和泛在聚合三个阶段。智慧图书馆服务平台的构建必须具有异构性、开放性、移动性、协同性、融合性等特点。在建设过程中必须关注读者的实际信息需求，通过构建、整合各种信息资源、网络平台，提供让读者放心且安全的使用环境，让读者能够跨越时空、无障碍使用图书馆资源，满足读者不断变化的各种信息需求。

智慧图书馆的构建应遵循以下原则：

（一）资源服务原则

在图书馆智慧信息服务体系的构建中，资源、技术和服务是相互依存、相互支撑的关系。技术是必备的手段，资源奠定了内容基础，而服务是最终的结果。阮冈纳赞曾说“书是为了用的”，在物联网和云计算环境下可以看作“资源是为了用的”，“资源利用”是图书馆服务的根本所在。技术是图书馆智慧信息服务体系的支撑，资源是智慧信息服务体系的核心竞争力。没有资源，智慧信息服务体系就会成为“无米之炊”。服务是智慧信息服务体系构建的根本目的，是智慧服务平台构建的立身之本。

（二）资源利用原则

资源集成是在各个文献信息机构和各类文献之间建立起跨系统应用集成、跨库网转换互通、跨媒体深度融合、跨部门信息共享、跨馆际物流速递的服务与管理模式。它是智慧图书馆管理与服务的技术基础，图书馆借助云计算技术、物联网技术整合集群管理系统和文献感知服务系统。目前国内已有 110 多家图书馆自愿成立联盟，如 2012 年 3 月成立的首都图书馆联盟由国家图书馆、北京市公共图书馆、高等院校图书馆和中小学图书馆等联合组成。建成的联盟组织使首都市民仅凭一张读书卡就可浏览百余家图书馆的文献资源，达到“一馆藏书、

① 马建军.浅谈智慧图书馆及其服务模式的构建[J].电子世界，2013(17)：114-115.

各馆共享”“一馆办证、各馆通用”“一卡借阅、就近还书”“一馆讲座、各馆转播”“一馆咨询、多馆服务”和“与出版机构合作，推出优惠图书”的便捷性和资源共享性。

（三）以人为本原则

在资源集成的基础上，实现资源与人的时时互联，其中既包括资源与馆员的互通相联，也包括资源与用户的互通相联。这是智慧图书馆服务与管理的关键，体现出以人为本的图书馆发展理念与实践，如深圳图书馆研制出的第二代智能书车和城市街区 24 小时自助图书系统，台湾研制的智慧型图书馆和图书定位系统，上海普陀区图书馆设立的图书漂流自助亭等。这些表面看起来无人值守的图书馆，其自助服务是建立在前台的服务机与图书馆后台的集群网络化布点、信息化管理、一体化物流的庞大的管理系统之上的。通过后台强大的管理系统和集成化服务，实现了馆员—资源—用户的互通互联，依靠现代信息技术满足了用户的信息需求，体现出图书馆服务以用户为中心、以人为本的原则。①

（四）服务读者原则

图书馆阅读呈现出多样性的变化，表现为纸本阅读与电子阅读、物理阅读与网络阅读、定点阅读与移动阅读、碎片阅读与集中阅读、文字阅读与视听阅读、个体阅读与群体阅读、线性阅读与互动阅读、大众阅读与经典阅读、本土阅读与国际阅读融合共存、交叉汇聚的阅读新形态。这给图书馆的阅读管理与阅读服务带来了全新的发展机遇与挑战，图书馆需要运用创新驱动战略，坚持读者为本的理念，对阅读进行再认识，进而对传统的图书馆业务程式和流程提出转型发展的新要求，以适应社会阅读的新变化和新需求，为书香中国添砖加瓦。

（五）统筹规划原则

对于大中型城市，应当提倡采用云计算技术来进行城市图书馆的架构顶层设计以及信息平台的统一管理与个性化的定制服务，而不是各区县各自为政、网络自建或固执地坚持旧有的网络体系；应当勇敢而富有远见地放弃旧有网络而纳入一城、一网、一系统、一卡的智慧图书馆发展进程中，因为数网并存和数卡并存将造成能源的无谓消耗，也带来网络接口互通管理成本上升和网络集成管理中事故风险增加，并给读者服务造成诸多不便。这也是包括美国在内的先进国家信息化进程和云计算带给我们的启示。

同时，城市图书馆云计算平台也要与国家数字图书馆的云计算平台实现基于标准化和规范化的互联互通和资源共享。②

---

① 姜永常.基于知识构建的知识服务实现机理研究[J].情报资料工作，2011(2)：76-81.

② 王世伟.上海城市图书馆发展的过去、现在与未来[N].东方早报，2012-11-13(10).

五、智慧图书馆是图书馆未来的发展方向

网络信息技术革命中的每次重大技术变革，都使图书馆受到重大挑战，甚至“图书馆消亡论”也不绝于耳，但每次图书馆都运用新技术进行制度创新、文化创新和技术创新而稳固住自身的地位。这是我们理性坚信通过构建智慧图书馆提供智慧服务推动图书馆转型升级的历史经验。智慧图书馆不仅使自己的馆藏知识化，将馆藏从文献形态转化为知识形态，标注、挖掘出地点、事件、时间、人和物而加以有机组织，并通过智能化的感知系统，主动地参与到读者日常的知识交流过程中，以一种平台、空间或工具的形式而泛在，通过提供各种搜索、发现、存储、传播、组织以及再创造的服务，通过提供智慧服务使自己与人类社会的知识创造体系融为一体。①

如今，智慧图书馆建设已成为图书馆界既定的发展战略，国内外也掀起了智慧图书馆建设和研究的热潮。基于目前国内研究成果的分析，不断构建稳定的核心研究人群，继续加大智慧图书馆实践经验的成果转化力度，加强理论联系实际的契合度，同时严肃治学态度，树立学术规范理念，纯化智慧图书馆理论研究的学术氛围将是图书馆界迫切需要解决的问题。如今智慧图书馆的建设和研究仍处于初始阶段，对于智慧图书馆的理论研究还将继续，任重而道远。作为未来图书馆的新模式，智慧图书馆已经和正在成为图书馆创新发展、转型发展和可持续发展的新理念和新实践。

第三节 第三空间图书馆

印度图书馆之父阮冈纳赞曾说过，图书馆是一个成长中的事物，它的职能也将随着社会的进步而变化和发展。每当一种新的文化形态出现的时候，图书馆作为文化事业的组成部分，就会面临一种新的文化境遇。

图书馆作为非功利性的文化服务机构，因其服务具有自由、平等的特点，故早在半个世纪前，阿根廷著名诗人豪尔赫·路易斯·博尔赫斯就作诗道：“这世上如果有天堂，天堂应该是图书馆的模样。”随着现代图书馆的发展，图书馆知识共享、交流空间能力凸显，图书馆作为区分家庭空间、工作空间之外的第三空间已成共识，打造“市民的大书房”“市民的第二起居室”已成为现代城市图书馆的建设目标，公共图书馆的功能和价值从信息服务到文化交流、知识共享、休闲

① 张新娜.提供智慧服务：智慧图书馆服务模式及其实现路径[J].电子世界，2013(12)：81-82.

社交，这是图书馆未来的发展趋势。①

一、第三空间的概念与特征

（一）“第三空间”的概念

“第三空间”原是一种理论，最早脱胎于美国著名地理学家爱德华·索雅（Edward W.Soja）的著作《第三空间：去往洛杉矶和其他真实和想象地方的旅程》。该节以洛杉矶的都市研究为分析背景，讨论了后现代世界中的日常生活与都市问题，重新界定了城市空间的历史地理，并标识了后大都市的六种话语。② 索雅认为第三空间不同于物理空间（第一空间）和精神空间（第二空间），它包容两者，进而超越两者。作者写作的宗旨是鼓励读者用不同的方式来思考空间的意义和意味，思考构成人类生活与生俱来之空间性的地点、方位、景观、环境、家园、城市、地域、领土以及地理这些有关概念。③

奥地利施普林格出版社出版的《期望的概念》，是由格拉兹市 32 位市民来描述“城市对自己未来应当知道些什么”的一本书。其中克里斯蒂娜·米昆达对“第三空间”进行了目前被民众广泛接受的定义，她认为：“第一空间”是居住场所，“第二空间”是工作场所，“第三空间”是情感精神之所，如酒吧、咖啡馆、图书馆、美术馆、博物馆、书店、公园、沙龙等④，是所有允许人停留、消遣、交流或做自己喜欢做的事的地方。她相信：一个城市应当有“仅仅是美丽的空间，一种人们可以时时到此从容地呼吸，对灵魂深度有重要意义”的场所。在第三空间里，人们的关系更加自由、平等。⑤

美国社会学家雷·奥登伯格（Ray Oldenburg）1989 年在《绝好的地方》（*The Great Good Place*）一书中也提到，“第三空间”是第一、二空间之外的一个公共交流的地方，没有职场的等级意识，没有家庭角色的束缚，不受任何功利关系限制，人们可以自由地释放自我。随着人们对生活质量要求的逐步提高，人们更乐意选择在公共场所与亲友会面、交流、玩乐。⑥

（二）“第三空间”的特征

第三空间的主要特征包括：

---

① 陈巧玲.图书馆的转型和超越：作为城市第三空间的价值和建设[J].四川图书馆学报，2013(6)：2-5.

② 刘兰.图书馆“第三空间”营造途径研究[J].图书与情报，2012(5)：99-101.

③ 张曙红.浅谈作为第三空间的图书馆[J].福建图书馆理论与实践，2012，33(1)：2-3，28.

④ 金建英.城市的“第三空间”——公共图书馆[J].河北科技图苑，2011，24(4)：23-25.

⑤ 任超.浅析图书馆作为“第三空间”的价值[J].科技创新导报，2013(6)：226.

⑥ 李小菊.公共图书馆“第三空间”的构建与服务——基于单向街图书馆的分析[J].图书馆研究，2013(4)：12-15.

(1) 作为“中立地带”,每个人都可以来去遂愿;

(2) 高度包容、易接近,不需要正规的会员制;

(3) 它们的存在有些理所当然的味道,且低调;

(4) 它们常常超时间开放;

(5) 它们多有“好玩”的情趣;

(6) 它们为人们提供心理上的抚慰和支持;

(7) 它们常常进行一些彼此“交心而持续”的对话,因此成为“具有高度价值的论坛”。

二、第三空间是图书馆工作的新领域

(一)“第三空间”图书馆的概念

“第三空间”一经提出,就得到许多人的赞同,人们自然而然地把它与图书馆联系起来。

“第三空间”模式图书馆就是以休闲为特征的,集阅读、求知、休闲、娱乐为一体,能够满足读者在职场和家庭之外进行生活交际要求的场所。①

“第三空间”模式图书馆让读者在这里读书看报、会客访友、休闲娱乐、缓解压力、修身养性、展示自我。建设“第三空间”模式的图书馆成为时代发展和满足人们生活需要的选择。

(二)“第三空间”图书馆的发展

第三空间真正与图书馆联系起来是2009年在意大利都灵市举行的国际图联年会,会议主题是“作为第三空间的图书馆”。对于图书馆如何体现其“第三空间”的功能,与会代表各抒己见。有代表认为:“图书馆应成为人与信息、人与人交流的社会知识的共享空间,区域经济的发电站、城市发展的助力器。”②第三空间图书馆是图书馆服务模式的大胆创新与进步,它的服务理念凸显了图书馆模式的多样性。2011年的IFLA,第三空间的图书馆仍然是与会代表关注的重点。

近年来,在人们的关注中,图书馆作为“第三空间”在知识共享、信息交互、文化共同体方面发挥着越来越重要的作用。随着社会的进步与发展、人们闲暇时间的增加,人们的社会休闲需求逐渐强烈,而图书馆又承担着培养公民休闲价值行为判断和提升公民休闲素养等方面的重要责任和使命。探讨图书馆城市休闲价值,更好地发挥图书馆的休闲功能,成为当前图书馆界的重要命题之一。

---

① 孟凡龙.“第三空间”模式下的高校图书馆建设[J].济宁学院学报,2013,34(6):126-128.

② 刘海萍,张研.图书馆“第三空间”穿透力探究[J].长沙大学学报,2013,27(3):48-49.

国外图书馆正在掀起一场名为"图书馆作为第三空间"的运动,意在吸引大众走进图书馆并参与其中。如伦敦陶尔哈姆莱茨区(Tower Hamlets)地方议会在2004年底关闭了原有的12所公共图书馆,取而代之的是建设了7所地处闹市的集购物中心、成人教育、图书馆、青少年活动中心等于一身的综合性社区服务场所——"概念商店"(Idea Store),把原本分散的公共服务功能集中起来,成为一个功能完善的公共空间,受到了公众的欢迎。①

(三)"第三空间"为图书馆开辟新领域

2012年5月,国际图联在西班牙巴塞罗那召开的会议上透露,通过对全球59个城市图书馆的调查发现,相比2009、2010年,全球图书馆读者的实际访问量下降了16.8%,网络虚拟访问量减少了19.1%,而且读者对图书馆的信息需求量降低了。在传统图书馆面临的冲击中,数字阅读对图书馆的冲击最大。现在的"80后""90后"是在信息技术飞速发展的时代中成长起来的,他们已经习惯了计算机和数字阅读方式,甚至坐公交车时都不忘用智能手机上网。传统图书馆的读者群在逐渐流失。因此,图书馆界以往所强调的图书借阅量,在数字时代将不再是衡量图书馆功用的唯一标准。

国内资深"图书馆人"吴建中认为,随着"无纸化"社会进程的加剧,"图书馆提供纸质阅读的功能正逐步削弱,而提供知识共享、交流空间的能力日益明显"。② 把图书馆定位在第三空间,打破了图书馆的传统定位,赋予了图书馆新的使命,它不再是一个单纯的获取信息和借阅浏览的地方,而是融合了人文精神、文化内涵与生活艺术的结合体,第三空间为图书馆开辟了新的工作领域。

图书馆营造城市的第三空间,最终目的是为了吸引更多的人走进图书馆,利用图书馆,在这样一个自由、宽松、便利的知识共享空间里创新进取。

三、图书馆的第三休闲空间

"休闲"(Leisure),指的是在自由的状态中所从事的活动。1899年凡勃伦发表《有闲阶级论》,意味着在学术上将休闲正式纳入人们的生活理念和行为方式中,休闲活动已不单纯是消遣,而是一种积极学习、恢复活力的"美好的生活"。③

随着经济社会的发展,人们休闲时间不断增加,休闲成为人们常态化的需求,文化休闲呈现出多元化的趋势。图书馆作为第三空间,可以通过建筑风格、

① 刘兰.图书馆"第三空间"营造途径研究[J].图书与情报,2012(5):99-101.

② 刘丛.作为第三空间的公共图书馆社会价值分析[J].图书馆理论与实践,2012(5):69-70,102.

③ 马楠.图书馆城市休闲价值的实现路径研究——基于第三空间理论的视角[J].甘肃高师学报,2013,18.

功能区设置、空间环境设计、色彩调配等手段营造高品位的休闲场所，在满足基本功能需要的基础上，可以尽力彰显人文化的精神追求，打造具有休闲功能的第三空间。

（一）社会交际空间

未来的图书馆为了适应社会需求，将越来越成为一个“meeting place”，即一个读者交流和聚会的场所，成为一种高端交际平台，在这个平台上展示着每个读者的体验、趣味和性情。

图书馆具有深厚的文化内涵和现代科学技术，前者为开展各种高品位的城市文化活动奠定了基础，后者从技术上支持了图书馆高品位城市文化活动的开展，比如演讲厅、学术报告厅、展览厅、小影院、书吧、展览区等各种活动场所，其中每一项设置都让读者感到亲切、便捷，读者将会更多地选择在这个场所里聚会，参加诸如读者见面会、交际会、联谊会、文化会客、社区民众社交等活动，图书馆由此成为一个供人互动交流的第三空间。

此外，图书馆读者俱乐部也是图书馆为人与人之间交流所提供的共享空间。读者俱乐部是集图书馆、书店双重功能于一身的新颖形式，热爱读书、热爱学习交流的人士可以在这里组织各种类似于书评、讲座、论坛、演讲活动、培训、报告、展览、沙龙等形式的社会文化活动。读者俱乐部为读书人搭建了一个相互交流沟通的平台，使图书馆成为人们聚集在一起读书、娱乐、进行社会交际的空间。

（二）休闲阅读空间

休闲阅读是重要的休闲方式。图书馆可通过借书、书评、新书报导、读书报告会、读者咨询等方式，将阅读推向大众，真正成为城市大众文化中心和休闲阅读指导中心。

国内一些图书馆进行了一些相关探索。例如，吉林省图书馆近年来举办的“休闲时光话读书”系列讲座已超过 100 期，内容广泛，在读者中引起了较大反响；台州市图书馆成立“市民书友会”，定期举办读书活动，让读者交流读书心得，探讨读书体会，为读者带来了阅读的快乐，分享文字带来的感动。①

2013 年 8 月 1 日胶东在线报道了烟台图书馆读者休闲区受欢迎的盛况，题目是《烟台图书馆成‘避暑胜地’，考研大军占半壁江山》。报道说：“在这高温季节，有不少人会选择去图书馆，既能看书学习，又能纳凉”，“记者来到烟台图书馆，看到来这里看书的人络绎不绝……原本冷清的图书馆马上热闹起来”。

在双休日和节假日，图书馆大门开启之前，就已经有不少人在等待进入第三

---

① 李小菊.公共图书馆“第三空间”的构建与服务——基于单向街图书馆的分析[J].图书馆研究，2013(4)：12-15.

休闲读书区,使公共图书馆热闹了不少。可见图书馆第三空间休闲读书区的设立深受广大读者的喜爱。

(三) 公共学习空间

图书馆无论成为什么样子,它永远都是人们学习的地方。

在图书馆收藏的各种文献中,蕴含着古今中外人类所创造的知识。公共图书馆通过自己特有的方式和手段让人们可以方便地、自由地利用需要的知识和信息。“图书馆是各地通向知识之门”,这是图书馆作为一种社会文化教育机构的特有的属性。正是这种属性使得公共图书馆“为个人和社会群体的终身学习、独立决策和文化发展提供了基础的条件”。

公共图书馆全年无休,并且它作为特定的阅览场所,已在人们意识里形成了“保持安静”“读书看报”的固有观念,图书馆的静谧使每个读者在馆内任何地点都自觉地保持安静,如果有人大声喧哗,则可以被任何人不用强调理由地制止。免费又宁静的学习环境,浓郁的文化氛围,有利于读者潜心学习。图书馆的自由气氛,也使来公共图书馆的读者在学习的同时身心得到放松,可以按自己的思路和爱好学习,从而提高了学习兴趣和质量。

随着知识经济时代的到来,越来越多的人更加注重终身学习,社会各机构用人也特别注重知识和能力。这必然要求各类职业人员不断获取新的知识,考取某种证书及学历。因此,参加各类考试的人员不断增多,他们渴望有一个安静的学习场所。武汉图书馆为广大市民开辟了一个可以安静学习、交流讨论的免费自习空间,并在自习区配备空调和饮用水。现在的自习区已成为各类职业考试人员及其他市民常去的学习场所。

烟台图书馆自开辟第三休闲读书区以来,受到了自修读者的欢迎。这些读者中,既有初高中学生,也有考研、职考、公考的读者群。他们来这里学习不只是图方便,更主要的是喜欢图书馆得天独厚的知识资源、安静的学习环境、优雅的设施和催人奋进的学习氛围。

(四) 艺术创意空间

随着城市的发展及文化艺术创意群体的出现,人们对于公共创意、艺术空间的需求逐渐增多。过去图书馆的核心业务是图书的借阅和保存,近几年,越来越多的公共图书馆将展览、演出、讲座等形式的服务作为图书馆的核心业务之一。

例如,亚太多媒体艺术中心、上海图书馆与澳大利亚昆士兰州立图书馆在2010年10月联合展出了一个“光源自光”(1ight from light)的项目。来自中国和澳大利亚的艺术家们以光为主线,通过自己创作的太阳球、台灯雕塑、特制互动电脑屏等表达光不仅给予人们能量,而且给予人们灵感的理念。这个项目使得社会公众对图书馆服务和资源有了新的认知,在新环境下,图书馆不仅是书的集聚地,其作为艺术空间和创意空间的地位也将越来越突出,越来越为公众所熟知。

在2009年8月国际图联米兰会议上,新加坡国家图书馆介绍了一个被称为Unlibrary的项目。该项目邀请著名戏剧导演在新加坡滨海艺术中心图书馆(Library@Esplanade)主持了一个第三空间项目,将艺术家和艺术资源引进图书馆。对于"UN"有两种认知,一种是"非寻常于""不同于"图书馆的意思,另一种是"你"与"图书馆"。无论哪种认知,都体现了以用户为中心及创新自由的理念。Unlibrary为图书馆服务提供了一种非常规的服务模式。读者可以打造属于自己的图书馆,如果愿意,读者还可以将其图书馆介绍推广给公众,引发公众参与和公众共鸣。①

2011年7月,杭州图书馆牵手"钢琴王子"理查德·克莱德曼,在图书馆1号门广场与100位来自浙江省各地的琴童齐奏《我爱北京天安门》。②

在新加坡滨海艺术中心图书馆,每逢周末,从这个占地2 300多平方米的图书馆一隅,都会传来钢琴室里的优美旋律。该馆已经成为音乐、电影爱好者的好去处。③

(五)文化休闲空间

文化休闲是第三空间的重要特征。作为对人类社会发展具有独特文化功能的图书馆,无疑需要扩展自身功能,适应社会发展的需要。要进一步创新读者活动,结合读者实际需求和图书馆的社会职能,举办一些贴近人们生活的文化休闲活动,如艺术展览、公益讲座、影视欣赏等,使人们的心情得以放松,缓解人们的精神压力,满足人们日益增长的休闲文化需求。

台州市图书馆馆内设立了展览厅,不定期举办展览活动。展览的内容涉及民俗风情、科普知识、个人艺术作品、图书馆建筑、剪纸等,图文并茂地向读者传播知识和信息,为展览爱好者提供了交流和沟通的平台。每期展览素材积极向上,正确地引导人们建立健康、文明、科学的生活方式,帮助人们增加人文和历史知识。台州市图书馆在该馆报告厅举办的"人文台州大讲堂""台州科普大讲堂""台州社科讲堂"等系列讲座,每期都听众爆满,听众与主讲嘉宾的互动交流,进一步激发了听众的学习兴趣,让更多知识和信息得以交流汇聚。听众在聆

---

① 陈巧玲.图书馆的转型和超越:作为城市第三空间的价值和建设[J].四川图书馆学报,2013(6):2-5.

② 顾晓宁."城市第三空间"引发公共图书馆提升未成年人服务的思考[J].河南图书馆学刊,2013,33(8):7-9.

③ 刘丛.作为第三空间的公共图书馆社会价值分析[J].图书馆理论与实践,2012(5):69-70,102.

听讲座后，增长了知识，开阔了视野。①

沈阳市图书馆策划的迎新春、过大年优秀楹联展，读者表情作品展、经典文学作品赏析、图书漂流、绿色书签发放等活动，在全市营造“阅读、进步、和谐、发展”的读书理念和良好的文化环境。通过这些活动读者不仅可以展示才艺，还可以在活动中与新老朋友分享自己的学习心得，图书馆通过定期开展活动让读者交流思想，促进情感，增强了读者对图书馆的认同感。②

作为文化休闲空间，图书馆还可满足个人上网、欣赏影视音乐、学习充电等文化活动的需求，从而改变了图书馆过去单向的信息展示和信息获取功能，成为一个提供全方位服务的“第三空间”。

（六）多元服务空间

国外公共图书馆不仅制定了多元化服务方针，还非常重视开展多元化服务。例如，纽约公共图书馆系统成员包括分馆85个、表演艺术研究中心、黑人艺术研究中心，以及曼哈顿中心区四十三街上的公共图书馆等。这一巨大的学习网络及分支机构，为纽约市、纽约州以及整个美国，从儿童到老人、从健康者到残疾人以及不同人种的公众提供知识服务。他们开展的服务丰富多彩，如举办阅读和写作辅导、技术培训和英语教学培训；提供生活及就业指导，内容涉及教育、医疗、税收、安全、商贸、心理等方面；同时，还提供各种如招生招聘、电影放映、政府公告、房屋转让、出行路线、社区活动等与日常生活息息相关的信息。所有服务都紧密联系城市生活，从人们的日常生活到文化娱乐，从商业经济到大众教育乃至专业研究。③

四、第三空间图书馆的实践

（一）上海图书馆

上海图书馆原馆长、上海市图书馆行业协会会长吴建中是国内图书馆打造“第三空间”的积极倡导者。吴馆长对图书馆“第三空间”的职能强烈认同，认为图书馆是城市的第三空间，是市民交流思想与信息的场所。在国家重视文化建设的大背景下，在吴馆长办馆理念的指导下，上海图书馆逐渐成为广大上海市民除了家和办公室以外的第三个去处，读者们不再将图书馆简单地看做一个读书看报的传统场所，更多的是将这里作为上网冲浪、体验多媒体视听、参加各种读者活动，可以休息放松的地方。除此之外，上海图书馆还注重与区域图书馆分工

---

① 李小菊.公共图书馆“第三空间”的构建与服务——基于单向街图书馆的分析[J].图书馆研究，2013(4):12-15.

② 李姝.公共图书馆的未来——城市的第三空间[J].农业图书情报学刊，2014，26(2):110-112.

③ 金建英.城市的“第三空间”——公共图书馆[J].河北科技图苑，2011，24(4):23-25.

合作，上海市闸北区少儿图书馆就通过开展系列读书活动，加强少年儿童之间的互动交流，成为少年儿童在家庭和学校之余的“第三空间”①。

1. 设立知识学习空间

遵循“方便读者，便于管理，高效服务”的原则，主题馆以开敞连贯的大空间和灵活方便的配套设施，集“藏书、阅览、咨询、检索”等服务于一体，将阅览空间与藏书空间融合，形成开放式布局。设立引导读者学习查阅资料的咨询区，提供解答咨询，承担专题文献服务；将主题文献加工整理成系列化的二三次文献，吸引感兴趣的读者有针对性地利用主题资源；为需要帮助的读者提供信息服务、技术指导、培训等服务。

2. 设立文化体验空间

以中老年读者、未成年人、外来务工人员等群体为重点服务对象，开展数字文化体验服务，充分考虑一般性大众化的休闲娱乐与专家学者的学习研究，将知识文化与休闲娱乐完美结合。每台电脑都有相同的界面、软件和可检索利用的电子资源，提供一站式服务。通过免费开放、免费培训满足读者数字文化的需求，培养他们利用现代设备获取知识信息、阅读学习、文娱休闲的技能与习惯，让数字阅读走近读者们的生活。

3. 设立社交休闲空间

一方面是以图书馆工作人员为主体，开展展览、讲座等活动，吸引读者到馆。通过形象逼真、制作精美、雅俗共赏的展览，吸引读者利用主题文献资源。同时，在网站上开辟网上虚拟展厅，让不能到馆的读者也能欣赏展览。工作人员通过与读者直接交流，获取有关主题文献信息的重要渠道，用以修正资源建设中的失误与不足。

另一方面是以读者为主体，不定期举办专题讲座、文化沙龙。从老百姓身边的事物、现象出发，让聆听者感同身受。通过活动，新老读者相互交流，使新读者尽快加入主题馆读者群体。通过活动，还将对老上海风土人情感兴趣的读者聚集在一起。同时，建立了一支了解、精通上海近代历史知识的专业服务队伍，参与到主题馆建设与服务中，不断深化和发展主题馆工作。②

（二）大连图书馆③

1. 改小卖部为咖啡吧

过去进入大连图书馆会闻到刺鼻的方便面味。为了营造第三空间，图书馆

① 李任斯茹.星巴克理念对党校图书馆营造“第三空间”的启示.科技情报开发与经济，2012，22(20)：51-53.

② 王继颖.上海杨浦区图书馆主题馆构建第三空间举措[J].河北科技图苑，2013，26(5)：6-7，5.

③ 叶勇.公共图书馆营造城市文化第三空间的微创新——以大连图书馆的实践为例[J].图书情报论坛，2013(5)：46-49.

将经营多年的小卖部打造成时尚咖啡吧，提升了服务档次，也成为读者在学习之余，歇息、休闲、娱乐、交友的好去处，同时还解决了第三空间的饮料问题。

2. 设立电影观摩区

常年安排不同主题的电影放映，如百部爱国影片、世界名片欣赏等。该区成为读者文化休闲的又一好去处。

3. 开放免费的电子阅览室

除为青少年提供绿色网吧外，也为成年读者及陪伴未成年读者来馆学习的家长提供了多媒体查阅及休闲、娱乐的电子阅览室。

4. 设立休闲学习区

为保证读者的休闲、学习，大连图书馆在藏书存放极为紧张的情况下，依然分别在西区大厅、二楼咖啡厅外环廊、综合楼二楼设有三块休闲、学习区。

？思考题

1. 移动图书馆应提供哪些方面的服务？
2. 移动图书馆的服务模式主要有哪些？
3. 谈谈你对智慧服务的理解。
4. 智慧图书馆的构建应该遵循哪些原则？
5. 如何理解第三空间图书馆？

参考文献

[1] 高苏锋.第三代图书馆的现状与未来发展构想[J].新世纪图书馆，2012(2)：21-23.

[2] 赖群，黄力，刘静春.借助“物联网”与“云计算”技术构建智慧图书馆[J].新世纪图书馆，2012(5)：46-49，34.

[3] 刘丛.作为第三空间的公共图书馆社会价值分析[J].图书馆理论与实践，2012(5)：69-70，102.

[4] 刘丽斌.智慧图书馆探析[J].图书馆建设，2013(3)：87-89，94.

[5] 李显志，邵波.国内智慧图书馆理论研究现状分析与对策[J].图书馆杂志，2013(8)：12-17.

[6] 覃燕梅，江波.我国移动图书馆四大服务途径比较分析[J].新世纪图书馆，2013(9)：29-31.

第一版后记

本书是“面向 21 世纪课程教材”之一，参编者都是从事本课程教学的主讲教师。为了促进教学改革以跟上时代的节拍，本书较之以往同类教材，在整体结构上作了较大的变动，增加了许多新的内容。在此次编著过程中，我们既注意对本课程通用教材的继承，注意反映作者长期以来对图书馆学理论与图书馆实践问题的独立思考，也广泛吸收了国内外图书馆工作实践与理论研究的最新成果，力图使本书能较好地适应信息社会与网络环境下图书馆事业不断发展变化的形势。

本书由吴慰慈（北京大学）拟定编写大纲，刘兹恒（北京大学）负责编著过程中的组织协调工作。第一章由董焱（北京联合大学）执笔，第二章由刘兹恒执笔，第三章由金胜勇（河北大学）执笔，第四章和第六章由桑良至（安徽大学）执笔，第五章由李超平（浙江大学）执笔，第七章和第八章由张久珍（北京大学）执笔，第九章和第十一章由沙勇忠（兰州大学）执笔，第十章和第十二章由牛继舜（北京服装学院）执笔，全书由吴慰慈统稿。

由于多头执笔，虽经统稿，体例不尽一致和疏漏之处在所难免，敬请读者批评指正。

本书在编写过程中得到高等教育出版社徐挥、云慧霞等同志的鼎力相助，责任编辑王友富付出了辛勤的劳动，特表深深的敬意和真诚的感谢。

编　者

2004 年 1 月 31 日

第二版后记

2004年本书第一版出版后，被全国很多高等学校图书馆学本科、专科和在职培训机构选用，受到了广泛的欢迎。该书是教育部"面向21世纪课程教材"，是由教育部高等学校图书馆学学科教学指导委员会组织编写的高等学校图书馆学专业核心课程系列教材之一。它既可作为高等学校图书馆学、信息管理及相关专业教学用书，也可作为各类型图书馆和信息机构的岗位培训教材和工作参考书。该书多次重印，总印数是该系列教材中最多的，取得了良好的社会效果。然而时间匆匆，十多年很快过去了，受信息技术飞速发展的影响，图书馆事业的环境和任务持续不断地变化，图书馆学研究也有了新的进步。图书情报工作实践和图书馆学理论的发展，图书馆学教育的需要以及图书馆界同仁的期盼，都促使我们着手对本书加以修订。2014年2月22日，本书全体编著者齐聚北京大学，研讨修订本书的指导思想和遵循原则。在此修订版中，我们既注意对原教材的继承，注意反映作者长期以来对图书馆学理论与实践问题的独立思考，也广泛吸纳了国内外图书馆工作实践与理论研究的最新成果，力图使本书能较好地适应信息社会与网络环境下图书馆事业不断发展变化的新形势。

本次修订对全书结构做了必要的调整，由原来的12章缩编为9章，这不仅使文字更为简练，更使内容能够反映图书馆事业新常态。书中很多章节改动较大，第三、四、五、六、七、八、九章进行了重写，其余各章也进行了增补和删除，从而保证了本书内容能够适应时代的发展。

本书修订由吴慰慈（北京大学）拟定编写大纲，刘兹恒（北京大学）负责修订过程中的框架审定和组织协调工作。第一章由董焱（北京联合大学）执笔，第二章由刘兹恒执笔，第三章由桑良至（安徽大学）执笔，第四章由金胜勇（河北大学）执笔，第五章和第六章由李超平（浙江大学）执笔，第七章由张久珍（北京大学）执笔，第八章由沙勇忠（兰州大学）执笔，第九章由牛继舜（北京服装学院）执笔。全书由吴慰慈、刘兹恒、张久珍统稿。

本书的重新编写和统稿工作，主要由吴慰慈、刘兹恒负责。在修订过程中，得到了教育部图书馆学学科教学指导委员会的全力支持，使工作得以顺利进行；由于全体编著者的勤奋工作和通力合作，使得本书稿能够按照计划及时完成。本书修订版能够在较短时间内与世人见面，应当特别感谢高等教育出版社的徐挥、迟宝东、云慧霞等同志，他们始终关注并全力支持本书的修订工作。责任编辑赵愫简和王友富为本书的出版付出了辛勤的劳动，特表深深的敬意和诚挚的感谢。最后需要说明的是，由于我们的修订工作是在繁重的教学科研之余进行的，再加上我们自身的水平所限，书中不当之处在所难免，我们诚恳地期待广大读者不吝赐教。

编　者

2015 年 5 月

郑重声明